Cet ouvrage a bénéficié du soutien
des programmes d'aide à la publication
de l'Institut Français.

INSTITUT
FRANÇAIS

JEAN LAPLANCHE

SEXUAL

A SEXUALIDADE AMPLIADA NO SENTIDO FREUDIANO
2000-2006

TRADUÇÃO
Vanise Dresch
Marcelo Marques
(capítulos X e XIV)

4ª impressão

Porto Alegre
São Paulo
2024

CONSELHO EDITORIAL
Eduardo Krause, Gustavo Faraon, Nicolle
Garcia Ortiz, Samla Borges e Rodrigo Rosp
REVISÃO TÉCNICA DA TRADUÇÃO
José Carlos Calich (coordenador), Fernando Andrade,
Hélida Magalhães, Henriqueta Arcoverde Melo,
Luiz Carlos Tarelho, Maria Teresa Melo Carvalho,
Paulo Carvalho
REVISÃO
Fernanda Lisbôa
CAPA
Samir Machado de Machado
PROJETO GRÁFICO
Guilherme Smee

**DADOS INTERNACIONAIS DE
CATALOGAÇÃO NA PUBLICAÇÃO (CIP)**

L314s Laplanche, Jean.
Sexual: a sexualidade ampliada no sentido
freudiano 2000-2006 / Jean Laplanche ; trad. Vanise Dresch,
Marcelo Marques. — Porto Alegre : Dublinense, 2015.
288 p. ; 23 cm.

ISBN: 978-85-8318-063-0

1. Psicanálise. 2. Sexo (Psicologia). I. Dresch, Vanise.
II. Marques, Marcelo. III. Título.

CDD 616.8917

Catalogação na fonte:
Ginamara de Oliveira Lima (CRB 10/1204)

Todos os direitos desta edição
reservados à Editora Dublinense Ltda.
Porto Alegre RS
contato@dublinense.com.br

SUMÁRIO

Apresentação
da edição brasileira

É com muita satisfação que lançamos a primeira tradução ao português de uma obra de Jean Laplanche, por iniciativa e elaboração da Fundação Jean Laplanche — Novos Fundamentos para a Psicanálise.

Criada pelo próprio Laplanche em 2009, a Fondation tem por objetivos: concluir a tradução das *Obras completas* de Freud ao francês (projeto "de vida" de Laplanche, iniciado na década de 60 e terminado em 2012, pouco antes de sua morte); dar continuidade e propagação a seus desenvolvimentos teóricos (através das Jornadas Jean Laplanche, do apoio às publicações, produções acadêmicas, promoção de cursos, intercâmbios, traduções e outras iniciativas que possibilitem a expansão do conhecimento a partir das teorias desenvolvidas por Laplanche e dentro do "espírito que inspirou a vida científica de seu fundador") e o desenvolvimento da psicanálise dentro destas bases.

Para manutenção de seus fundamentos e princípios, Laplanche vinculou sua Fundação ao egrégio Institut de France (entidade criada em 1795, que reúne as cinco "Academias do Saber" na França: a Academia Francesa, a Academia de Belas-Artes, a Academia de Ciências, a Academia de Inscrições e Letras e a Academia das Ciências Morais e Políticas).

Jean Louis Laplanche faleceu em 2012, aos oitenta e sete anos, poucas semanas antes de completar oitenta e oito. Estava em um hospital próximo à sua propriedade, o Château de Pommard, na Borgonha (Bourgogne), na França, sede de seu antigo vinhedo, após meses de enfermidade[1].

Dividia seu tempo, juntamente com sua inseparável Nadine

---

[1] O que segue sobre a vida e obra de Laplanche é uma versão reduzida e brevemente modificada daquela publicada em Calich, JC. Jean Laplanche e a "fidelidade infiel" a Freud: uma homenagem. *Revista de Psicanálise da SPPA*, v. 20, n. 3, dezembro 2013.

(esposa por sessenta anos e falecida em 2010, um pouco mais de um ano antes que ele) entre Paris e essa região central da França, rica em história, natureza e gastronomia. Seu Château foi por anos um espaço de referência tanto para a reflexão psicanalítica, quanto para o mundo dos conhecedores de vinhos. Local de célebres debates e encontros, onde se reuniam os vários grupos de estudo que conduzia, grupos de trabalho, de amigos e, desde 2009, também das reuniões da Fundação Jean Laplanche. Para os apreciadores do vinho, um lugar prestigiado, produtor de um vinho de alta qualidade e sofisticação. Laplanche e Nadine dirigiam pessoalmente todas as etapas de criação do vinho, do tempo da vindima, fermentação e envelhecimento à escolha de leveduras e materiais adequados.

Laplanche nasceu nesta mesma região e, durante sua adolescência, foi membro ativo da organização socialista Ação Católica para Justiça Social. Estudou filosofia na École Normal Supérieure, tendo sido aluno de Jean Hyppolite, Gaston Bachelard e Maurice Merleau-Ponty. Em 1943, durante o regime de Vichy, aderiu à Resistência Francesa, com atividades em Paris e na Borgonha (Fletcher e Osborn, 2000)[2]. Em 1946-47, esteve na Universidade de Harvard por um ano, onde, em vez de seguir o departamento de filosofia, estudou no Departamento de Relações Sociais, quando teve contato com a teoria psicanalítica. Ao retornar à França passou a frequentar os seminários de Jacques Lacan e logo iniciou um tratamento psicanalítico com ele.

Decidiu, então, estudar medicina e ingressar na formação psicanalítica na Sociedade Psicanalítica de Paris (SPP). Enquanto aluno de medicina, continuou sua atividade política ligado ao Partido Comunista Internacional e logo, ao afastar-se do trotskismo, foi um dos fundadores da organização *Socialisme ou Barbarie* (Socialismo ou Barbárie). Na década de 50, deixou a organização por desavenças com Cornelius Castoriadis que, de acordo com a entrevista que Laplanche dá a revista Radical Philosophy (Fletcher e Osborn, 2000)[3], dominava as publicações da organização, pregando uma "inevitável terceira

---

[2] Fletcher, J. e Osborn, P. (2000). "The other within: Rethinking psychoanalysis". *Radical Philosophy* (102).

[3] Ibid.

guerra mundial". Permaneceu a favor da filosofia que sustenta-va o grupo Socialismo ou Barbárie, até o ano de 1968, quando definitivamente afastou-se da política. Nesta mesma entrevista, diz que psicanálise e atividade política são muito difíceis de se-rem mantidas ao mesmo tempo.

Laplanche e Serge Leclaire foram os primeiros pacientes a afastar-se de Lacan, discordando de sua postura técnica. Em 1964, deixa a SPP e funda, junto com outros ex-pacientes de La-can e alguns outros opositores à sua técnica e postulados para a formação psicanalítica, a Associação Psicanalítica da França (Association Psychanalytique de France, APF), filiada à IPA, tendo sido seu presidente de 1969 a 1971 e depois seu membro honorário. Os outros membros fundadores são Daniel Laga-che, Juliette e Georges Favez, Wladimir Granoff, Didier Anzieu, René Pujol, Jean-Louis Lang, Jean-Bertrand Pontalis, Victor Smirnoff e Daniel Widlöcher. A essa sociedade, associaram-se também Guy Rosolato, Pierre Fedida, Laurence Kahn e Jacques André, dentre outros conhecidos pensadores da psicanálise.

Laplanche tinha importantes preocupações com a relação da Psicanálise com as instituições. Em entrevista à Revista de Psicanálise da SPPA, realizada por Raul Hartke em 2006, diz:

> A Psicanálise está a perigo de tornar-se uma profissão de saú-de. Isso significa estar subordinada ao poder institucional, tanto ao poder institucional das organizações de saúde quanto ao poder institucional das associações psicanalíticas... Vê-se, cada vez mais aqui na Europa, mas também em outros paí-ses, que a prática está subordinada à obrigação de resultados sintomáticos de saúde... Outro perigo, ainda sob o ponto de vista da prática, é que, em função dessa demanda social, a for-mação enquanto tal se torne uma formação que deve ser aceita e reconhecida pelas instituições... uma Psicanálise 'adaptada'... Mesmo a Psicanálise pessoal, que é o fundamento da formação analítica, tende a se tornar cada vez mais alguma coisa de ins-titucional: é o que se chama de análise didática (training analy-sis) e eu tenho-me batido, há dezenas de anos, contra a própria ideia de training analysis (Revista da SPPA, 1997, p. 188)[4].

Foi *doctor honoris causa* das universidades de Lausanne, Buenos Aires e Atenas. Em 1990, foi nomeado Cavaleiro das

---

[4] Entrevista com Jean Laplanche (1997). *Revista de Psicanálise da Sociedade Psicanalítica de Porto Alegre*, 4 (1), 183-97.

Artes e Letras da República Francesa e, em 1995, vencedor do prêmio Mary S. Sigourney. Foi Professor Emérito da Universidade de Paris, onde lecionou de 1970 a 1993 tendo sido o introdutor do ensino de psicanálise na universidade na França em uma disciplina que chamou de Ciências Humanas Clínicas, na *Sorbonne — Paris VII*. Sua coleção "Problemáticas" (parcialmente traduzida ao português) é a síntese de seus cursos nesta universidade. Orientou um grande número de teses de doutoramento que incluiu um expressivo número de doutorandos latino-americanos (principalmente, Brasil, Argentina e México).

Seu amplo domínio da língua alemã, juntamente com uma intensa dedicação ao estudo de Freud, colocou-o à frente do projeto de tradução das *Obras completas* de Sigmund Freud para o francês, da Presses Universitaires de France. Foi também diretor de várias coleções psicanalíticas desta editora e, por vinte anos, editor de uma revista, Psychanalyse à l'Université, que se destacou por seu cuidadoso critério de publicação, visando à consistência e metodologia da argumentação de seus trabalhos (Jacques André, Yvon Brès, Maurice Dayan, Roger Dorey, Pierre Fédida, Jacques Gagey, Jean Guyotat, eram alguns dos membros de seu comitê de redação).

Publicou seu primeiro livro *Hölderlin e a questão do pai*[5], resultado de sua tese de doutoramento, em 1961. Em 1967, publica com Daniel Lagache e J-B Pontalis o imprescindível *Vocabulário da Psicanálise* (nas edições seguintes edita-o somente em parceria com J-B Pontalis), que se tornou referência internacional para a compreensão de conceitos freudianos, mas, como ressalta Dominique Scarfone (2013)[6], a obra comporta "principalmente, talvez, um percurso completo das fontes freudianas, juntamente com um exame crítico dos conceitos, de sua evolução, de seu lugar no corpo teórico como um todo" (p. 545).

Sua ampla erudição e, principalmente, conhecimento de filosofia o conduziram a um estudo rigoroso da obra freudiana,

---

[5] Laplanche, J. *Hölderlin et la question du père*, Paris, PUF, 1961.

[6] Scarfone, D. (2013). A brief introduction to the work of Jean Laplanche. *The International Journal of Psycho-Analysis*, 94 (3), 545-66.

com um método próprio. Este envolvia uma contínua busca da origem e do caminho de construção de conceitos, na mesma linha que, posteriormente, Jacques Derrida em seus estudos, veio a chamar de "desconstrução". Esse método, segundo palavras do próprio Laplanche e que se tornaram emblemáticas, consistia em "fazer Freud trabalhar".

> Laplanche menciona que a palavra trabalho é uma expressão cara a Freud, que nos fala de trabalho do sonho ou de trabalho do luto e de uma noção que nos faz pensar também em trabalho de parto, é uma forma de dar à Iuz. É igualmente uma noção hegeliana. Não se trata de trabalho sobre, é também um movimento interior, como o de um móvel que trabalha em sua própria tensão, em seu ranger. Há uma tensão entre fazer trabalhar e deixar trabalhar. Fazer trabalhar Freud é uma forma de ajudar Freud a trabalhar, é deixa-lo ir até o fim de suas hipóteses, de suas especulações, mas também de suas contradições e suas aporias. Laplanche coloca, como exemplo, que a teoria da sedução em Freud não é abandonada, mas reprimida; diz isto e demonstra que ela prossegue uma vida subterrânea na teoria. Propõe, portanto, fazê-la trabalhar em seu aspecto histórico e reprimido. Todo trabalho pressupõe uma transferência com o texto, enquanto este se nos propõe como enigmático, diz Laplanche. Ressalta que o ecletismo não pode ser vencido pelo dogmatismo. Um confunde, o outro esteriliza. Propõe fazer trabalhar Freud, Melanie Klein, Ferenczi, Lacan, como uma forma de superar a oposição estéril das escolas, verdadeira praga do mundo analítico. Não é pela via da fácil reconciliação, mas aprofundando cada uma das suas diferenças, que se pode fazê-las convergir assintoticamente (Sigal, 1990, p. 88)[7].

A partir de 1968, dá os primeiros passos para a construção de sua própria teoria. Utiliza seu método de "fazer Freud trabalhar", mas também "fazer Lacan trabalhar". Para edificar sua "teoria da sedução generalizada" (Laplanche, 1988[8], [1987]1992[9]), baseia-se essencialmente na noção de inconsciente, na teoria da sedução freudiana (para Laplanche, uma teoria da sedução restrita), no recalcamento desta teoria da sedução no pensamen-

---

[7] Sigal, A. M. (1990). *Fazer justiça ao texto*: um encontro com Jean Laplanche em Buenos Percurso, 4 (5/6), p. 88-91.

[8] Laplanche, J. *Da teoria da sedução restrita à teoria da sedução generalizada*. Porto Alegre, Artes Médicas, 1988.

[9] Laplanche, J. (1987) *Novos fundamentos para a psicanálise*. São Paulo: Martins Fontes, 1992.

to de Freud e no "desvio biologizante de Freud" (Laplanche, 1993)[10]. Porém, o ponto de partida é a noção de "estrangeiridade do inconsciente" (Freud, 1895[11]; Laplanche [1987]1992[12]), e recuo de Freud em relação ao descentramento do homem em relação a seu inconsciente (Laplanche, [1987]1992).

Tomando a ideia do inconsciente como a "outra coisa em nós", o "corpo estranho", o "estrangeiro" (Freud, 1895[13], 1915[14]), Laplanche chama a atenção de que o recalcamento da teoria da sedução e o seguinte desvio biologizante da teoria freudiana retiram sua característica fundamental de ser "outro", de ser alheio. Utilizando seu método, retoma a obra freudiana indo em busca das origens desses conceitos, seus caminhos e desvios, chegando a uma nova formulação sobre a origem do psiquismo humano, tornando geral a situação de sedução que para Freud era restrita à psicopatologia histérica.

Sua nova formulação, seus "Novos Fundamentos para a Psicanálise" ([1987]1992), propõe uma "Situação Antropológica Fundamental", da qual fazem parte o pequeno ser humano (desprovido de psiquismo, mas aberto à comunicação, portanto a mensagens), um mundo adulto em que se destaca uma sexualidade reprimida e dissociada e uma função tradutiva, parte do equipamento constitutivo do *homo sapiens sapiens*. No âmbito desta situação fundamental, o pequeno ser humano recebe mensagens autoconservativas e sexuais dos adultos. Para as autoconservativas há, como em outros animais, códigos constitutivos para sua tradução. Para aquelas de cunho sexual (que tem a força da sedução), desconhecidas pelos adultos por seu caráter inconsciente, reprimido e dissociado, faltariam códigos para tradução, o que as tornaria "Mensagens Enigmáticas". Os esforços para sua tradução são o centro do estímulo à existência do psiquismo e da transformação do ser humano em essencialmente "humano".

---

[10] Laplanche, J. (1993). *Le fourvoiement biologisant de la sexualité chez Freud* (Les empêcheurs de penser en rond) Paris: Synthelabo.

[11] Freud, S. (1895). Projeto para uma psicologia científica. *ESOCSF*. Rio de Janeiro: Imago.

[12] Ibid.

[13] Ibid.

[14] Freud, S. (1915) *O inconsciente*. Rio de Janeiro: Imago.

A busca de tradução destas "Mensagens Enigmáticas" vai criando o psiquismo e seus espaços. O movimento de tradução, perda da tradução, repressão da tradução, pressão das mensagens não traduzidas, e todos seus correlatos vão constituindo o psiquismo normal e o patológico. Em 2003 (Laplanche, 2003)[15], descreve, detalha e aprofunda a tópica desta nova configuração. Deste fazem parte o inconsciente encravado, o inconsciente reprimido e o pseudoinconsciente do mito-simbólico, esse último constituído dos elementos narrativos veiculados pela cultura que servem de auxiliares à tradução, podendo promovê-la ou dificultá-la. Essa nova formulação tópica permite a melhor compreensão das situações de não tradução das mensagens enigmáticas, tanto por conterem um conteúdo "puramente sexual", como por conterem a desmentida em sua constituição (Calich, 2006[16]; Laplanche 2006[17]). Essas novas possibilidades abrem caminho para compreensão das patologias como o fanatismo, as chamadas patologias atuais (por exemplo a "hiperedipalização midiática contemporânea" [Laplanche, 2006[18]]), no quadro da teoria da sedução generalizada (Calich, 2006[19]) ou a compreensão da construção da identidade de gênero e suas dificuldades (Laplanche, 2007[20]).

Com estas modificações, Laplanche reestabelece o sexual como centro do psiquismo humano (Laplanche, [1987]1992[21], 2007[22]) e a alteridade como sua fonte originária. A magnitude destas alterações leva a modificações fundamentais no corpo teórico da psicanálise bem como em sua técnica e em sua teoria da técnica. Uma das geradoras de maior polêmica está relacionada à ideia de que a pulsão para Laplanche deixa de

---

[15] Laplanche, J. (2003). Três acepções da palavra inconsciente à luz da teoria da sedução generalizada. *Revista de Psicanálise da Sociedade Psicanalítica de Porto Alegre*, 10 (3), 403-18. Também nesta obra, capítulo X.

[16] Calich, JC. "Pour 'faire travailler' la topique laplanchienne". *Psychiatrie française*, XXXVII, 3-2006, "Le concept d'inconscient selon Jean Laplanche", p. 34-44.

[17] Laplanche J. (2006). Reponse de Jean Laplanche a José Carlos Calich. Psychiatrie Française, *"Le concept d'inconscient selon Jean Laplanche"*, 37 (3), p. 45-47.

[18] Ibid.

[19] Ibid.

[20] Nesta obra, capítulo XI.

[21] Ibid.

[22] Nesta obra, diversos capítulos.

ser uma transformação de um instinto biológico e passa a ser originada na sexualidade do outro, na alteridade (Laplanche, [1987]1992[23], 2003[24], 2007[25]).

> O domínio da psicanálise não é o endógeno. O domínio da Psicanálise — que é o domínio das pulsões sexuais (que chamo pulsão sexual de vida e pulsão sexual de morte) está 'fora do biológico'. Esse domínio fundamenta-se no domínio biológico, mas está fora do biológico, ele é relacional. E, nesse relacional, coloco o primeiro acento não no vetor que vai de mim para o outro, mas no vetor que vem 'do outro para mim' (Revista da SPPA, 1997, p. 191[26]).

Essa mudança de "vetor que vem do outro para mim" é o que Laplanche destaca como sendo a complementação da "revolução copernicana inacabada" iniciada por Freud (Laplanche, [1987]1992[27], 1992b[28]).

Outro tema decorrente de suas novas formulações teóricas e que está cercado de polêmica é sobre o Complexo de Édipo: "Para mim o Complexo de Édipo não é o complexo nuclear do inconsciente, ele é uma maneira de organizar o inconsciente" (Revista da SPPA, 1997, p. 192). O Édipo seria um dos vários mitos que são oferecidos pelo pseudoinconsciente do mito-simbólico como auxiliar para a tradução das mensagens enigmáticas, tendo, portanto, um papel organizador da fantasia e do mundo das representações que se cria a partir da tradução das mensagens, com importantes repercussões para a teoria e para a clínica (Revista da SPPA, 1997[29]; Van Haute, 2005[30]).

Foi um dos maiores conhecedores da obra freudiana e como já foi dito, dedicou grande parte de sua vida como psicanalista a estudá-la, compreendê-la, difundi-la e trabalhar sobre

---

[23] Ibid.

[24] Ibid.

[25] Ibid.

[26] Ibid.

[27] Ibid.

[28] Laplanche, J. (1992). *La révolution copernicienne inachevée*. Paris: Aubier.

[29] Ibid.

[30] Van Haute, P. (2005). Infantile sexuality, primary object-love and the anthropological significance of the Oedipus complex: Re-reading Freud's 'Female sexuality'. *The International Journal of Psycho-Analysis*, 86 (6), 1661-78.

ela. Brincava com a ideia de que tinha uma fidelidade infiel a Freud, pois o seguia fielmente até que encontrava um desvio, uma incoerência e dela se afastava, era infiel e criava seu próprio conceito, retomando a possível origem não desviada do conceito. Por estas ironias do destino, faleceu no dia 6 de maio de 2012: 6 de maio, o dia do nascimento de Freud.

Nosso agradecimento à Revista de Psicanálise da SPPA (Sociedade Psicanalítica de Porto Alegre), que gentilmente nos autorizou a utilizar a tradução do capítulo X desta obra: "As três acepções da palavra inconsciente", onde foi primeiramente publicado no âmbito internacional. Essa tradução foi unificada em terminologia com o restante da obra o "Sexual".

Nosso agradecimento também à tradutora Vanise Dresch, pelo cuidado e dedicação que resultou na excelente qualidade desta versão em português. Do mesmo modo, ao grupo de colegas, revisores da tradução que auxiliaram a manter o texto o mais próximo possível das intenções do autor.

Ainda, ao apoio do Institut Français — Serviço de Cooperação e de Ação Cultural da Embaixada da França no Brasil.

E, finalmente, à editora Dublinense, pela parceria agradável e profissional que sempre ofereceram.

Uma excelente leitura a todos,

José Carlos Calich
Membro do conselho científico da
Fundação Jean Laplanche — Novos Fundamentos para a Psicanálise
e psicanalista pela Sociedade Psicanalítica de Porto Alegre (SPPA)

Nota da tradução

Toda e qualquer escolha de tradução implica dificuldades não somente linguísticas, mas também teóricas e conceituais.

Gostaríamos de tecer algumas considerações sobre as dificuldades encontradas na tradução deste livro para a língua portuguesa.

1. Comecemos pelo título.

Para justificar nossa escolha, citemos o próprio Jean Laplanche, em seu artigo "Os fracassos da tradução" (capítulo VI do presente volume): "o que não se pode traduzir [...], é preciso explicar por quê. [...] Afinal, não se pode tomar um banho de mar em Paris, nem transportar cidades para o campo: isso é absurdo e impossível, não é fracasso".

Em tradução, normalmente, a nota de rodapé nos permite explicar por que fazemos esta ou aquela escolha ou não podemos traduzir esta ou aquela palavra ou expressão. As coisas se complicam, no entanto, quando a dificuldade de tradução compromete, de saída, o título do livro. O título original desta obra é *Sexual*.

Para um leitor que desconhece o francês e que se depara com o título original, o "detalhe" pode passar despercebido. Na língua francesa, tem-se o adjetivo *sexuel*, mas *sexual* é um neologismo forjado por Laplanche a partir do sufixo *–al*, recurso linguístico disponível em sua língua, que mantém uma proximidade com o sufixo *–el* do adjetivo *sexuel*. Laplanche criou esse significante (sempre empregado na forma substantivada) para designar um conceito desenvolvido em seu pensamento sobre a dimensão infantil da sexualidade, tão bem pesquisada por ele a partir da obra de Freud e destacada insistentemente nesta coletânea. Para o leitor francês que se depara com o título original, o estranhamento é imediato. Na tradução para o português, esbarramos na inexistência de outro sufixo que mantivesse a proximidade equivalente àquela encontrada em francês entre os sufixos *-el* e *-al*. Depois de várias tentativas de encontrar uma solução que causasse semelhante estranhamento para sermos fiéis ao efeito provavelmente visado pelo autor, concluímos que uma "perda" seria inevitável na tradução — o que não deixa de ser também uma infidelidade. Contentamo-nos, então, em traduzir por Sexual (nos textos, sempre com a letra inicial maiúscula), sem marcar linguisticamente a distinção entre o conceito laplanchiano e o uso comum do adjetivo em português. Essa distinção não poderá "ser lida" na palavra em português, mas acreditamos estar respeitando assim as próprias ideias de Laplanche sobre o processo tradutório.

2. Em se tratando de uma coletânea de artigos escritos em diferentes períodos (de 2000 a 2006) e para diversas ocasiões, muitos deles destinados à apresentação oral, encontramos às vezes divergências de alguns termos entre um artigo e outro, sem que percebêssemos claramente qualquer distinção conceitual. É o caso de *fantasme* e *fantaisie*. O debate sobre *fantasme* ou *fantaisie* existe na psicanálise francesa. Acredita-se que foi a partir da escolha de *fantaisie* na nova tradução das obras completas de Freud para o francês, sob a direção de Laplanche (PUF), que este termo passou a ser preferido pelo autor em seus escritos. De acordo com François Robert, membro do comitê editorial das *Œuvres complètes de Freud*, a palavra *fantaisie* (tradução para a palavra *Phantasie* em alemão, que Freud passa a preferir em dado momento por ela ser mais usual e menos erudita) é "mais dinâmica e remete a uma produção tanto consciente quanto inconsciente"[1]. De nossa parte, em português, optamos sempre pelo termo *fantasia*, não traduzindo por *fantasma*, sendo este um galicismo em português.

3. *Après-coup*. Considerando-se a importância do conceito desde Freud, a tradução por *a posteriori*, comumente proposta

---

[1] Entrevista com François Robert publicada na revista *Le Point. Hors-Série — Les Maîtres Penseurs*. Nº 4, outubro-novembro de 2009, p. 73.

para a língua portuguesa, não nos parece dar conta da dimensão do conceito. Mantivemos, então, *après-coup*, sendo este termo francês já bem difundido no meio psicanalítico brasileiro.

4. Para os termos *souhait*, *désir* e *désirance*, que Laplanche distingue a partir de sua tradução do alemão, inserimos nota de rodapé quando eles aparecem. Para *refusement*, também inserimos nota de rodapé.

5. Quanto às citações de Freud e de outros autores, optamos por uma tradução livre a partir do francês. As páginas indicadas remetem aos textos publicados em francês, conforme as referências bibliográficas dadas por Laplanche.

Vanise Dresch
Tradutora

Prefácio
ao Sexual de Jean Laplanche

Este livro reúne textos escritos por Laplanche entre 2000 e 2006, isto é, os textos que caracterizam a última fase de uma obra iniciada cerca de cinquenta anos antes. Em relação às outras correntes da psicanálise que se destacaram depois de Freud, não deixando de tomá-lo como referência (Klein, Winnicott, Bion, Kohut, Lacan, Anzieu...), a obra de Laplanche caracteriza-se pelo lugar que reserva à sexualidade. Esse lugar é maior que nos outros autores: ele é central em sua obra para dar conta do funcionamento psíquico, além de ser também decisivo para a escuta do paciente e a condução do tratamento psicanalítico. Laplanche construiu sua obra mantendo uma discussão ininterrupta e sistemática com o texto de Freud e realizando, em pano de fundo, um trabalho de tradução da obra completa deste, o qual foi concluído, com um grupo de trabalho, pouco antes de sua morte em 2012. O método de trabalho de Laplanche, diversas vezes explicado em sua obra, é retomado e explicitado, aqui, no capítulo XVI, intitulado "Freud, do modo como convivo com ele"[1]. Desse diálogo com a obra de Freud, Laplanche e Pontalis tiraram o *Vocabulário da psicanálise*[2], publicado na década de 70. Depois, até a década de 90, foram extraídas as *Problemáticas*[3], através das quais Laplanche mostra como é possível perceber, a partir de certas questões-chave, a maneira pela qual o pensamento de Freud hesita, aclara-se, transforma-se e se organiza. Assim, a obra de Laplanche constitui uma exegese e um guia de leitura excepcional para quem deseja compreen-

---

[1] Neste livro, a ordem dos capítulos estabelecida por Laplanche segue a cronologia. Neste prefácio, eu os reúno de acordo com outra ordem. Os textos são apresentados em função da proximidade ou da continuidade de seus conteúdos e questões, de maneira a constituir, *a mínima*, um guia de leitura.

[2] Publicado no Brasil pela editora Martins Fontes.

[3] Publicadas no Brasil pela editora Martins Fontes.

der a metapsicologia freudiana. A problemática que se destaca como sendo a mais importante de todas é seguramente a da sexualidade. Tanto assim que, para Laplanche, a psicanálise pode ser considerada a teoria da sexualidade humana. Em seu trabalho sobre a problemática da sexualidade na obra de Freud, Laplanche desenrolou um fio específico: o da *sedução* da criança pelo adulto. Estudou as consequências dessa sedução nas diferentes dimensões da vida psíquica (vida da alma — *Seelenleben* — para retomar o termo empregado por Freud). E propôs uma síntese disso sob a denominação de "teoria da sedução generalizada", cuja primeira formulação foi dada, em 1987, em um livro intitulado *Novos fundamentos para a psicanálise*[4].

O presente volume, que constitui, portanto, a última obra de Laplanche, fornece esclarecimentos essenciais sobre essa teoria da sexualidade, em três capítulos mais especificamente, nos quais o autor mostra a fecundidade desta para a abertura de novas vias de investigação em psicanálise. Em particular, nos capítulos IX, X e XVIII, sobre o gênero, o inconsciente e a sexualidade infantil, respectivamente. Retomarei isso adiante.

O capítulo I discute o uso das noções de *pulsão* e *instinto*, ambas utilizadas por Freud. São mostrados o interesse e a importância de estabelecer entre as duas noções uma clara distinção, a qual, desde então, foi retomada por quase todos os autores mundo afora. O capítulo II é uma discussão sobre o *apego*, noção que Freud ignorava e que foi introduzida na psicanálise por Bowlby. Laplanche faz dela um uso específico na teoria da sedução generalizada e explica, ali, como convém empregá-la na estrita continuidade da discussão anterior acerca da distinção entre instinto e pulsão.

A teoria de Laplanche situa a sedução da criança pelo adulto em uma relação que exige da primeira que ela traduza o que lhe vem do segundo pela via de "mensagens" sexualmente "comprometidas" pelo inconsciente desse adulto. Ora, o movimento comum da mensagem do adulto e de sua tradução pela criança encontra-se também no princípio de uma concepção tradutória do recalque, da qual se pode ter uma ilustração no capítulo VI, cujo título é "Os fracassos da tradução". Laplanche explica o trabalho

---

[4] Publicado no Brasil pela editora Martins Fontes.

de tradução que cabe à criança, ilustrando-o com um texto de Freud seguidamente citado pelos psicanalistas: "Uma criança é espancada". Esse capítulo mostra, além disso, até onde é possível comparar a tradução feita pela criança com o trabalho efetuado por um tradutor profissional. Essa discussão é importante pelo fato de que foi, *por derivação*, a partir de sua experiência de tradutor, que Laplanche chegou à sua teoria tradutória do recalque.

No capítulo III, "Sonho e comunicação", Laplanche submete essa concepção à prova da teoria freudiana do trabalho do sonho. Pode-se considerar, em análise, o sonho como uma modalidade particular de tradução da mensagem enigmática do adulto, ou até mesmo do analista? Quais seriam os reflexos disso na teoria do aparelho psíquico que Freud construiu com base na psicanálise dos sonhos no final de sua *Traumdeutung*?

"Contracorrente", capítulo IV, mostra por que, ao ter como central o sexual infantil, coloca-se inevitavelmente a psicanálise numa abordagem à contracorrente das outras teorias que permeiam o pensamento psicanalítico contemporâneo. Trata-se de um texto com um estilo particularmente firme, que sustenta sua filiação com o "racionalismo freudiano". Por conta de sua dimensão epistemológica, esse texto terá a ganhar em se relacionado com vários outros: com o capítulo XV, "Freud e a filosofia", que termina com uma importante explicação sobre esse racionalismo que Laplanche designa, de maneira notável, com a expressão "racionalismo ferido". Os capítulos IV e XV podem ser relacionados com três outros capítulos que aclaram ainda a posição epistemológica de Laplanche: o capítulo XIII, "Níveis da prova", em que ele discute a posição de Popper e sua crítica à psicanálise; o capítulo XI, "A favor da psicanálise na universidade", em que ele explica por que o confronto da teoria psicanalítica com as outras ciências é uma prova indispensável, a qual, de resto, foi constantemente retomada ao longo de sua obra; e o capítulo V, sobre a *situação antropológica fundamental*, é um texto importante para a compreensão do que implicam as visões desenvolvidas nos quatro capítulos citados anteriormente (IV, XI, XIII, XV), se desejarmos justificar a generalização da teoria da sedução a todo o gênero humano.

O capítulo XVII é seguidamente citado por sua contribuição ao debate atual sobre psicanálise e psicoterapia. A teoria da sedução, de fato, permite estabelecer uma distinção rigorosa entre o que é de uma e o que pertence à outra, enquanto métodos. Veremos, porém, que o capítulo não se encerra definitivamente com a condenação da psicoterapia perante o tribunal da psicanálise, sob pretexto de purismo metodológico. A psicoterapia, que é em grande parte da ordem da "tradução", não poderia ser expulsa da própria psicanálise. Ela retorna inevitavelmente a esta, e isso, por causa da exigência de tradução que se impõe à criança para ligar a excitação. Depois desse texto, será de grande interesse a leitura do capítulo XII, "Intervenção num debate", em que Laplanche, referindo-se a um debate com vários grandes nomes da psicanálise, entre os quais J. A. Miller e D. Widlöcher, volta aos temas da psicoterapia, da intervenção, às vezes, com o abuso das referências à transferência e à contratransferência, e da técnica das sessões curtas, ainda praticadas por alguns sucessores de Lacan.

Os capítulos VIII, sobre o *crime sexual*, e XIV, a respeito de *Os três ensaios* de Freud, são essenciais para a compreensão de como a teoria da sedução generalizada pode servir de apoio para a clínica, em casos de crimes, em que, segundo Laplanche, a dimensão sexual é com muita frequência, ou até mesmo sempre, convocada; e em que, inversamente, convém se perguntar se a sexualidade humana não contém, em seu próprio princípio, uma dimensão de "incitação ao crime", como Laplanche já havia abordado em um famoso texto sobre a pulsão sexual de morte ("La soi-disant pulsion de mort: une pulsion sexuelle", 1999).

Quatro capítulos, por fim, compõem a contribuição fundamental deste livro. O capítulo IX, "O gênero, o sexo, o Sexual", é um texto em que Laplanche explicita o que entende por *Sexual* (neologismo em francês), termo que escolheu como título deste volume. Ele o define nas primeiras páginas do texto e explica como o extraiu do léxico empregado por Freud. Mas é também um texto fundamental que mostra como a teoria da sedução generalizada contribui para enriquecer a metapsicologia. Veremos também, nesse capítulo, como o confronto da teoria psicanalítica com as outras disciplinas das ciências sociais e da filosofia pode conduzir a uma concepção radicalmente nova das relações entre o indivíduo e a sociedade, ou, mais estritamente, das relações entre inconsciente e campo social, que se refira com rigor ao conceito de situação antropológica fundamental. Esse texto já teve grande impacto não somente na comunidade psicanalítica, mas também em diferentes campos disciplinares em que os especialistas se deparam com a questão do gênero.

O capítulo X, "Três acepções da palavra 'inconsciente' no âmbito da teoria da sedução generalizada", é a última grande etapa do pensamento de Laplanche. Criticou-se muito a teoria da sedução generalizada por sua validade apenas no campo das psiconeuroses de transferência. Nesse texto, Laplanche propõe examinar sistematicamente se as relações entre o adulto e a criança podem, em sua totalidade, ser metabolizadas pela tradução. Ele não havia respondido a essa pergunta até então, exceto em um texto muito breve ("Implantation, intromission", 1990) que, contudo, não trazia uma resposta stricto sensu, mas apenas delimitava um campo de pesquisa a ser explorado. "Três acepções da palavra 'inconsciente' no âmbito da teoria da sedução generalizada" é a resposta de Laplanche acerca do lugar ocupado pela tradução e seus impasses na formação de outras patologias (psicoses, somatizações, etc.). Ele retoma toda essa análise para fazer uma revisão da teoria do inconsciente, trazendo agora dois inconscientes separados por uma clivagem. É, portanto, forçoso admitir duas acepções da palavra inconsciente, uma para o inconsciente sexual recalcado e a outra para o inconsciente "encravado". A terceira acepção da palavra remete à dimensão do mito-simbólico, que se opõe, de fato, às duas primeiras, não somente no plano teórico, mas também no próprio funcionamento psíquico. Ter-se-á de aproximar dessa terceira acepção a discussão sobre o complexo de Édipo e o complexo de castração, que é apresentada no capítulo XIX: "Castração e Édipo como códigos e esquemas narrativos".

Finalmente, o capítulo XVIII talvez seja o texto mais completo deste livro: "Incesto e sexualidade infantil" é, de certa forma, uma síntese de tudo aquilo que o trabalho realizado por Laplanche nos anos 2000 implica para a metapsicologia, concebida como teoria da sexualidade humana e suas vicissitudes.

Sexual é um livro importante por apresentar contribuições muito novas em relação ao que Laplanche havia escrito até então.

Talvez não marque uma guinada em sua teoria, mas é, segura-mente, uma soma que dá novo alcance ao conjunto de sua obra e que, desde já, é tema de retomadas, comentários e controvérsias, tanto na Europa como na América do Norte. A publicação desta tradução em português foi um desejo expressado por Laplanche. Certamente, ela ajudará a comunidade científica brasileira, com a qual Laplanche sempre manteve fortes laços intelectuais e de amizade, a dar sua contribuição para o debate internacional.

Christophe Dejours
Presidente do conselho científico da
Fundação Jean Laplanche — Novos Fundamentos para a Psicanálise
e membro da Associação Psicanalítica da França

Prefácio

Este volume contém a maior parte dos meus escritos do período entre 2000 e 2006. Assim como nos volumes anteriores, *La révolution copernicienne inachevée* e *Entre séduction et inspiration: l'homme*, os artigos não estão divididos por temas. Alguns textos têm um propósito inovador em termos de teoria (metapsicologia), como "Três acepções do inconsciente" e "O gênero, o sexo e o Sexual". Esta última palavra me leva a justificar o título da obra: chamo de "Sexual" (em contraste com sexual) tudo o que é do domínio da teoria freudiana da sexualidade ampliada e, em primeiro plano, da sexualidade infantil "perverso-polimorfa". Uma vez compreendida a ampliação trazida por Freud a essa noção, em relação à simples união dos dois sexos (de tal maneira que o Sexual pode frequentemente ser autoerótico), divertimo-nos diante da alegação geral de uma "liberdade sexual" moderna enfim conquistada, possivelmente graças a Freud.

Por outro lado, ficamos perplexos com a conduta de Foucault que, tendo relegado a sexualidade freudiana ao campo da união genital heterossexual, vangloria-se da descoberta de prazeres "não sexuais", até mesmo antissexuais, já, entretanto, amplamente descritos por Freud em 1905 (*Três ensaios*: leiam!) sob a égide da sexualidade infantil e/ou perversa.

Logo, Sexual não é, de maneira nenhuma, o que acreditamos que seja. Ele é bem mais complexo, mais recalcado também, escondido, às vezes, em fantasias apenas formuladas.

Ainda que nem todos os textos do volume tratem desse tema, eu quis, com esse termo um pouco singular, mas extraído de Freud, afirmar a predominância, na psicanálise, de uma "variedade" de sexualidade única, específica, que está no cerne das noções de pulsão, de inconsciente e, até mesmo, de "pulsão de morte": essa sexualidade que — ao menos na infância — pode transformar qualquer região ou função do corpo, talvez até mesmo qualquer atividade em geral, em "zona erógena".

No entanto, seria muito parcial reduzir a sexualidade ampliada ao Sexual perverso-polimorfo da primeira infância.

Essa sexualidade anárquica, cujo destino está, às vezes, próximo da "pulsão sexual de morte", tem outro destino, mais estabilizador, e ao qual Freud atribuiu o nome de "renúncia pulsional". A via da renúncia não é totalmente negativa. Ela é a via da ligação na genitalidade e, de maneira mais geral, a da sublimação, o que Freud chama de "Eros do divino Platão" e que não é de maneira nenhuma erótico. Falamos um pouco sobre isso num volume anterior: "sedução e/ou inspiração". Era preciso lembrar esse destino, que está longe de ser sempre conformista.

Jean Laplanche

Pulsão e instinto

˙ In *Adolescence*, 2000, 18, 2, p. 649-668.

Distinções, oposições, apoios e entrelaçamentos

Ainda que tenha sido proposta para um colóquio sobre o tema "homossexualidade e adolescência", isso não é, de maneira nenhuma, uma análise de um especialista em adolescência. Trata-se de uma espécie de revisão — bastante difícil, aliás — de alguns pressupostos. Portanto, um ajuste que em nossa disciplina é, essencial e necessariamente, uma catarse — algo de que a psicanálise constantemente precisa muito. Stoller, com sua grande liberdade de pensamento e, por momentos, sua grande simpatia, compara a teoria psicanalítica atual ao panteão da Roma Imperial, no qual coexistiam os templos de Ísis, Júpiter, algumas das primeiras igrejas, os templos de Mitra, etc. Da mesma maneira, na psicanálise, acrescentam-se ao fórum freudiano pequenos templos, um palacete, uma edícula suplementar, sem nenhuma preocupação com sua articulação. Uma pitada de simbólico, um pouco de apoio, uma colher de negativo, uma pequena dose de sedução, um fio de transitividade, sem se preocupar com aquilo sobre o que se constrói, nem com o que se articula.

1. O pensamento se situa, de fato, apenas nas distinções, mesmo que seja para, em seguida, estabelecer as passagens. Ora, o tema de hoje necessita o máximo de distinções.

Retomo os termos do artigo de Chiland na revista *Adolescence*[1]: "ser claro com os termos empregados"; e, também, refletindo a apresentação na sequência de Bergeret: distinguir homossexualidade e homoerotismo.

Eu poderia, também, ter recorrido à tríade gênero-sexo--sexual que hoje, também, parece-me essencial. Isso ficará para

---

[1] 1989 (vol. 7, n° 1).

uma próxima vez, com a introdução da noção de gênero, pois, para lembrar em poucas palavras, na fórmula homossexual *princeps* de Freud: "eu (um homem), eu o amo, um homem", ele faz todos os termos variarem, exceto o primeiro, "eu um homem"... Ou seja, o gênero de "ego".

Falarei um pouco de "tradução" e de "terminologia", um pouco de "conceito", mas muito também da realidade como a psicanálise a vê. Com efeito, o problema conceitual e o problema de tradução permeiam, há quase oitenta anos, nosso mundo psicanalítico. Eles o permeiam na confusão, mas a confusão também está no real. Como gosto de dizer de maneira um pouco irônica, "a teorético-gênese reproduz a ontogênese".

Partamos, então, do mais simples: a tradução do termo freudiano *Trieb* por "instinto". Tradução *princeps* desde a edição de Strachey, que já é bastante antiga, por "*instinct*" em inglês. Em francês, tradução por "instinct"; ou, ainda, misturando alhos com bugalhos, "pulsion ou instinct", como diz num só sopro Marie Bonaparte. Isso não é uma questão de purismo, nem de tradução automática. Lembro que o alemão tem duas palavras para uma infinidade de conceitos: uma de origem latina, outra de origem germânica. Assim, para "concepção", há *Auffassung* e *Konzeption*; para "moral", *Sittlichkeit* e *Moralität*. Essas palavras são frequentemente de derivação análoga, uma do latim ou de línguas românicas e outra de raízes germânicas. O falante alemão pode escolher utilizá-las como sinônimos perfeitos ou marcar a diferença, ampliá-la, fazer dela uma diferença conceitual. Porém, mesmo que ele as utilize, que ele as marque de maneira muito diferente, o risco de simplificação está sempre presente. Isso é o que acontece com *Trieb*, que traduzirei a partir de agora por "pulsion" [pulsão], e *Instinkt*, que traduzirei como "instinct" [instinto] em francês.

Dizer como é em Freud: ele distingue os dois termos ou conceitos? Em todo caso, ele nunca os une, nunca os opõe, nem nunca os comparou de fato. Veremos as ambiguidades a respeito da *Trieb*, a respeito da pulsão. Mas, no que se refere ao instinto, ao *Instinkt*, ele é mais claro. Esse é um termo que ele utiliza de maneira particular, mas constante, frequentemente a respeito do instinto dos animais. Cito de memória: "Se há no homem alguma coisa análoga aos instintos animais, seriam as fantasias originárias" (vê-se bem: ele não poderia ter dito "se há alguma coisa análoga às pulsões dos animais"). Ou, ainda, "no pequeno ser humano, falta a maior parte das pulsões de sobrevivência próprias ao animal".

A passagem mais instigante, para nosso objetivo de hoje, é a do caso da homossexualidade feminina.

Trata-se de um pai que leva sua filha para análise, aliás, com um pouco de desconfiança. Eis a passagem de Freud: "A homossexualidade de sua filha tinha algo que despertava nele a mais profunda amargura. Ele estava decidido a combatê-la de todas as maneiras. O desprezo pela psicanálise, tão difundido em Viena, não o impediu de recorrer a ela para pedir ajuda. Em caso de fracasso dessa via, ele tinha ainda de reserva o antídoto mais poderoso: um casamento rápido deveria despertar os instintos naturais da moça e abafar as inclinações não naturais".[2] Vemos aqui a oposição: é uma moça não muito distante da puberdade. Um casamento rápido deveria despertar, enfim, o instinto natural (trata-se, de fato, do *Instinkt*: a complementaridade, diria Gutton) e sufocar as "inclinações", ou seja, as *Triebe* não naturais.

Vê-se, aqui, o caráter pernicioso de uma unificação — sob a égide do instinto — dos dois termos. Em Strachey, em Marie Bonaparte, em uma corrente persistente, mesmo na França, encontra-se essa confusão generalizada no nível da língua e no nível do uso feito por Freud.

Mas uma unificação sob a égide da pulsão não é menos perigosa. Como disse Lacan: "Freud nunca escreveu a palavra instinto".[3] A partir daí, é a pulsão que ocupa todo o campo; aliás, interpretada como "deriva", por um jogo de palavras a partir do inglês "drive", pois estamos, a partir desse momento, em "plena deriva", em "plena pulsão". Deriva a partir do quê? Pois se a pulsão não deriva a partir do instinto, como é possível dizer que ela deriva?

Em Freud, há também uma simplificação. Venho insistindo nisso há vinte ou trinta anos. Redução da pulsão ao instinto ou, às vezes, uma espécie de mistura: pulsão-instinto. Sobre essa confusão — ao lado da distinção —, mencionarei, por exemplo, que Freud nunca protestou contra a tradução de Strachey e que

---

[2] *OCFP*, XV, p. 237.

[3] *Écrits*, p. 834.

ele apenas raramente, senão nunca, aborda a oposição. A abordagem mais clara é o famoso texto do início dos *Três ensaios*, que vou relembrar em seguida. A palavra "instinto" não é pronunciada, mas está bem ali, sob a égide do que Freud chama de uma "visão popular da sexualidade".

Eis o texto base: "A opinião popular é formada por representações absolutamente presas à natureza e às propriedades dessa pulsão sexual. Esta seria ausente durante a infância, instalando-se no período da puberdade, ligada ao processo de maturação [todos os termos são importantes], manifestando-se nos fenômenos de atração irresistível exercidos por um sexo sobre o outro e sua meta seria a união sexual ou, ao menos, práticas que estejam situadas sobre a via que leva a esta última. Contudo, temos todos os motivos para ver, nessas ideias, uma imagem muito infiel da realidade; a mais bela ilustração da teoria popular da pulsão sexual é a da fábula poética [lembro que é a famosa fábula de Aristófanes] da separação do ser humano em duas metades, homem e mulher, que aspiram a se unir novamente no amor"[4].

Esse é um texto de base para nosso propósito, mas que teria seu desfecho somente na distinção pulsão/instinto. Ora, apesar dos *Três ensaios*, apesar da verdadeira "deriva" (retomo esse termo) que ele propõe para a sexualidade infantil, Freud vai continuar a reduzir a pulsão a um modelo instintual. Não retomarei aqui os longos argumentos que desenvolvi para mostrar isso em *Freud e a sexualidade: o desvio biologizante*[5]. Vamos, aliás, retornar a isso parcialmente. Farei apenas duas alusões.

O modelo da redução da tensão e da *homeostase* é um modelo instintual. Esse é um modelo constante em Freud; desde seus primeiros textos sobre as "neuroses atuais", nos quais ele faz uma versão mecanicista muito precisa delas, até "Pulsões e destino das pulsões".

Por outro lado, o *mito de Aristófanes*, o da *complementaridade*, vai ser reabilitado com a teoria das "pulsões de vida", que se poderia talvez pensar que são, no fim das contas, "instintos de vida". Vejamos como Freud, quinze anos mais tarde, retoma o

---

[4] Paris, Gallimard, 1987, p. 37-38.

[5] Traduzido para o português pela editora Jorge Zahar (1997). Título original: *Le fourvoiement biologisant de la sexualité chez Freud*.

mito de Aristófanes, dessa vez não o criticando, mas, pelo contrário, aceitando-o, a propósito da "pulsão de vida". Cito apenas o final, porque o início é mais complexo. Como sabem, trata-se de seres de dupla face: quatro membros, duas cabeças, duas vezes os genitais, etc., mas que, no mito em Platão, há três tipos desses seres duplos: há seres homem-homem, seres mulher-mulher e seres homem-mulher. Retomo somente os últimos, que evidentemente simplificam a coisa no que diz respeito ao instinto. Imaginemos, portanto, que são os andróginos que são cortados ao meio: "Então Zeus foi levado a dividir cada um desses seres humanos em duas partes, como se cortam pepinos para fazer conservas [...]. Com o ser inteiro agora cortado ao meio, o desejo[6] impelia as duas metades a se unirem: elas entrelaçavam suas mãos, misturavam-se uma com a outra no desejo de se juntarem"[7].

2. De minha parte, o que proponho é que se utilizem bem *as duas* noções, pulsão e instinto, que se mostre sua *oposição*, sua *presença*, muitas vezes, aliás, difícil de ser delimitada, precisamente em função do último ponto, ou seja, suas *articulações e abrangências*.

Vão me dizer: "Laplanche está retornando ao instinto e, portanto, retornando ao corpo!". É preciso dizer, mais uma vez, que nunca abandonei o corpo e nunca opus o psíquico ao corpo. Ao opor a pulsão ao instinto, não oponho o psíquico ao somático. Em minha opinião, um matemático é tão "neurobiológico" quando ele resolve uma integral quanto quando devora um bife. A pulsão não é mais psíquica que o instinto. A diferença não está entre somático e psíquico, mas entre, por um lado, inato, atávico e endógeno e, por outro, adquirido e epigenético (mas nem por isso menos ancorado no corpo).

Lembro que, quando Freud abandona a teoria da sedução, ele não diz que "o fator psicológico perde seu poder em benefício do biológico", mas "o fator *hereditário* encontra seu poder".

Portanto, instinto e pulsão. Conceitualmente e também concretamente no homem.

[6] N.T. : Em francês, *désirance*.

[7] *Au-delà du principe de plaisir*, OCFP, XV, p. 332 (tradução livre da versão francesa).

Esforço-me para ser sistemático. O instinto se apresenta como hereditário e adaptativo. Retomo uma das definições, a de Tinbergen, muito antiga: "um mecanismo nervoso hierarquicamente organizado que, submetido a algumas excitações provocadoras, desencadeadoras e dominantes, de origem tanto interna como externa, responde a essas excitações com movimentos coordenados que contribuem para a sobrevivência do indivíduo ou da espécie".[8] Tenho certeza de que encontraríamos inúmeras melhorias ou críticas a essa definição de instinto. Ainda assim, esse é um modelo frequentemente retomado por Freud: há o caráter hereditário, fixo, adaptativo, com uma tensão somática inicial, uma "*ação* específica", um *objeto* de satisfação, levando a um *relaxamento* duradouro. Por outro lado, a pulsão, em sentido puro, não seria hereditária, não necessariamente adaptativa. O modelo: fonte-meta-objeto adequado se aplica mal a ela. Insisti mais de uma vez, especialmente a respeito da ideia de fonte que se, a rigor, pode-se dizer que o ânus é a fonte de pulsão anal — reforço, com grande rigor —, como sustentar que a pulsão de ver, a escopofilia, visaria reduzir algo que poderia ser chamado de "tensão ocular"?

O paradoxo econômico. É nesse nível que a diferença é mais sensível e que a contradição é mais perceptível em Freud. Novamente, um termo alemão concentra essa contradição. O alemão tem, às vezes, duas palavras para uma mesma coisa ou para uma ou duas coisas (vimos isso há pouco, a respeito de *Trieb* e *Instinkt)*, e entendemos que essa diferença dos supostos sinônimos poderia ser ampliada até se tornar uma diferença conceitual. Mas, por outro lado, como qualquer outra língua, o alemão tem palavras que reúnem em si uma contradição. É o caso da palavra *Lust*: normalmente traduzida como "prazer", ela implica uma contradição que o próprio Freud destaca. Primeiramente, há dificuldade para enunciar o princípio chamado de "prazer", o *Lust prinzip*, pois em todas as formulações de Freud há tanto uma tendência à homeostase, ou seja, uma tendência que visa ao melhor nível possível, quanto uma tendência à descarga completa, ou seja, ao nível mais baixo possível. Portanto, a diferença entre um esvaziamento, poder-se-ia dizer, total, um

---

[8] Tinbergen, *The study of instincts*, Oxford, 1951, citado por Benassy M., RFP, 1953, 17, 1-2, p. 11.

funcionamento completamente desordenado, antifisiológico e, por outro lado, um nível ideal.

Porém, há sobretudo as ambiguidades do próprio termo *Lust* que é, ao mesmo tempo, na língua alemã (e Freud destaca, nos *Três ensaios*, duas vezes, em duas notas), "prazer" (como se traduz habitualmente) e "desejo". No sentido de "prazer", é descarga e alívio, mas, às vezes, significa, ao contrário, "a busca da excitação", mesmo até a exaustão. Assim, nos termos *Schaulust* e *Berührungslust* que significam, respectivamente, *Lust* de ver, que não é apenas prazer de ver, mas desejo de ver, vontade de ver, e *Berührungslust*, que não significa tanto prazer de tocar, mas desejo de tocar. Freud destacou essa ambiguidade duas vezes e em duas notas que são bem características dos *Três ensaios*: em uma das notas, ele diz: "feliz contradição que nos permite justamente navegar na dialética"; e, em outro momento, "Infeliz contradição que não nos permite encontrar um termo totalmente equivalente para *libido*", já que, continua, "eu gostaria muito de utilizar um termo alemão e não latino para *libido* = desejo. Mas não posso utilizar a palavra *Lust*, pois ela também significa prazer e não somente desejo".

"*Lust*" é, às vezes, sinônimo de "pulsão", de "libido", "vontade de", "desejo de" e "busca do desequilíbrio". A saciedade, nesse caso, nunca é atingida.

Retenhamos, contudo, do ponto de vista do conteúdo e não da terminologia, como *dois modelos radicalmente diferentes*: a pulsão, que busca a excitação às custas do esgotamento total, e o instinto, que busca o alívio.

3. Instinto e pulsão existem? Como e onde no homem? Podemos identificá-los, em relação aos dois domínios clássicos a partir de Freud, que não é possível negar completamente o domínio da autoconservação e o domínio da sexualidade.

A autoconservação, é preciso dizer, não se concilia muito, para não dizer de maneira alguma, com a variabilidade e a deriva do pulsional. O modelo chamado de "primário" do "processo primário" *não é* um modelo biológico. Quantas vezes já tentei fazer com que fosse aceita essa ideia de que o primário do processo primário não vem "antes"! O processo primário é "primário" apenas secundariamente, após o recalque e no domínio do inconsciente. Um organismo que funcionasse segundo o princípio de partida do "Projeto para uma psicologia científica" — isto é, os primeiros capítulos desse projeto, quando o único objetivo visado é uma evacuação total da energia — não sobreviveria um segundo. A própria ideia de "autoconservação" implica a homeostase, ou seja, um retorno ao nível de base *ótimo e não mínimo*[9]. A ideia de objeto de satisfação, de ação específica, conduz-nos à ideia de instinto.

Na verdade, terminado ou terminando nosso século 20, temos aqui dois modelos. O modelo do instinto e o modelo do apego. Vamos passo a passo. Os modelos do instinto ficaram mais maleáveis, especialmente com Lorenz. Ele estabeleceu que o próprio instinto possuía uma variabilidade muito maior do que se imaginava e introduziu a noção de entrelaçamento ou alternância. O termo alemão é *Verschränkung*, que diz bem o que ele quer dizer. Trata-se de uma verdadeira trama entre malhas instintivas inatas e malhas adquiridas por domesticação ou inteligência.

Mas essa não é a questão principal. A grande distinção nos comportamentos autoconservativos deve ser feita entre os que *não precisam do outro* e os que precisam. O modelo do apego, inicialmente introduzido por Bowlby, retoma certamente um aspecto essencial do instinto, isto é, o aspecto inato. Mas ele introduz imediatamente a ideia de uma *reciprocidade*. Cito uma das definições de apego: "comportamentos inatos que têm como função reduzir a distância e estabelecer a proximidade e o contato com a mãe. Comportamentos inatos existiriam também na mãe com a mesma função, mesmo que a aprendizagem desempenhe um papel na expressão desses comportamentos" (Montagner)[10].

Nos comportamentos que têm como finalidade a manutenção da vida, é preciso distinguir cuidadosamente, acima de tudo, as funções autônomas biológicas que, de certa maneira, não têm necessidade do outro. Assim, a função homeostática

---

[9] Ver *Vie et mort en psychanalyse*, Paris, Flammarion, 1970, chap. VI. Traduzido para o português pela editora Artes Médicas com o título *Vida e morte em psicanálise* (1985).

[10] L'attachement, in *Le Carnet psy*, n° 48, outubro de 2000, p. 13.

da manutenção do gás carbônico no sangue é um mecanismo relativamente autônomo; ou, ainda, a manutenção das taxas de glicose no sangue.

E o calor? Bom, com o calor já não é tão simples. A grande distinção é entre "pecilotérmicos" e "homeotérmicos". Os pecilotérmicos não precisam manter um nível de calor interno; já os homeotérmicos são capazes de manter esse nível. Porém, justamente nos homeotérmicos, a homeotermia é, inicialmente, imperfeita. Isso significa que ela se estabelece somente pouco a pouco. Todos conhecem os momentos de intenso calor ou de intenso frio do bebê. Depois da eclosão, os peixes (pecilotérmicos) não têm necessidade do outro, mas as espécies homeotérmicas (que o são apenas imperfeitamente no começo) precisam se comunicar para se manterem aquecidas. Certa vez fiquei muito espantado com o que disse Jouvet (e escrevi a ele sobre isso, sem obter resposta): a barreira entre as espécies que sonham e as que não sonham é praticamente a mesma que divide os pecilotérmicos e os homeotérmicos. Ora, parece-me que essa distinção é a mesma também entre espécies com comunicação — filhote/adulto — e as espécies sem comunicação.

Mas talvez seja o homem que tenha mais necessidade de interação. Daí a frase de Freud, que citei há pouco: "faltam no pequeno ser humano instintos necessários a sua sobrevivência". O que, certamente, é apenas uma primeira aproximação, já que, por outro lado, ele fala de "pulsão de autoconservação". Nessa frase, ele reconhece, aparentemente, a deficiência dos instintos quando não há intervenção do outro. Há, de fato, toda uma série de reações inatas que não existem no pequeno ser humano e inúmeras experiências foram feitas a respeito disso, confirmando essa afirmação de Freud, por exemplo, sobre o medo do vazio, o recuo diante de fontes incandescentes, etc.

A teoria do *apego* surgiu como uma máquina de guerra contra a psicanálise, contra a sexualidade e contra o inconsciente, e ainda tem esse papel, o que gerou o interesse em levar as coisas mais adiante. Primeiro, para lembrar que há algo em Freud que antecipa a ideia de apego, que é a noção de "ternura". Quando Freud opõe a relação "terna" ou a "corrente terna" à "corrente sensual", ele nada mais faz do que falar do apego em oposição à sexualidade[11]. A ternura que Freud (ao menos em sua primeira teoria das pulsões) coloca sob a égide da autoconservação corresponde ao fato de que o adulto "nutre" e "protege". Logo, imediatamente algo maior que um "apego" no sentido simplesmente literal do termo, isto é, o agarramento, a necessidade de contato, o aninhamento. A corrente terna, a relação terna, inclui relações iniciais mãe-bebê, além, justamente, da busca por calor; e, por outro lado, ela não se limita de maneira nenhuma à mãe, incluindo inúmeros outros adultos eventualmente; sabemos que a relação de apego também pode existir na ausência da mãe, por exemplo, com uma ama de leite.

Existe uma relação de autoconservação inata no homem? O debate foi contaminado pela oposição entre um bebê de observação e um bebê psicanalítico. Pois aqui, especialmente na observação do bebê, vê-se, de fato, apenas o que se quer ver; mas, se se quer ver algo, deve ser possível detectá-lo também por meio da observação. Lembro de Melanie Klein, promotora da prioridade do "mundo interno", que escreveu um artigo intitulado "Observando os bebês". Contudo, isso é muito difícil e a observação animal é, de certa forma, indispensável, ainda que totalmente insuficiente. Indispensável principalmente porque ela nos permite tentar identificar, por dedução, o que é primordial no homem. Teremos que dizer que a comunicação é primordial no homem? Teremos que negar qualquer comunicação em animais? Com certeza, não (mencionei isso há pouco, a propósito dos homeotérmicos e o fato de que talvez eles sonhassem); mas ela é infinitamente menos desenvolvida. Existem sistemas de comunicação animal, mas não há uma linguagem verdadeira. Sem dúvida, a comunicação adulto-bebê não tem linguagem desde o início, e insisti nisso inúmeras vezes. Mas ela é, desde o início, marcada em sua diversidade, sua complexidade e suas ambiguidades pelo fato de que o homem é um animal com linguagem. Em outras palavras, a complexidade da linguagem verbal exerce uma espécie de contágio sobre as comunicações pré-verbais.

O *apego no homem,* é preciso insistir, é primariamente uma relação *recíproca* de comunicação e de mensagens. Mas o se-

---

[11] "Du rabaissement généralisé de la vie amoureuse", *OCFP*, XI, p. 130 et seq.

gundo ponto de "dedução" em relação à observação animal é muito mais importante: é a presença do inconsciente sexual no adulto. É possível apagar toda a teoria das pulsões, mas seria possível apagar o inconsciente sexual? E é um desserviço para a análise deixar passar aqui a diferença entre um bebê da observação e um bebê psicanalítico que seria construído apenas *après coup*[12]. Pois se o inconsciente adulto está presente na relação primordial e não o vemos na observação, é porque não nos damos meios para vê-lo. Não necessariamente para explorá-lo, mas para, ao menos, detectar seus sintomas[13].

Falei do animal porque, no homem, o apego talvez nunca seja observável em estado puro. E por duas razões: ele está infiltrado pela relação narcísica e está contaminado e comprometido pelo sexual adulto. Isso é o que não se quer ver, por exemplo, ao se opor um apego "secure", quer dizer, assegurado, e um apego "non secure". Com efeito, o não assegurado nada mais é que o outro aspecto, o aspecto extremo, sem dúvida, do *enigmático*. Se ele é "patológico", talvez seja, nada mais, nada menos, porque o *próprio* sexual é desvio, isto é, o *sexual pulsional*.

4. Mas, antes de retornar à relação sexual/apego, passo ao sexual em suas duas modalidades: o sexual infantil e o sexual na adolescência.

O sexual infantil é a grande descoberta de Freud. É o *Sexual* ampliado além dos limites da diferença entre os sexos, além do sexuado. É o sexual parcial, ligado às zonas erógenas, que funciona segundo o modelo do *Vorlust,* no qual se encontra a palavra *Lust,* que quer dizer ao mesmo tempo *prazer* e *desejo.* Poderíamos dizer que o *Vorlust* é o "prazer-desejo preliminar" — não é um prazer de alívio, é um prazer de aumento de tensão. De fato, nada permite afirmar que o "prazer-desejo" infantil corresponda a uma tensão fisiológica interna, nem que exija descarga.

Falemos um pouco do corpo, retornemos à endocrinologia. Sabemos que os hormônios sexuais e hipofisários, que ainda existem durante o nascimento, diminuem muito cedo, desde

---

[12] Sem considerar que o *après-coup* surge muito cedo no ser humano, talvez desde o segundo ano de idade.

[13] A respeito disso, cf. Roiphe H. e Galenson E.: *La naissance de l'identité sexuelle*, Paris, PUF, 1987, principalmente os capítulos 13 e 14.

os primeiros meses, até zero, para voltar a aumentar somente na puberdade ou um pouco antes dela. Fala-se de "latência", mas, a meu ver, seria o caso de falar de dois tipos de latência. A *latência pulsional*, classicamente definida por Freud, é a latência ligada ao recalque e ao Édipo, situando-se entre a idade de cinco ou seis anos e a puberdade. Latência, aliás, relativa, como sabemos. Já a *latência instintual* é, em suma, a definida pela famosa "visão popular da sexualidade", ou seja, uma latência que existe do nascimento até a puberdade, latência endógena durante a qual somente a pulsão tem livre curso. Nenhuma manifestação do instinto.

Retomo, ainda, algumas proposições negativas. Nada permite afirmar que a erogeneidade das zonas erógenas esteja ligada a uma tensão endógena inata. Nada permite afirmar que a vulgata da sucessão dos estágios corresponda a um mecanismo genético programado[14]. Fico consternado em ver que ainda se encontram programas de ensino nos quais Freud é ensinado como se fosse o catecismo, com a sucessão ordenada dos estágios infantis da sexualidade. Nada permite ver na evolução sempre mais ou menos caótica da pulsão sexual algo que se inscreva em um sistema mais vasto, finalizado, preparando, como sua meta, a puberdade. É essa reinscrição da pulsão no campo do instinto que Freud quis finalmente realizar ao delinear, apesar de tudo, uma espécie de desenvolvimento programado em que, por um lado, sexualidade infantil e, por outro, sexualidade pubertária e adulta estão em continuidade.

5. Antes de chegar ao momento da puberdade, qual é, então, *a ligação* entre a relação instintual autoconservadora, que se torna complexa e se enriquece na ternura, e o sexual pulsional? A teoria do apoio, que mencionei há pouco, cada vez mais invocada, cada vez mais redescoberta e interpretada, cada vez mais integrada na "vulgata", pode se tornar perniciosa nesse contexto.

Se a sexualidade infantil não tem um mecanismo endógeno inato, como ela poderia surgir simultaneamente com a autoconservação? E se ela corresponde a um simples fantasiar das funções corporais de apego e de autoconservação, como esse fantasiar, sozinho, conferiria a funções somáticas um cará-

---

[14] Melanie Klein já combatera essa ideia.

ter sexual? Diversas vezes falei que a pretensa "experiência de satisfação" e a pretensa "satisfação alucinatória do desejo" em Freud era um exercício bem-sucedido de prestidigitação. É fazer o sexual surgir da insatisfação da autoconservação da mesma maneira que se tira um coelho da cartola. Mas é necessário, justamente, que alguém tenha colocado o coelho na cartola e, quem o fez, foi o adulto[15].

A teoria da sedução, que não retomarei, propõe um modelo do surgimento do sexual no cerne da relação recíproca de apego. "Recíproca": mas uma interferência ou um ruído perturba essa comunicação, interferência esta que, inicialmente, *procede de um único lado,* do lado do adulto. O adulto, a mãe com mais frequência, mas não como mãe, repetirei, e sim como adulto. Por falta de espaço, deixarei de lado a representação ou o modelo que se pode fazer do processo do recalque, da constituição do inconsciente e do surgimento da pulsão.

A fonte da pulsão sexual infantil é o inconsciente e suas características são marcadas por essa origem. A pulsão sexual infantil é busca incessante e não conhece o apaziguamento. Ela não conhece o orgasmo, apesar da analogia que Freud acreditou ter percebido entre o apaziguamento do bebê que acaba de mamar e o apaziguamento após o orgasmo. Ela não conhece o apaziguamento pelo objeto adaptado complementar, falta-lhe sempre ligação, ela é sempre ambivalente.

6. A principal tentativa de ligação é o Édipo, o Édipo infantil. Mas, antes de falar disso, trato do *instinto sexual.* Gutton nos propõe um modelo com a noção de "pubertário". Se entendo bem, um instinto sexual correspondente à maturação genital com uma busca inata pelo "complementar" (termo dele): a zona erógena complementar e, como diz o refrão, "a pessoa do sexo oposto". É exatamente a "visão popular" que Freud contesta nos *Três ensaios,* para adotá-la em "Além do princípio de prazer". No fim das contas, Freud não tem nada contra ela, desde que seja bem delimitada. Não tenho nada contra, mas desde que esteja situada, que esse instinto, ou essa complementaridade,

---

[15] O adulto, seguido nesse aspecto, na teoria, por Freud. Mais uma vez a teorético-gênese imita a ontogênese.

esteja situado, não em continuidade, nem mesmo em mutação, mas em ruptura. Em um novo momento qualitativo e não como apogeu da pulsão infantil.

Começamos a descobrir coisas do instinto sexual pubertário nos animais, mas é bem parcial e um pouco ridículo. No homem, acreditamos saber há milênios e com Mozart: "Meu coração suspira". Mas justamente essas coisas que acreditamos saber estão muito encobertas pelo cultural e pelo sexual infantil! O que a psicanálise quer nos ensinar é que, no homem, o sexual de origem intersubjetiva, portanto, o pulsional, *o sexual adquirido vem,* muito estranhamente, *antes do inato. A pulsão vem antes do instinto,* a fantasia [*fantasme*] vem antes da função; e quando o instinto sexual chega, o assento já está ocupado.

Um ponto exemplar é o problema do Édipo: "O amor do genitor do sexo oposto e a rivalidade, a destruição ou o ódio do genitor do mesmo sexo". Digo, sem restrições, que essa formulação nos propõe um Édipo "homotético". Rivalidade de um lado, atração do outro. Homotético porque o pequeno triângulo entre ego, seu parceiro e seu filho reproduziria em homotetia o grande triângulo parental pai-mãe-ego. A estruturação parece simples. A identificação é uma identificação ao *rival.* Identificação que alguns chamaram de "mimética". Lembro de Girard e do sucesso dessa ideia do mimetismo.

Ora, a descrição do Édipo infantil feita por Freud é bem diferente. O Édipo infantil é sempre bipolar. Ao mesmo tempo direto e invertido. Não descreverei as quatro moções em questão, pois são evidentes. Tanto que (isso é o essencial) as *identificações são sempre substituições da relação de amor.* São interiorizações do objeto perdido. Freud nos diz explicitamente que a identificação ou é a forma primordial da relação com o objeto, ou um substituto da relação com o objeto de amor. A identificação com o objeto e *não com o rival* é indispensável para qualquer abordagem da homossexualidade e da heterossexualidade. O homossexual, em uma das principais formulações de Freud a respeito de Leonardo da Vinci, identifica-se com o objeto do amor: a mãe. E, do mesmo modo, o heterossexual deve ter amado intensamente e com um amor homossexual o pai para se identificar com ele. Nos textos, a identificação ao rival sempre se atenua em Freud. Tive a oportunidade de mostrá-la no texto sobre *Psicologia de grupo e a análise do ego*[16]. Na melhor das hipóteses, as moções positivas e negativas estão presentes em *qualquer* identificação.

7. Na adolescência temos, portanto, a confluência de dois rios com águas muito heterogêneas, sem nenhuma certeza de que eles chegarão a uma mistura harmoniosa. De um lado, a pulsão e a fantasia infantil; do outro, o instinto pubertário. Retomo esses pontos de diferença, até mesmo de incompatibilidade: 1°) Os dois Édipos, dos quais um é "complementar", enquanto o outro é irremediavelmente bissexual e, ao mesmo tempo, ambivalente, ou seja, sexual de vida e sexual de morte. O aspecto sexual do parricídio, tomando este termo no sentido mais amplo, ou seja, o assassinato do genitor, o aspecto sexual do parricídio em si mesmo não poderia ser tão facilmente atenuado quanto se quer fazer acreditar. Gutton[17] fala de "desinvestimento erótico do rival, facilitando sua execução", mas, precisamente, trata-se de esquecer que a execução no Édipo infantil é um ato erótico. 2°) O lugar do objeto é outro elemento de diferença, até mesmo de oposição: *objeto de satisfação* complementar, de um lado; *objeto-fonte,* os significantes dessignificados (como os chamo) no inconsciente, do outro. 3°) Os dois modos econômicos que indiquei anteriormente: busca do apaziguamento e do orgasmo, por um lado; busca da excitação própria ao pré-genital, por outro. O pré-genital, mas também é preciso insistir, incluindo o genital infantil. Sem dúvida, há o que se chama de integração dos prazeres pré-genitais no prazer preliminar, mas isso necessitaria inúmeras observações. Não é somente o pré-genital que deve ser integrado na chamada primazia genital, mas todo o pré-genital e o paragenital ou genital infantil que são confrontados com o genital pubertário, depois adulto. O genital infantil, o fálico, resto do "paragenital" e, mais tarde, do "preliminar": pensemos somente no culto da perfor-

---

[16] Cf. *Problématiques I*, Paris, PUF, 1980, p. 341-347. [Traduzido para o português pela editora Martins Fontes com o título *Problemáticas I — A angústia* (1992).]

[17] *Le pubertaire*, Paris, PUF, 1991, p. 46.

mance fálica como componente frequentemente predominante da sexualidade adulta, sobretudo moderna.

Mas, por outro lado, se a integração da busca de excitação pulsional no instinto fosse total, onde estaria a criatividade humana? E, se ela é feita pelo menos parcialmente, eis-nos no que Freud chama de "fixação das metas sexuais preliminares", ou seja, na via, sempre presente, da perversão.

Conclusão

O objeto da psicanálise é o inconsciente, e o inconsciente é, acima de tudo, o sexual no sentido preciso freudiano, o sexual pulsional, infantil, pré ou paragenital ou genital infantil. É o sexual que tem sua fonte na própria fantasia, certamente implantada no corpo.

E, para retomar mais uma vez os termos instinto e pulsão, recapitulo em poucas palavras:

1. No homem, há o *instinto de autoconservação*, desde que se entenda que: 1°) ele é, em grande parte, ternura ou apego, ou seja, mediado pela comunicação recíproca; 2°) ele está, inicialmente, encoberto, portanto, oculto pelos fenômenos propriamente humanos e sexuais da sedução, por um lado, e da reciprocidade narcísica, por outro.

2. No homem, há a *pulsão sexual*, que ocupa o lugar principal, decisivo, do nascimento à puberdade. É ela que constitui o objeto da psicanálise, é ela que se oculta no inconsciente.

3. Há o *instinto sexual*, pubertário e adulto, mas que "encontra o lugar ocupado" pela pulsão infantil.

Esse instinto é, portanto, epistemologicamente muito difícil de ser definido, na medida em que no real e concretamente ele não surge em estado puro, mas em transações incertas com o sexual infantil que reina no inconsciente.

II

Sexualidade e apego na metapsicologia

In *Sexualité infantile et attachement*, capítulo VI, Paris, Flammarion, 1970.

Daniel Widlöcher introduz seu artigo sobre amor primário e sexualidade infantil com a conferência e o artigo de Michel Balint em 1937 sobre o "amor primário de objeto". É difícil não concordar com esse ponto de partida na medida em que a voz de Michel Balint surge em um momento no qual domina a doutrina freudiana oficial do "narcisismo primário" como estado anobjetal. O dogma da "mônada", da qual o pequeno ser humano deveria, não se sabe como, sair para chegar ao "objeto", é fortemente, senão definitivamente, deixado de lado.

É ainda mais marcante que Daniel Widlöcher possa classificar, com algumas linhas de intervalo, essa discussão como o "debate de sempre" e o "debate que não aconteceu". Prova de que Michel Balint (e seu séquito "húngaro") provavelmente não tinha estabelecido o suficiente suas teses e, em primeiro lugar, não tinha preparado bem o terreno sobre o qual as construiu. Esse não é o momento de retomar o pensamento de Balint como ele aparece, com toda sua complexidade, na coletânea de artigos "Amor primário e técnica psicanalítica"[18]. O ponto principal de nossas reservas se concentraria provavelmente no próprio termo "amor", empregado para qualificar a primeira relação criança-mãe, um termo que reúne todas as ambiguidades apresentadas na última teorização de Freud, que Balint, involuntariamente, vai herdar.

A teoria de Freud que Balint critica é a do narcisismo como estado primordial do ser humano. Mas, além disso, o aspecto fundamental do "autoerotismo" não deve ser distinguido dele como um momento diferente: ele se torna simplesmente "a atividade sexual da fase narcísica do investimento da libido"[19]. Nessa

---

[18] "Amour primaire et technique psychanalytique". Paris, Payot, 1972. Esta coletânea de Balint não está traduzida para o português.

[19] Freud, *Leçons d'introduction à la psychanalyse*, 1916-1917, GW, XI, p. 431, *OCFP*, XIV, p. 431.

última teoria, o mundo pulsional é inteiramente colocado sob a égide da oposição das "pulsões de vida" (Eros) e das "pulsões de morte". Porém, se considerarmos o fato de que a pulsão de morte vai ser rejeitada pela maior parte dos autores citados por Daniel Widlöcher e que o próprio Balint critica abertamente essa hipótese[20], chegaremos a uma visão extremamente simplificada, na qual todo o universo pulsional é submetido à hegemonia[21] da pulsão de vida, ou do amor, ou de Eros. O Eros reúne sob sua égide não somente a sexualidade, mas o amor sob seus aspectos narcísicos e, também, em última análise, as pulsões de autoconservação: "a oposição entre pulsão de autoconservação e pulsão de conservação da espécie, assim como a oposição entre amor do ego e amor de objeto, deve ainda ser situada dentro do Eros"[22].

Sem dúvida, Balint — diferentemente de autores citados antes por Widlöcher — não ignora que há em Freud pontos de vista muito diferentes[23]. O que tentamos mostrar com frequência é que não se trata, em Freud, de pontos de vista "flutuantes" (como diz Widlöcher), mas sim de toda uma linha de pensamento que o próprio Freud tentou absorver em sua elaboração posterior e que permanece extremamente estimulante[24]. Distinções que são, por um lado, explícitas e, por outro, implícitas, devem ser lembradas.

Distinções explícitas: Inicialmente, a ideia essencial de que nem o narcisismo nem, talvez, o autoerotismo sejam estados primários. Longe de serem *premissas* quase inatas, eles surgiriam apenas ao longo da relação adulto-criança.

Esse é o caso do autoerotismo, que Freud pensa, em 1905, suceder uma fase primária de relação com o objeto.

---

[20] Cf., por exemplo, *L'amour et la haine*, op. cit, 1951.

[21] É precisamente para fazer um contrapeso a essa hegemonia do Eros narcísico que Freud introduziu a "pulsão de morte", o que, na minha interpretação, é uma maneira de reintroduzir os aspectos desestruturantes e "desligantes" da própria sexualidade. Cf. especialmente *Vie et mort en psychanalyse*, Paris, Payot, 1970, cap. VI [Vida e morte em psicanálise (Artes Médicas, 1985)]; *Pourquoi la pulsion de mort* e *Entre séduction et inspiration: l'homme*, Paris, PUF, 1999, cap. VIII: "La soi-disant pulsion de mort: une pulsion sexuelle".

[22] *Abrégé de psychanalyse* (1938), GW, XVII, p. 71. Fr PUF, 1949, p. 8.

[23] Cf. especialmente *La théorie des organisations pré-génitales de la libido*, 1935. Coletânea citada: p. 58 et seq. a respeito do autoerotismo e p. 64 a respeito do narcisismo.

[24] Cf. especialmente Jean Laplanche, *Nouveaux fondements pour la psychanalyse*, 1987, p. 69-80 [Novos Fundamentos para a Psicanálise (Martins Fontes, 1992)]: "Un exemple majeur de confusion, l'état 'anobjectal'". Nossa ideia é de que Balint substitui essa confusão do estado "anobjetal" por outra: a do "amor" primário.

> No período em que a satisfação sexual em seus primórdios estava ligada à absorção dos alimentos [trata-se aqui do momento do apoio], a pulsão sexual tinha seu objeto sexual fora do corpo, no seio da mãe. Esse objeto foi perdido apenas posteriormente, talvez justamente no momento em que a criança se tornou capaz de formar uma representação completa da pessoa a qual pertencia o órgão que a satisfazia. Em regra geral, a pulsão sexual se torna, a partir desse momento, autoerótica[25].

Eu concluía assim em 1970: um texto como esse soa bem diferente dessa grande lenda do autoerotismo como estado de ausência primordial e total do objeto, estado a partir do qual seria preciso *encontrar* um objeto; o autoerotismo é, pelo contrário, um segundo tempo, um tempo de perda do objeto. Perda do objeto "parcial", podemos dizer, já que se trata da perda do seio, e Freud faz aqui essa observação preciosa de que, talvez, o objeto parcial seja perdido no momento em que começa a se desenhar o objeto total, a mãe como pessoa. Mas, sobretudo, se um texto como esse deve ser levado a sério, significa que, *por um lado, há de imediato um objeto, mas, por outro, a sexualidade não tem imediatamente um objeto real*[26].

Para designar de maneira precisa esse momento *segundo,* propus o termo "tempo auto", momento de redirecionamento da sexualidade ao objeto fantasístico interno[27].

Ora, o mesmo ocorre com o narcisismo que, quando invocado por Freud em seu texto fundamental de 1905, "Introdução ao narcisismo", aparece também como *segundo* em relação ao autoerotismo: "Qual é a relação do narcisismo, do qual tratamos aqui, com o autoerotismo que descrevemos como um estado da libido em seu início?". E a resposta é proferida em duas frases curtas que possivelmente comportam a visão mais incisiva e mais condensada de Freud sobre essa questão: "É necessário admitir que não há, desde o início no indivíduo, uma unidade comparável ao eu; o eu deve passar por um desenvolvimento. Uma nova ação psíquica deve, então, vir se juntar ao autoerotismo, para dar for-

---

[25] GW, V, p. 123. Observações entre colchetes de Jean Laplanche [Tradução livre a partir do texto em francês].

[26] Cf. Jean Laplanche, *Vie et mort en psychanalyse*, 1989, p. 35 [*Vida e morte em psicanálise* (Artes Médicas, 1985)].

[27] Ibid., p. 137-157.

ma ao narcisismo"[28]. Sem dúvida, essa linha de pensamento vai ser rapidamente encoberta pelo "narcisismo primário anobjetal". Não deixa de ser verdade que ela será resistente, especialmente em um autor como Federn. Ao ponto, aliás, de Freud ser levado a dizer que ele não entende nada em Federn, como se não quisesse entender nada além do que ele próprio elaborou inicialmente[29]. De minha parte, pelo contrário, ampliei a trilha aberta por Freud e depois abandonada, a de uma sequência: satisfação sexual ligada a necessidade/autoerotismo/narcisismo, recusando a ideia das "fases" sucessivas, em benefício da de "momentos mais ou menos pontuais e mais ou menos reiterados"[30].

Outra distinção explícita que Freud será levado a reduzir, até mesmo a integrar em seu Eros abrangente, é a das pulsões de autoconservação e das pulsões sexuais. Distinção fundamental, pois ela já define o rumo do que será a relação entre apego e sexualidade. Discutiremos mais adiante sua articulação. Mas mencionemos simplesmente que, para Freud, as funções de autoconservação não são anobjetais: "elas nunca poderiam ser satisfeitas autoeroticamente"[31]. Qualquer que seja o caráter falho da fórmula (que fala de um autoerotismo da autoconservação!), a ideia é clara: as pulsões de autoconservação são instantaneamente orientadas para o objeto adequado. Aliás, é precisamente nessa medida que elas são capazes de mostrar o caminho para as pulsões sexuais.

Mas isso não poderia ser discutido posteriormente sem que fizéssemos alusão a outras *distinções e conceitualizações implícitas* na obra de Freud. Implícitas no sentido de que não foram tratadas em análises temáticas em Freud e, por isso, foram completamente negligenciadas em uma longa tradição. Essa preterição já é certamente notável na literatura de língua alemã, mas ela se torna completa com a passagem pela língua inglesa. Há, acima de tudo, uma ignorância completa a respeito da distinção, no próprio texto freudiano, das noções de *pulsão (Trieb)* e *de ins-*

---

[28] Freud, 1915, *Pour introduire le narcissisme*, GW, X, p. 141-142.

[29] Cf. Jean Laplanche, *Vie et mort en psychanalyse*, 1970, cap. V, "Le moi et le narcissisme" [*Vida e morte em psicanálise* (Artes Médicas, 1985)]; e Maria Teresa de Mélo Carvalho, Paul Federn, une autre voie pour la théorie du moi, Paris, PUF, 1996.

[30] Jean Laplanche, *Nouveaux fondements pour la psychanalyse*, p. 74 [*Novos fundamentos para a psicanálise* (Martins Fontes, 1992)].

[31] In *Pulsions et destins de pulsions*, OCFP, XIII, p. 182, n° 1.

tinto (*Instinkt*)[32]. A diferença certamente nunca é abordada por Freud, mas isso não exclui uma diferenciação muito sólida na utilização dos termos, como ocorre, aliás, para esta outra dupla: "pulsão-necessidade". Ora, nas traduções em língua inglesa de Freud, os dois termos se encontram reduzidos um ao outro. E, fenômeno mais grave, os próprios autores que passaram do alemão ao inglês, em suas próprias produções, cruzaram, sem mesmo se dar conta disso, a fronteira... que separa uma concepção *instintual válida, segundo Freud,* inicialmente para a autoconservação e o "instinto dos animais", e sua concepção de *pulsão*; o instinto que permanece relativamente imutável na espécie, na maior parte inato, e que corresponde a finalidades adaptativas; a pulsão — cujo modelo continua sendo a pulsão sexual — que varia de um indivíduo a outro, "contingente" quanto a suas metas e seus objetos, normalmente "perverso-polimorfa", ao menos próxima às suas origens. Foi preciso esperar até 1967 para que isso fosse de fato revelado no uso freudiano[33].

É, também, a partir dessa data, que a noção de *apoio* encontra não somente seu significado e sua importância, como também sua existência. De fato, por mais importante que seja, o conceito de *Anlehnung* é utilizado, em Freud, apenas esporadicamente. Ele nunca fez uma análise sistemática dele. Além disso, a noção vai ser massacrada em Strachey pela invenção do termo rude, pseudocientífico, "anáclise". A partir daí, rapidamente a noção *de uma gênese, por meio de apoio da pulsão sexual que se baseia no funcionamento instintual autoconservativo,* vai ser completamente sobrepujada pelas noções absolutamente diferentes de "relação anaclítica" (a criança se apoiando na mãe), até mesmo de "depressão anaclítica", criada por Spitz para designar os estados em que a criança vai se encontrar privada de sua mãe. Seria necessário destacar que foi preciso esperar a leitura "francesa" de Freud e a escolha da palavra "étayage" [apoio] para que fosse dada atenção a essa noção[34]?

[32] Cf. Jean Laplanche, "Pulsão e instinto", in *Adolescence*, 2000, XVIII, 2. Artigo I deste volume.

[33] Jean Laplanche e J.-B. Pontalis, *Vocabulaire de la psychanalyse,* verbete "Instinct". [*Vocabulário da psicanálise* (Martins Fontes, 2000), verbete "Instinto".]

[34] Cf. *Vocabulaire de la psychanalyse,* 1967, verbete "Étayage" [*Vocabulário da psicanálise* (Martins Fontes, 2000), verbete "Apoio"]; e *Vie et mort en psychanalyse,* 1970, cap. I: "L'ordre vital et la genèse de la sexualité humaine" [*Vida e morte em psicanálise* (Artes Médicas, 1985)].

Sem entrar em detalhes, digamos que a própria noção de apoio suponha a distinção entre um funcionamento instintual autoconservativo e orientado para o objeto, e um funcionamento erótico, que se apoia inicialmente no primeiro, para em seguida se separar dele e "se tornar autoerótico".

Seria, então, em minha opinião, anacrônico remeter de alguma maneira Balint a uma concepção do apoio que ele ignora, da mesma maneira que ele negligencia, em última análise, a premissa em Freud: o dualismo autoconservação/sexualidade.

Seria necessário criticar Balint, que pega o trem freudiano andando, por entrar somente na estação "mito da ameba", negligenciando todo o desenvolvimento anterior e tudo que, na visão de Freud, permite uma visão muito diferente? Seria necessário criticar uma leitura de Freud que negligencia os estratos, muito diferentes, dos *Três ensaios*? Talvez não. Mas temos o direito de criticar os autores que vêm na sequência, até Jeremy Holmes, em 1996 (p. 2), por terem negligenciado completamente o que a pesquisa freudiana e psicanalítica francesa tinha destacado desde 1967-70: a diferença entre a autoconservação e a sexualidade, a abertura da autoconservação para o objeto exterior e a articulação dos dois tipos de funcionamento no apoio[35].

Preciso, aqui, observar que mesmo os autores franceses que Daniel Widlöcher destaca por recorrerem a esse ponto de vista "monadológico" ("freudiano", no sentido mais restrito do termo) escrevem em 1969 (P. Lab, M. Renard) sem considerar nem a teoria do apoio, nem pontos de vista já desenvolvidos com pertinência por Lagache desde 1961:

> Nega-se a evidência, quando se afirma que o recém-nascido não tem experiências conscientes, enquanto ele alterna entre o sono e a vigília. Essas experiências conscientes são, sobretudo, experiências de estados e de atos corporais, isto é, elas se baseiam principalmente em recepções intero e proprioceptivas. A criança não está, entretanto, confinada em sua subjetividade. É difícil conceber a relação do recém-nascido com o seio de outra maneira que não seja a relação de um sujeito com um objeto: sem existir enquanto estrutura cognitiva, o sujeito funciona e se atualiza sucessivamente nas necessidades que o despertam e motivam, em atos de orientação e de consumo que o acalmam e o entorpecem; da mesma manei-

---

[35] E não desde Anzieu et col., 1993.

ra, o seio e o leite preenchem sua função de objeto bem antes de ele ter consciência posicional do objeto[36].

Há anos que uma certa tradição essencialmente anglo-saxônica continua a se debater com o mito da mônada originária ou com o falso problema levantado por Fairbairn, entre a pulsão em "busca de prazer" *(pleasure seeking)* e a pulsão na busca do objeto *(object seeking)*, sem se dar conta de que a dupla oposição autoconservação/sexualidade, de uma parte, e pulsão/instinto, de outra parte, abrisse, talvez, novas perspectivas. Assim, permaneceram estranhas uma a outra, por um lado, uma linha de pensamento ligada a uma revisão profunda dos pressupostos, dos conceitos implícitos, da evolução histórica, até mesmo dos "desvios" do pensamento freudiano e, por outro, um debate na literatura de língua inglesa que, preso a uma concepção estática, até mesmo anistórica[37] do freudismo, aceita-o ou nega-o *sem* restrições.

Um exemplo marcante seria o do pensamento "mahleriano", que dominou por anos setores inteiros do pensamento anglo-saxão e, este, como diz Lagache, "negando a evidência". A ideia de que toda criança passa por uma fase autística, depois por uma fase de simbiose com a mãe, antes de adquirir secundariamente sua "separação-individuação", só poderia desabrochar no âmbito da teoria do "narcisismo primário" concebido como um estado inicial, "mônada" da qual, não se sabe como, teria que "sair".

A teoria de Margaret Mahler desenvolveu-se muito pouco em território francês. O pensamento de Lagache (cf. página 43) opõe-se a ela de maneira precisa. De minha parte, desde *Vida e morte em psicanálise* argumentei vigorosamente contra a teoria da "mônada primitiva", quaisquer que sejam suas vicissitudes. Finalmente, um artigo muito bem documentado e argumentado de Jean Gortais faz justiça a uma concepção realista do conceito de simbiose:

> é essencialmente, em nossa opinião, no registro da ilusão, da fantasia, e também da regressão definitiva e do delírio, que

---

[36] Lagache, 1961, "La psychanalyse et la structure de la personnalité", in Œuvres IV, Pans, PUF, p. 201.

[37] A partir desse anistoricismo anglo-saxônico invasor, comprova-se a remissão de citações de autores a datas, geralmente da última publicação consultada. Quem saberá se Freud (1987) designa os *Três ensaios* os de 1905, de 1910, de 1915 ou de 1924?

o conceito de simbiose pode ser portador de sentido. Dessa maneira, ele provém fundamentalmente da desdiferenciação, e não da indiferenciação[38].

Última vicissitude do narcisismo originário e versão radicalmente dessexualizada deste, o mahlerismo foi levado, de fato, no plano internacional, por todos os dados da observação da criança, que podem ser reunidos atualmente sob o termo geral de "teoria do apego". A refutação é irreversível, e encontraremos a expressão mais completa no artigo de Martin Dornes: "La théorie de Margaret Mahler reconsidérée"[39]. Porém, o perigo permanece, em última análise, o mesmo que com a crítica inicial de Balint: o retorno à "intersubjetividade" é feito sob o signo de um monismo das motivações (aqui: o apego; em Balint, era o amor) no qual, no fim das contas, o grande perdedor é a *sexualidade infantil*, no sentido freudiano do termo[40]. É preciso acrescentar que poderiam desaparecer também, na mesma catástrofe, o inconsciente freudiano, assim como a função principal da fantasia.

Isso é dizer que, em nossa opinião, o debate a respeito do apego e da sexualidade infantil corre o risco, de fato, de nunca ocorrer por hegemonismo da teoria do apego, a menos que seja *acolhido* no âmbito de uma *metapsicologia rigorosa*. Uma metapsicologia que encontra certamente suas origens em Freud, mas que, ao fim de um "trabalho", não hesita em fazer escolhas e propor grandes reconfigurações.

Para expor muito sucintamente essa *metapsicologia reconstituída*, partiremos da dupla distinção, já evocada anteriormente: funcionamento instintual e funcionamento pulsional; autoconservação e sexualidade. É imprescindível tratar inicialmente essas duas oposições em separado, na medida em que elas se encobrem apenas parcialmente.

---

[38] Gortais (J.), *Le concept de symbiose en psychanalyse*, Psa. Univ., 12. 46, p. 201-257. op. cit. p. 251.

[39] In *Psyche*, 50, 1996, 11. Fr. Psychanalyse et psychologie du premier âge, Paris, PUF, 2002.

[40] Citemos, ainda, essa passagem de Balint: "ao contrário da relação pré-genital, essa relação genital ou adulta é sempre sexual... enquanto a relação de objeto pré-genital é geralmente não sexual (sem dimorfismo sexual)". Balint, in *L'amour et la haine*, coletânea citada, p. 142 [tradução nossa].

I. A oposição *pulsão/instinto* é fundamental, e só nos resta lamentar as décadas de debates em vão ocasionados pela confusão entre essas noções: no primeiro plano dos fatores responsáveis por isso, mas não o único, deveria estar localizada a migração do pensamento freudiano na língua inglesa (não somente a de Strachey). Marquemos a diferença em três registros: o instinto propõe-se como adaptativo, geneticamente programado, e visando economicamente a um equilíbrio. A pulsão, como a concebemos[41], é não adaptativa, talvez seja até mesmo antiadaptativa; inscrita no corpo e na biologia, ela não é, entretanto, de origem genética, mas deve seu surgimento à especificidade da relação adulto-criança. Resumindo, ela funciona conforme um princípio diferente daquele do alívio das tensões.

Retomemos esses pontos, esquematicamente. Quanto ao instinto, ele se apresenta como hereditário e como adaptativo. Lembro uma das definições, a de Tinbergen, muito antiga: "um mecanismo nervoso hierarquicamente organizado que, submetido a algumas excitações iniciadoras desencadeadoras e dominantes, de origem tanto interna como externa, responde a essas excitações com movimentos coordenados que contribuem para a sobrevivência do indivíduo ou da espécie"[42].

Esse aspecto estático do instinto foi notavelmente flexibilizado na sequência, sem questionar, contudo, sua base geneticamente programada. Lorenz estabeleceu, principalmente, que o instinto é muito mais variável em seu desenvolvimento no indivíduo do que acreditamos. Ele fala de um entrelaçamento (*Verschränkung*) no qual são tramados elementos instintivos inatos e elementos adquiridos por domesticação ou inteligência. A noção de instinto é flexibilizada de tal maneira que permite ser aberta ao domínio mais recentemente explorado do apego.

Bem diferente é a pulsão, instaurada de maneira magistral pelos *Três ensaios* em 1905. Os pontos de vista da hereditariedade e da adaptação estão estreitamente ligados, podendo ser refutados conjuntamente. A adaptação é imediatamente falha na noção de "perversão polimorfa", localizada no início de todo o

---

[41] Especialmente na linhagem freudiana dos *Três ensaios* de 1905, mas sem negar que fazemos escolhas que "fazem trabalhar" Freud.

[42] Tinbergen, *The study of instincts*, Oxford, 1951, citado por Benassy M., RFP, 1953, 17, 1-2, p. 11.

desenvolvimento. A contingência dos objetos e a variabilidade das metas que são frequentemente intercambiáveis depreciam a "ideia popular" de uma subordinação das pulsões com uma finalidade biológica, a procriação. Quanto ao que Freud chama de "fonte" somática, ela já é dificilmente atribuível quando se trata da pulsão "oral" (os lábios?) ou anal (o ânus?), e é ausente quando se trata, por exemplo, da pulsão voyeurista: como dar um sentido aqui à ideia de uma "redução da tensão na fonte"? Não nos daremos ao ridículo de falar de uma "redução da pressão intraocular".

Sem dúvida, Freud (e talvez mais ainda seus discípulos como Abraham ou, em um outro sentido, Ferenczi) se encontra como que tomado por uma vertigem frente a uma evolução sem finalidade preestabelecida, e ele vai se esforçar para descrever uma espécie de evolução normativa, orientada para a "genitalidade". Porém, apesar de a pretensa sucessão das fases libidinais esforçar-se para subsistir na vulgata dos ensinamentos de "psicologia psicanalítica", ela é ininterruptamente atacada, tanto na observação clínica quanto nas críticas teóricas (Melanie Klein, indubitavelmente, encabeçou essa crítica). A vaga sucessão das "fases libidinais" pode, com certeza, estar situada em certa correlação com os progressos na criação (ela mesma determinada tanto social quanto fisiologicamente). Mas isso é o mesmo que dizer que nada permite postular uma programação genética da evolução *libidinal* infantil *como tal*.

Acrescentemos ainda algo que terá impacto mais adiante: uma programação genética, sobretudo no domínio sexual, supõe que ela seja mediada por um transmissor neuro-hormonal. Este é colocado em evidência de maneira precisa quando se trata da sexualidade adulta, de sua evolução e de suas vicissitudes. Por outro lado, ninguém nunca pensou em buscar uma presença de hormônios sexuais no nível das supostas "fontes" somáticas das pulsões parciais infantis!

Mas é talvez no nível do *funcionamento* e da "economia" do prazer que pulsão e instinto se diferenciam radicalmente. Notamos há muito tempo a dificuldade em Freud para fazer uma formulação unívoca do princípio de prazer. Tínhamos proposto distinguir nele, na verdade, dois funcionamentos muito diferentes: um funcionamento homeostático, regido pelo "princípio de constância" e tendendo a elevar o nível ao ideal; e um funcionamento conforme a pura descarga (o processo primário), atingindo uma exaustão total da excitação[43].

"Princípio de constância" e "princípio de zero". Seria preciso acrescentar, para completar a oposição que é interna, em alemão, ao termo *Lust,* e que Freud mesmo destacou: *Lust* é, ao mesmo tempo, *prazer* como apaziguamento (é o sentido clássico do "princípio de prazer") e o "desejo" ou "prazer-desejo" ligado ao aumento de tensão[44]. Se quisermos nos distanciar um pouco em relação às formulações freudianas frequentemente ambíguas, e que tendem a reduzir pulsão e instinto um ao outro[45], conseguimos opor um funcionamento de tipo instintual, que sempre tende ao apaziguamento por meio da obtenção do melhor nível possível, e um funcionamento pulsional que desafia e transgride a linha do nível homeostático: princípio da excitação ou do desejo, que tende ou à excitação além de qualquer limite ou, e talvez, em fim de processo, à exaustão total.

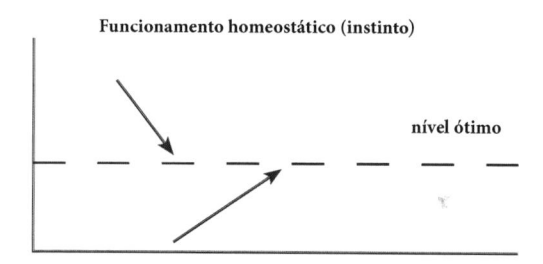

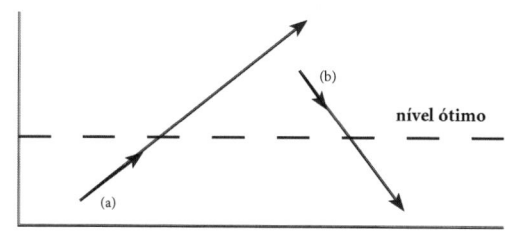

[43] Jean Laplanche e J.-B. Pontalis, *Vocabulaire de la psychanalyse,* 1967, Verbetes: "Principe de constance". "Principe de Nirvana". "Principe de plaisir" [*Vocabulário da psicanálise* (Martins Fontes, 2000)]; e Jean Laplanche, *Vie et mort en psychanalyse,* cap. VI, p. 172 et seq. [*Vida e morte em psicanálise* (Artes Médicas, 1985)].

[44] Ver duas notas dos *Três ensaios,* GW, V, p. 33 e p. 114; e nosso comentário em *Traduire Freud,* Paris, PUF, 1989, p. 125-126 [*Traduzir Freud* (Martins Fontes, 1992)].

[45] Cf., por exemplo, *Problématiques III,* p. 37 et seq. [*Problemáticas III — A sublimação* (Martins Fontes, 1989)].

> Observemos que, em algumas partes de seu trajeto (a, b), o funcionamento pulsional dá a impressão de contribuir para a homeostase.

Essa reorganização radical permite, aliás, situar melhor a questão da meta, do objeto e do prazer, da maneira que Fairbairn acreditava esclarecê-la. Pois a verdadeira oposição não está entre "busca do objeto", por um lado, e "busca do prazer", por outro. Freud mostrou bem, desde seus primeiros escritos, que essas duas buscas eram estritamente correlativas: *o objeto adequado é procurado pela ação específica ("meta") e atinge o alívio duradouro ("prazer")*. Mas se trata, nesse caso, de comportamentos que abrangemos com o amplo termo instinto. Por outro lado, o que se opõe a essa busca *conjunta* do objeto e da satisfação é, de fato, a busca pulsional que, por sua vez, está na *busca da excitação* até a exaustão, a despeito tanto do objeto real quanto do apaziguamento.

Isso acarreta, aliás, uma reviravolta total no tipo do "objeto" e em sua posição. O objeto do instinto é o objeto real, situado no fim do processo, mesmo que seja pré-intuitivo, sob forma de "valor"[46]; o objeto pulsional deve ser situado na fantasia inconsciente; é o objeto excitante, o objeto-fonte, para o qual o real buscará somente *efígies insatisfatórias*, porém, por outro lado, *excitantes*.

II. Pulsão e instinto são categorias gerais. Convém não firmar sua oposição sobre a dos tipos de motivação e/ou de comportamentos em questão. Desse segundo ponto de vista, aderimos aos termos do primeiro dualismo freudiano (reservando-nos o direito de atenuar e atualizar sua formulação): autoconservação/sexualidade[47]. Mas por que não fazer simplesmente coincidir, por um lado, a autoconservação e o "instintual" e, por outro, a sexualidade e o "pulsional"?

---

[46] No sentido em que Lagache dizia que "a fome é a intuição do valor dos alimentos".

[47] O "segundo dualismo", vida e morte, parece-nos ter que ser submetido ao termo "sexualidade". Cf. *Vie et mort en psychanalyse* (1970) [*Vida e morte em psicanálise* (Artes Médicas, 1985)]; *Nouveaux fondements pour la psychanalyse* (1987) [*Novos fundamentos para a psicanálise* (Martins Fontes, 1992)].

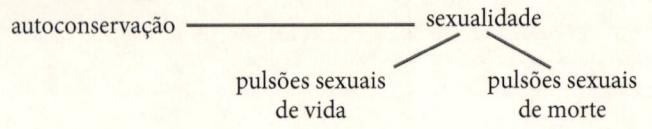

Por um lado, a "autoconservação" — o conjunto das forças que tendem à conservação do indivíduo — é, por sua própria definição, adaptativa, com base inata, e tendendo a um estado de equilíbrio vital. A "autoconservação" é, portanto, por natureza, "instintual", mas convém mostrar suas nuances, em razão da introdução da noção de "apego". O apego, já descoberto por Freud sob o nome de "ternura", tomou uma extensão considerável a partir dos trabalhos recentes de observação do bebê. Após Bowlby, vieram Zazzo, Brazelton, Stern, Dornes, Montagner, etc. Esquematicamente, é preciso destacar os seguintes pontos:

1. O apego é do domínio, amplamente compreendido, da *autoconservação* e do instinto. A maior parte dos autores insiste na base inata e "sintonizada" das inter-relações entre adulto e criança. Isso não significa que seja preciso negligenciar o enriquecimento da relação ao longo de seu desenvolvimento. Mas esse enriquecimento (no qual o narcisismo e a relação narcísica terão um papel principal) permanece, apesar de tudo, orientado pela meta "autoconservativa".

2. O apego nada mais é que *uma parte dos comportamentos autoconservativos instintuais*: ele é essa parte na qual o indivíduo tem essencialmente necessidade do outro para sua sobrevivência, sua "homeostase". Conforme as espécies, varia a proporção entre mecanismos homeostáticos não relacionais (manutenção das concentrações sanguíneas, por exemplo) e mecanismos que fazem o outro entrar imediatamente em jogo. Assim, em algumas espécies, a ingestão de alimentos é necessariamente mediada pelo congênere adulto; em outras, não (resumindo, é possível pensar que a barreira passa entre as espécies homeotérmicas e pecilotérmicas).

3. Um último ponto, finalmente, é essencial para nosso propósito: a relação de apego é sustentada por uma *comunicação*, uma troca de mensagens: adulto/criança. Essas mensagens não têm, inicialmente, linguagem, mesmo que possam passar a tê-la em seguida. Elas são, em grande parte, de origem inata, o que contradiz a suposição de Freud, segundo a qual é a via mecânica da descarga (isto é, os choros desordenados do bebê sedento) que adquiriria, de maneira "secundária", a função de uma "compreensão mútua"[48].

---

[48] "Projet de 1895", in *La naissance de la psychanalyse*, Paris, PUF, p. 336.

Passemos à sexualidade, em relação a nossa delimitação: pulsão-instinto. Aqui, é preciso afirmar que a sexualidade no homem é dupla, profundamente dividida.

A imensa descoberta freudiana merece ser situada em seu lugar nessa dualidade.

1. Não se trata de negar a existência no animal, certamente, mas também no homem, de uma sexualidade instintual, ligada à maturação do organismo, comportando transmissores neuro--hormonais dois quais se começa a perceber a complexidade. Essa sexualidade leva os humanos a comportamentos sexuais mais ou menos pré-programados, e visa, como Freud já tinha destacado — e sem que essa meta seja conscientemente estabelecida —, à autoconservação da espécie. Porém, o *problema* é que a sexualidade de origem hormonal está *ausente no homem* do nascimento até a pré-puberdade.

2. É precisamente entre o nascimento e a puberdade que se situa a *sexualidade humana pulsional,* a sexualidade infantil descoberta por Freud, que continua a dar o que falar.

Essa sexualidade é uma sexualidade *ampliada* e não ligada, inicialmente, a qualquer zona erógena. Ela também não está ligada, de maneira absoluta, à diferença dos sexos.

Essa sexualidade não é *inata*; isso, entretanto, não valida a objeção que nos é feita de uma "criança inocente": a criança é um "inocente-sexual-genético", se quisermos nos expressar assim, o que não impede que ela se torne sexual desde as primeiras horas de sua vida.

Esse sexual pulsional está indissoluvelmente ligado à *fantasia*, assim como à sua causa. Recalcada, ela é o conteúdo do inconsciente e o próprio objeto da psicanálise.

3. Qual é, então, a relação do sexual pulsional e da sexualidade instintual no ser humano?

Não se trata de uma colaboração ou de uma mistura harmoniosa, mas sim de uma relação muito conflituosa e que, à primeira vista, apresenta-se como uma sucessão temporal. A sexualidade instintual chega no momento pubertário-pré--pubertário, *após* a sexualidade infantil. Contudo, ela não é, de maneira nenhuma, sua *herdeira legítima:* o encadeamento das fases infantis descritas por Freud é uma ficção pouco crível. A sexualidade infantil antes da puberdade é, em grande parte, recalcada e inconsciente, o que a torna ainda mais "tóxica". Enfim, os modos de funcionamento de ambos os lados, "busca de excitação", "busca de prazer no objeto", permanecem e permanecerão mais difíceis de conciliar.

Finalmente, nossa ideia é de que o homem, quanto a sua sexualidade, é submetido ao maior dos paradoxos: o *adquirido* pulsional *precede* nele *o inato* instintual, de tal maneira que a sexualidade instintual, adaptativa, no momento em que surge, encontra, por assim dizer, o "lugar ocupado" pelo pulsional infantil, já e sempre presente no inconsciente.

III. Não nos alongaremos sobre a sequência da evolução: problemas da sublimação — problemas da integração do desejo na busca do prazer — subsistência da sexualidade infantil no adulto, etc. Mas iremos retornar a esse longo período em que *o apego e o sexual infantil parecem coexistir.* Qual é sua relação no início? Há, entre eles, uma articulação, uma relação de suporte? De gênese?

Aqui, a noção de *apoio* permanece indispensável, ao menos como uma etapa, um suporte de pensamento para compreender do que se trata. Tendo desenvolvido e examinado essa noção há muito tempo, lembraremos somente em poucas palavras do que ela se trata[49]. A sexualidade infantil surgiria, primeiramente, durante o exercício das grandes funções, da satisfação das grandes necessidades da autoconservação. Inicialmente unido à satisfação da necessidade (alimentação, defecação, etc.), o prazer sexual se separaria dela secundariamente, tornar-se-ia autônomo no autoerotismo e com sua ligação com a fantasia.

Esse processo, meramente esboçado por Freud, não poderia ficar sem interpretação. Propusemos distinguir três versões dele[50]:

1. Uma interpretação pobre, paralelista, mecanicista.
2. Uma interpretação no sentido de uma emergência.
3. Uma interpretação invertida, pela sedução.

---

[49] *Vocabulaire de la psychanalyse* (1967); *Vie et mort en psychanalyse* (1970); *Problématiques III* (1975-1976); *Le fourvoiement biologisant de la sexualité chez Freud* (1991). Obras traduzidas e publicadas em português : *Vocabulário da psicanálise* (Martins Fontes, 2000); *Vida e morte em psicanálise* (Artes Médicas, 1985); *Problemáticas III — A sublimação* (Martins Fontes, 1989); *Freud e a sexualidade: o desvio biologizante* (Jorge Zahar, 1997).

[50] Prob. VII *Le fournoiement biologisant*, PUF, 1993-2006, p. 55 et seq. [*Freud e a sexualidade: o desvio biologizante* (Jorge Zahar, 1997)].

A interpretação mecanicista é rejeitada tanto por Widlöcher quanto por mim mesmo. Ela suporia uma concepção homogênea dos funcionamentos autoconservativo-instintual, por um lado, e sexual-pulsional, por outro, que continuamos a refutar. Uma mesma fonte para dois instintos? E qual fonte? Quais metas paralelas? Qual "objeto" comum aos dois[51]?

A interpretação por emergência, da qual propus a versão, como uma maneira de tentar "salvar" a hipótese freudiana[52]. Nesse sistema, não há somente suporte ("apoio"), mas também, simultaneamente, defasagem e empréstimo de um a outro. Conjunção e emergência, por uma espécie de metabolização e simbolização das metas e dos objetos. Nessa interpretação favorável e salvadora do apoio, o objeto da autoconservação é o leite, enquanto o seio é o objeto sexual. Com o apoio há, então, "metonimização" do objeto e, ao mesmo tempo, redirecionamento na fantasia.

A meta, por sua vez, sofreria uma metaforização, passando do autoconservativo ao sexual: a expulsão anal ou a projeção seriam, por exemplo, a metaforização da excreção das *faeces*.

Esse tipo de solução, em última análise, *endógeno*, parece-me ser o que Widlöcher sustenta: é uma ação do sujeito que, retomando em um segundo momento o funcionamento autoconservativo, iria transformá-lo em sexualidade ao fazê-lo entrar na fantasia. Onde falei de metaforização, Widlöcher emprega os termos "criatividade psíquica precoce", "subjetividade pura própria à atividade fantasística"; "tratamento dos cenários no modo da ilusão", "retomada no imaginário que... confere um novo sentido". Segundo Widlöcher, "a sexualidade infantil [seria a] retomada alucinatória de uma experiência física e relacional de satisfação de origem diferente" (p. 16).

Com frequência critiquei muito essa concepção "criativista" e "ilusionista" da sexualidade humana. Ela encontra em Freud seu apogeu na teoria da "satisfação alucinatória do desejo", que eu contesto. Com efeito, a satisfação real inicial pode ser apenas a da *necessidade* (alimentar, no exemplo freudiano); *sua reprodução*, seja na memória, na fantasia ou mesmo na alucinação,

---

[51] Loc. cit.

[52] Uma das discussões mais recentes in loc. cit., p. 58 et seq.

pode ser apenas a reprodução de uma satisfação *alimentar*. Há, em Freud e em seus sucessores, até a versão mais elaborada de Widlöcher, uma verdadeira escamoteação: se o sexual já não foi colocado *na experiência real* originária, ele nunca será encontrado em sua reprodução fantasística ou elaboração simbólica.

Porém, na verdade, a "criatividade", à qual Widlöcher dá muita importância, não chega a criar o sexual: este é, na realidade, introduzido desde a experiência intersubjetiva inicial, e introduzido pelo adulto, não pelo bebê.

Vemos como é possível dizer que "a sedução é a verdade do apoio". Não que eu negue a função ativa da criança como simbolização, como fantasiar no *après-coup*. Mas essa atividade trata de mensagens *já* comprometidas pelo sexual, provenientes do outro-adulto. É justamente devido a esse aspecto enigmático da mensagem adulta que a criança é incitada a desenvolver uma atividade insólita de "tradução". Uma troca de mensagens que permanecem puramente autoconservativas se beneficia de uma "sintonização", já que os códigos estão amplamente preestabelecidos entre o adulto e a criança. Por outro lado, a "criatividade" da criança, à qual se refere Widlöcher, é suscitada pela "pulsão de traduzir" que deriva da mensagem "a ser traduzida" proveniente do outro, mensagem enigmática porque está comprometida pela sexualidade do adulto.

Retornando ao apego, vemos por que o aspecto "comunicação", troca de mensagens e de respostas, é essencial para a teoria da sedução. É somente porque as mensagens do adulto estão comprometidas por seu inconsciente sexual que, em um segundo momento, as tentativas de simbolização nas quais a criança trabalha ativamente em um material *já* sexual[53] vão se engrenar.

Relação de autoconservação ou de apego

Criança ➡️ ⬅️ Adulto

Face inconsciente, sexual, da mensagem adulta

---

[53] Esquema retomado de "Les forces en jeu dans le conflit psychique" (1995), in *Entre séduction et inspiration: l'homme*, PUF, 1999.

Não continuaremos, aqui, a falar sobre o processo do recalque, como ele resulta dessas tentativas de tradução, sempre parcialmente falhas[54].

Em se tratando, entretanto, da teoria da sedução generalizada, utilizarei o presente artigo para responder a objeções de Widlöcher.

Widlöcher tinha, primeiramente, alegado que a relação original mãe-criança não era suficientemente universal, mesmo nos seres humanos, para explicar o surgimento, em todos os casos, da sexualidade infantil. Respondi que ele havia possivelmente interpretado mal, pois o que chamo de *"Situação Antropológica Fundamental"* é a relação, realmente universal, *entre uma criança* que não tem inconsciente geneticamente programado ("inocente geneticamente") e *um adulto* (e não necessariamente a mãe) do qual sabemos, a partir da psicanálise, que tem um inconsciente. Trata-se, nesse caso, de uma situação absolutamente inexorável, mesmo que o bebê não tenha pais, ou seja até mesmo... um "clone"!

Em seu presente artigo, a objeção de Widlöcher é muito diferente: ele admite sem rodeios o mecanismo da sedução, mas gostaria de deixar um espaço para outro surgimento mais espontâneo, menos interpessoal, do autoerotismo. Para dizer a verdade, a objeção é válida, tanto quanto a minha, por sua própria concepção de uma elaboração secundária da sexualidade na "criatividade" alucinatória. De fato, penso que ambos admitiríamos de bom grado que uma reatividade somática, uma excitabilidade orgânica geral deve, mesmo, preexistir, mas que é preciso outra coisa para fazer disso uma *pulsão*. É o que Lichtenstein já afirmava[55]:

> Há uma reatividade corporal inata, uma capacidade... de responder ao contato com uma outra pessoa por meio de um tipo específico de excitação somática que não é uma pulsão, porque ela não tem direção, mas que é o pré-requisito inato para o desenvolvimento posterior de uma pulsão...

---

[54] Análise mais completa em: "Court traité de l'inconscient" (1993), retomada in *Entre séduction et inspiration: l'homme*, PUF, 1999 [O artigo "Curto Tratado do Inconsciente" foi publicado pela Sociedade Brasileira de Psicanálise de São Paulo no *Jornal de Psicanálise*, vol. 32, n. 58/59.].

[55] Lichtenstein H. (1961), *Identity and sexuality*, J. Am Psa. Ass. 9. p. 280.

Para que a mensagem do outro possa *ser implantada*, é preciso admitir uma receptividade somática inicial[56].

Resumindo provisoriamente meu debate com Widlöcher, os pontos de vista que dizem respeito à natureza (ligada à fantasia) e ao funcionamento da pulsão sexual infantil — como sendo diferente de qualquer instinto — são amplamente convergentes. Por outro lado, quanto à articulação com a autoconservação e a gênese do sexual, nossos pontos de vista se aproximam sem coincidir: permanece como conflito entre nós sua adesão à ficção da satisfação alucinatória (da necessidade? do desejo?), ainda considerada, com muita frequência, inacessível à crítica.

Tendo tentado situar claramente um em relação ao outro, em sua essência e em sua articulação-gênese, o apego e a sexualidade infantil, falemos um pouco dos erros que levam ao hegemonismo epistemológico de um ou de outro.

O apego se tornou o domínio privilegiado dos *observadores da infância*. Contudo, a sexualidade infantil e, também, a sexualidade dos pais deveriam sair do campo da observação? Pensamos que não, e não encontramos, nos maiores observadores da infância, esse tipo de cegueira epistemológica que lhes fora às vezes creditada por Green.

Mas é verdade que a sexualidade infantil, ligada como está ao surgimento da fantasia e do recalque, permanece, por definição, difícil de ser identificada de maneira direta. Observadores da criança como Roiphe e Galenson[57] mostram que esses dois aspectos, sexualidade em via de recalque e sexualidade dos pais, são, contudo, identificáveis na própria observação, por menos que nos esforcemos para isso. Disso a uma identificação mais concreta da articulação entre apego e sexualidade infantil, a via permanece aberta.

Pelo lado da análise, e essencialmente da análise do adulto, o ponto de vista é inverso: a sexualidade pulsional está, aqui, em via de monopolizar (com razão!) a atenção.

---

[56] Cf. Mendel, *La psychanalyse revisitée*, La découverte, 1988, p. 113 et seq. Mendel pensa que essa reatividade não é sexual. Lichtenstein pensa que ela "já" é. Briga de palavras? Absolutamente não. O fato de que o sexual, no sentido freudiano, surge somente com a fantasia, daria mais razão a Mendel.

[57] *La naissance de l'identité sexuelle*, Paris, PUF, 1987, cap. 13 e 14.

1. O sexual tem tendência, na evolução individual, a cobrir como uma rede, a retomar por conta própria o conjunto das relações inter-humanas. É o que, às vezes, chamei de "pansexualismo em ação".

2. A regra analítica, ao privilegiar o "dizer tudo", até mesmo "o inconveniente", favorece necessariamente o "sexual" na comunicação.

3. A própria situação de transferência vai na direção desse hegemonismo do sexual. Os dois últimos fatores constituem o que outrora chamei de "tina" da psicanálise[58].

Voltemos à transferência. Em nossa opinião, ela é "provocada", criada pela situação analítica que confronta o analisando ao enigma: seu enigma interno, mas, também, o enigma do outro. Nesse sentido, a transferência analítica não tem nenhuma relação, em sua essência, com uma simples transferência de hábitos. Ela recoloca o sujeito na situação originária, a da gênese do sexual infantil.

Vemos a que ponto considerações metapsicológicas de atitude abstrata são capazes, sozinhas, de centralizar apropriadamente o que faz a essência da *prática* psicanalítica, invenção primordial e inaugural de Freud.

---

[58] Cf. *Problématiques IV, Le baquet, Transcendance du transfert* (1979), Paris, PUF, 1987 [*A tina. A transcendência da transferência* (Martins Fontes, 1993)].

Sonho e comunicação

* Pronunciado em Metz, em 23, 24, 25 de junho de 2000, no Congresso da ARPPE sobre "O sonho cem anos depois". Publicado em *Le rêve dans la pratique analytique*, Paris, Dunod, 2003, p. 51-73.

Hoje, eu gostaria de começar tratando do tema da relação entre o sonho e a comunicação.

Esse problema é mais amplo que o da relação entre sonho e linguagem à qual, especialmente a partir de Lacan, teríamos tendência a reduzi-lo. Há comunicações sem linguagem (no sentido verbal desta palavra) e, inversamente, há elementos de linguagem que perderam qualquer relação com uma comunicação.

Mas a questão — ainda que renovada pela descoberta da psicanálise, e pelo papel desempenhado pelo sonho na nossa prática — é, na verdade, bem mais antiga que Freud. É até mesmo possível dizer que o questionamento sobre esse assunto é coextensivo, no ser humano, ao enigma que o sonho, esse fragmento tão surpreendente de nossa vida, cria para ele: algo que, desde sempre, surgiu como eloquente e, ao mesmo tempo, é alheio à nossa vontade de comunicar e até mesmo à nossa vontade em geral.

Para ser mais claro, gostaria de dividir a questão em duas: de um lado, a comunicação *do* sonho, especialmente no tratamento analítico; de outro, o sonho *como* comunicação. Ou, de maneira mais geral, a relação do fenômeno do sonho com a comunicação inter-humana.

Essas duas questões estão intrincadas, mas são distintas.

O problema da comunicação do sonho

Problema incontestavelmente a ser levantado relacionado à comunicação que a própria *análise* é. Nossa prática, de fato, ampliou consideravelmente o que poderia ser chamado de *quantum* de verbalização dos sonhos sonhados e, principalmente, ampliou radicalmente a maneira de "tratar" esse material.

Hoje, cem anos depois da *Traumdeutung* e de numerosas evoluções que ocorreram, mudanças voluntárias e justificadas em teoria, mas também mudanças furtivas de nossa prática, seria possível diferenciar duas atitudes principais nos analistas, que podem ser opostas de maneira um pouco caricatural: a atitude puramente subjetivista, ou intersubjetiva; a atitude objetivista.

Digo "caricatural", pois é possível encontrar várias posições mais sutis.

A atitude intersubjetiva

Tudo acontece no diálogo analítico, em seu *hic et nunc*.

Para introduzi-la, eu gostaria de relatar uma lembrança pessoal, mas bem banal. Durante um colóquio ou um congresso, fui convidado, como mediador, para discutir a apresentação de um analista em formação. Trabalho bem preparado, ele levanta uma questão que é exatamente esta: como interpretar o sonho, hoje? Infelizmente, a resposta veio antes da questão. Esse jovem analista mal havia começado o relato do sonho de seu paciente quando meus colegas de debate, mais velhos que ele, puseram-se a interrompê-lo para corrigi-lo. Ele não tinha entendido o que o paciente lhe dizia *no próprio fato de lhe contar* esse sonho. A transferência e até mesmo a contratransferência eram evidentes. Em resumo, o problema da interpretação do sonho se dissipara em detrimento do que chamamos, às vezes, de dinâmica intersubjetiva.

Essa é uma atitude frequente. Limitamo-nos ao conteúdo manifesto. Mais exatamente, ele é considerado unicamente em seu valor de enunciação. *Não*: o que significa esse sonho?

Nem mesmo, por que o analisando sonhou isso nesse momento da análise? Mas: o que ele me diz *ao contar* esse sonho?

Essas interpretações imediatas são conhecidas nas reuniões entre analistas: geralmente, elas se baseiam em um simbolismo muito geral; o conteúdo manifesto não é considerado dissimulador de algo fundamentalmente heterogêneo. Ele é considerado como qualquer outro discurso, admitindo-se a possibilidade de se aplicarem a ele algumas modificações simples: transformação em seu contrário, negação, jogo de palavras como o trocadilho.

Não seria possível dimensionar os danos que a via lacaniana da escuta dos significantes causou quando foi seguida de maneira exclusiva, pois, a rigor, ela "se permite" apenas ao ouvinte. É o ouvinte que decide, sozinho, que a expressão "tomar para si" comporta uma alusão à relação sexual. É o ouvinte, e apenas ele, que escolhe ouvir *"ah! que c'est difficile à dire"* como *"ah queue c'est difficile à dire"*[59]. Não se poderia, aqui, invocar desmesuradamente o exemplo de Freud e de seu recurso frequente às brincadeiras mais ou menos "certas" para apoiar suas interpretações, pois, as interpretações de Freud — retornaremos a isso — estão longe de reivindicar a soberania que nossos maiores intérpretes decretam com frequência. Se forçamos em suas defesas essa pretensa soberania, seu único recurso é, no fim das contas, afirmar que o único inconsciente é o que está oculto na linguagem comum, independentemente da maneira pela qual o indivíduo acredita utilizá-lo, enquanto ele próprio apenas o alimentaria. Portanto, um inconsciente coletivo[60].

Resumindo: em certa concepção do diálogo analítico, a análise do sonho surge como definitivamente ultrapassada. Freud acreditava erroneamente falar do sonho quando, na realidade, ele falava apenas da "maneira verbal pela qual o sonhador relata seu sonho"[61]. A análise do sonho permitiu colocar em evidência mecanismos dos quais nos daríamos conta, em seguida, que são universais e próprios à linguagem: "Entender o sonho como um discurso permitiu aos analistas poder entender o discurso como um sonho, isto é, como que obedecendo à mesma gramática do discurso inconsciente"[62].

Acabo de mencionar Lacan, mas isso merece um detalhamento: em nenhum momento, ao que me parece, ele pregou essa espécie de reintegração do sonho no discurso em geral, nem um abandono das regras próprias à interpretação do sonho. E, por outro lado, esse desdenhar da famosa "via régia" é um fenômeno que, no mundo analítico, não está de maneira nenhuma restrito à esfera lacaniana. Ele anda de mãos dadas,

---

[59] Exemplos tomados do artigo de J.-C. Lavie, "Parler à l'analyste ", NRP, 5, 1972. N. T.: O autor faz um jogo com duas expressões de significados diferentes ("ah! que cest difficile à dire" = "ah! como é difícil dizer"; "ah queue c'est difficile à dire" = "ah, é difícil dizer rabo"), que, em francês, entretanto, soam da mesma maneira.

[60] Coletivo e específico de cada língua: que e queue em língua francesa. N.T.: Laplanche faz um trocadilho, inassimilável na tradução, com as duas palavras. Algo como: só que/queue(s) em língua francesa! [Que (queue) de que (queues) dans la langue française!] *queue* = rabo, cauda.

[61] Ibid., p. 294.

[62] Loc. cit., p. 294.

parece-me, com o declínio da referência ao inconsciente individual na prática e na teoria do tratamento analítico.

Não deixa de ser verdade que Lacan não é estranho a essa deriva, especialmente por sua assimilação pura e simples dos mecanismos do trabalho do sonho — deslocamento e condensação — a modos universais de funcionamento da linguagem: metonímia e metáfora. Uma assimilação que, ainda que criticada milhares de vezes, com argumentos, não deixou de reforçar o rumor segundo o qual o sonho era um discurso como os outros[63].

A esse fator, vem se somar outro: a assimilação da regra analítica — livre associação por parte do analisando; atenção flutuante constante por parte do analista — a uma espécie de exclusão da realidade, no sentido de uma "redução fenomenológica", a uma suspensão de toda a dimensão referencial do discurso, com o qual não deveríamos mais nos preocupar. A partir disso, não faria diferença saber se o discurso do analisando se refere a um sonho, a uma fantasia, a um acontecimento do cotidiano, às palavras de uma terceira pessoa, etc.

Winnicott diz, em algum momento, que o analista deve, sensatamente, não fingir ignorar, na presença de seu paciente, que o rei George VI morreu naquele dia. Ora, precisamente, para aqueles que Winnicott critica aqui de maneira implícita, o enunciado "o rei George morreu" faria parte apenas da enunciação do analisando, e a ascese psíquica do analista seria tal que, para ele, essa enunciação sozinha deveria tomar o campo psíquico.

Se a análise é suspensão total da realidade, então, certamente, o "referente-sonho" perde qualquer privilégio. Pensemos, contudo, nesta pequena experiência que não é rara, e que chamarei de distração do primeiro minuto. Durante os primeiros segundos de uma sessão, o psiquismo do analista está, às vezes, atrasado em relação ao discurso do paciente, tendo sido distraído por qualquer circunstância exterior ou interior. Há, então, o analista que volta a prestar atenção e ouve essas palavras: "então o carro feriu levemente o ciclista, etc.". Desafio qualquer um de nossos colegas a pelo menos não se perguntar: é um sonho que ele me conta ou é um incidente que realmente aconteceu? E desafio aquele que não tenha tentado, na presença

---

[63] Entre muitos outros críticos, cf. J.-F. Lyotard, *Discours, figure*, Paris, Klincksieck, 1971, p. 250-260.

dele, encontrar indícios que permitiriam tomar novamente, por assim dizer, o trem do discurso em andamento.

Condensemos as coisas: com o ponto de vista subjetivista, que suspende qualquer referência ao que quer que seja exterior ao discurso na sessão — mesmo a referência ao inconsciente e a esse fenômeno privilegiado que é o sonho —, são quase três quartos da obra de Freud que se tornam obsoletos. Não somente a interpretação do sonho, mas os trabalhos sobre a psicopatologia da vida cotidiana, o chiste, etc. E também seus trabalhos de psicanálise aplicada, se for verdade que, como enuncia às vezes Viderman, a suspensão da referência deve, ainda aqui, ser a regra: "pouco importa o que Leonardo viu... pouco importa o que disse Leonardo... o que importa, é que o analista... faz isso existir ao dizê-lo"[64].

O ponto de vista de Freud quanto ao sonho permanecerá objetivista ao longo de sua vida.

Objetivista ao supor que o "sonho sonhado" existe, que a lembrança do sonho é outra coisa, e que o relato do sonho é ainda uma terceira coisa. Leremos atentamente essa passagem do capítulo VII a respeito do esquecimento do sonho e das censuras suplementares que o relato pode introduzir. Freud não hesita, para demonstrar isso, em fazer com que o sonho seja repetido uma segunda vez, a fim de observar as diferenças entre os dois relatos:

> Os pontos em que ele modificou a expressão se denunciaram, para mim, como pontos fracos do disfarce do sonho [...]. É a partir daí que se pode iniciar a interpretação do sonho. O narrador foi influenciado pela minha advertência de que me empenharia consideravelmente para solucionar o sonho; ele protege então rapidamente, sob a pressão da resistência, os pontos fracos [...] ele atrai, assim, minha atenção para a expressão que ele deixou de lado (GW, p. 519-520).

Vemos, aqui, a atitude realista de Freud. O sonho existe fora de seu relato, fora do que a análise fará dele. E a maior prova, para ele, é que o fenômeno psíquico do sonho ultrapassa completamente o uso que a análise fez dele, como "via régia em

---

[64] *La construction de l'espace analytique*, Paris, Denoël, 1970, p. 164.

direção ao inconsciente". Tardiamente, em 1923, Freud discute passo a passo a objeção segundo a qual os sonhos do analisando seriam completamente moldados pela situação analítica e pela sugestão do analista. Sua conclusão merece ser citada: o paciente "lembrou-se de sonhos que ele havia tido antes de entrar em análise, e mesmo antes de ter descoberto o que quer que seja sobre eles, a análise desses sonhos isentos de qualquer suspeita de sugestão produzira as mesmas interpretações que as dos sonhos posteriores".

E Freud concluiu: "Sou da opinião de que é necessário, de qualquer maneira, pensar, eventualmente, que os homens já tinham o hábito de sonhar antes que existisse uma psicanálise" (*OCFP*, XVI, p. 165, *GW*, XIII, p. 309).

Admitir que há um objeto-sonho, revelador independentemente de sua inclusão na transferência, é admitir a possibilidade de uma atitude diferente a seu respeito, assim como a respeito de qualquer discurso no tratamento analítico. Uma atitude que pode ser designada, com Guy Rosolato, como "técnica", com as seguintes restrições essenciais.

O termo técnica não é pejorativo: ele deve ser associado ao termo flexibilidade e implica somente que a escuta e a intervenção se adaptam a seu objeto particular.

A palavra "técnica" remete, apesar de seu aspecto prosaico, à descoberta maior de Freud, quando este define prioritariamente a análise como um procedimento que permite conhecer processos quase inacessíveis de outra maneira.

Farei uma referência aqui, muito rapidamente, não somente à época de Freud, mas a uma psicanalista contemporânea, Danielle Margueritat[65], cuja abordagem me parece marcada por uma fidelidade de mais alta estima à linha freudiana. Porém, citemos primeiramente Ferenczi, que preconiza, para a escuta dos sonhos, uma escuta totalmente diferente da "atenção flutuante": "[...] é preciso se esforçar para observar minuciosamente o texto dos sonhos. Frequentemente, peço para repetirem os sonhos complicados uma segunda vez, e mesmo uma terceira se necessário"[66].

Citemos agora Danielle Margueritat:

---

[65] "L'analyste et le rêveur", in *Le fait de l'analyse*, n° 4, mars 1998, p. 172-173.
[66] OC, III, p. 198.

O que acontece comigo quando alguém me conta um sonho? Inicialmente, acontece-me algo, pois tenho tendência a isolar os sonhos não do contexto da análise, mas da totalidade do discurso da sessão.

E o tema retorna como um *leitmotiv*, o do acontecimento--sonho, isto é, em última análise, o que Freud designa como "a outra cena": "Então, quando alguém me conta um sonho, o alerta dispara, minha atenção se mobiliza" (atenção e vigilância, não abandono puro e simples). "Então chega um sonho, e sou absorvida por uma perturbação no ritmo do tempo (...) Chega, então, um sonho, com suas associações".

"Com suas associações"; insisto nisso, e esse é um segundo aspecto essencial. O sonho não é assimilável às suas associações. A ponto de Freud, ainda em 1923, enumerar diversas regras possíveis, diversas ordens para abordar e obter as associações. E, em Danielle Margueritat, a seguinte sequência surpreendente, a propósito de um sonho sobre lentes de contato (*verres de contact*):

> Eu não sabia mais se estávamos no relato do sonho ou nas associações, e conforme eu a questionava, ela me respondia: 'era no sonho, mas no sonho eram lentes oftálmicas (*lentilles*), e eu não tinha vontade de pronunciar essa palavra'. Abordagem, aqui também, estritamente freudiana, que considera reveladora a diferença de formulação entre o sonho-sonhado (lentes oftálmicas [*lentilles*]) e seu relato, já mais censurado que o sonho (lentes de contato [*verres de contact*])[67].

Não me entendam mal: a análise a partir de Freud, e ainda mais após ele, não pode ignorar a dimensão da enunciação ou, em outras palavras, o endereçamento, ou a transferência. Mas, por outro lado, ela não pode utilizar esse pretexto para dissolver completamente o sonho em seu relato, isto é, precisamente, o que Freud considera mais falso, mais disfarçado, mais defensivo que o *"próprio"*... sonho.

Acredito que não se possa ir muito mais além no que diz respeito à "comunicação do sonho". Prender-se ao dilema entre o realismo freudiano, que admite a existência de realidades materiais ou psíquicas às quais qualquer discurso se refere, incluindo-se na análise, e uma espécie de idealismo do discurso,

---

[67] Op. cit., p. 186.

inicialmente o discurso na análise, depois o discurso em geral, é uma atitude que renova uma posição sofística radicalizando-a: o sonho seria apenas o discurso sobre o sonho, da mesma maneira que o amor ou a paternidade (etc.) nunca seriam mais que as palavras "amor", "paternidade"...

A comunicação e o sonho sonhado

Tendo me unido sem ambiguidade ao posicionamento freudiano sobre esse ponto, sinto-me mais que à vontade para abordar livremente a questão da "comunicação *no* sonho", que formularei assim: o próprio sonho, o sonho-sonhado, teria algo a ver com a comunicação inter-humana?

Aqui, deparamo-nos com duas proposições peremptórias de Freud, chocantes e reveladoras em sua formulação abrupta.

Do lado "eferente", isto é, na saída do processo:

"O sonho não quer dizer nada a ninguém, ele não é um veículo de comunicação" *(GW, XI, p. 238)*.

E, do lado "aferente":

"As falas do analista [...] agem de maneira análoga aos estímulos somáticos que, durante o sono, exercem sua ação sobre o sonhador" (XI, p. 245).

Essa última afirmação, tomada sem reservas, significa que o sonho não leva em consideração nenhuma mensagem, ou o que dá na mesma coisa, que ele trata qualquer mensagem como um estímulo puramente material.

Esse termo mensagem (*Botschaft*) é relativamente raro em Freud, e é ainda mais instrutivo mencionar as passagens em que ele aparece, essencialmente a respeito da telepatia. Resumo em algumas palavras do que isso se trata. Nos anos 1920, Freud, influenciado principalmente por Ferenczi, interessa-se pelos fenômenos "ocultos" sob duas formas: previsão do futuro e transmissão de pensamento. Dois fenômenos que poderiam especial e eminentemente se traduzir em sonhos *premonitórios*, por um lado, e *telepáticos*, por outro. A posição de Freud não irá variar muito a esse respeito[68]: a premonição é inadmissível em teoria (simplesmente porque ela inverteria a flecha do tempo) e nunca

---

[68] Essa posição já foi assunto do último parágrafo de A interpretação dos sonhos. Para um breve resumo, cf. "La signification occulte du rêve", 1925, *OCFP*, p. 184 et seq.

foi demonstrada na prática. Por outro lado, Freud admite formalmente, baseado especialmente em experiências pessoais, a possibilidade de transmissão, ou "transferência" de pensamentos, ou de lembranças com tom fortemente afetivo.

Mas o que nos interessa, aqui, não é tomar partido da telepatia, mas, sim, a relação entre essa mensagem telepática e o sonho no qual eventualmente a encontramos. Não seria esse um caso em que o sonho seria o receptor de certo enunciado, qualquer que seja a maneira pela qual ele chega a nós? Ora, Freud vai ser radical nesse ponto. Segundo ele, a teoria do sonho não pode ter uma vírgula alterada para dar conta dessa eventualidade. Com efeito, *assim como qualquer outra mensagem*, a mensagem telepática não chega ao sonho como uma fala; ela é tratada como um estímulo *material* qualquer:

"A mensagem telepática é tratada como um pedaço de material em vista da formação do sonho, como outro estímulo que vem de fora ou de dentro, como um ruído incômodo vindo da rua..."(*OCPP*, XVI, p. 131).

Essa assimilação da mensagem a um *ruído* é, seguramente, o que teremos que contestar. E, para fazer isso, é indispensável entrar um pouco na engrenagem psíquica, no "aparelho da alma", como diz Freud, como está descrito no capítulo VII da *Traumdeutung*.

O aparelho, então, tal qual Freud vai descrever e desenvolver sob nossos olhos.

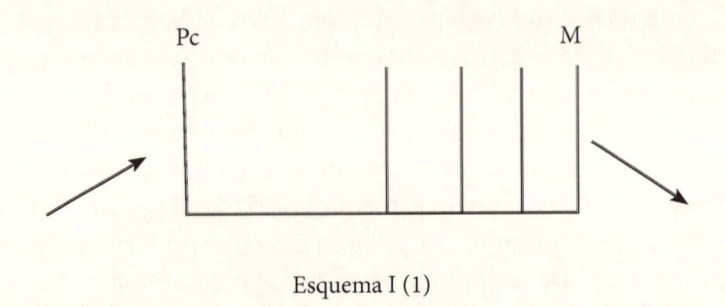

Esquema I (1)

• Esse não é um aparelho somático.

O corpo é, seria possível dizer, as duas flechas, aferente e eferente.

• Esse não é um aparelho neurológico. Os sistemas são virtuais, psíquicos. São, talvez, produzidos pela neurologia, mas sem correspondência direta com ela.

• Admitamos, então, que é o "aparelho psíquico".

• Outra nuance: esse é um corte bidimensional de um aparelho tridimensional, ou seja, de uma espécie de tina retangular, na qual estão suspensos, como clichês fotográficos, os sistemas de lembranças...

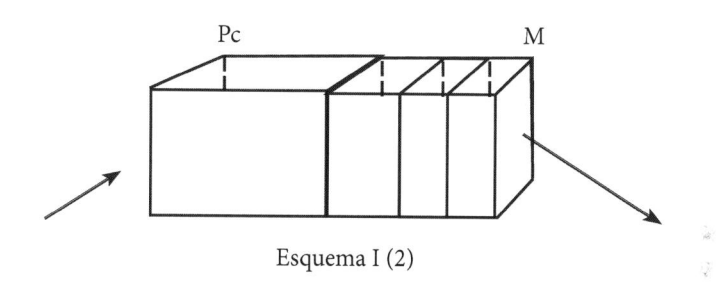

Esquema I (2)

Detenhamo-nos — para o nosso propósito — nas extremidades:

Percepção   a flecha aferente

Motilidade   a flecha eferente

Segundo Freud, não há comunicação, mensagem, nem na entrada nem na saída. Na entrada e na saída, há apenas ações materiais. É, então, um aparelho puramente behaviorista, cujo modelo, diz Freud, é o reflexo.

"O processo reflexo continua sendo, também, o modelo de todo funcionamento psíquico" (*OCFP*, p. 591).

Passo, imediatamente, para o estado do sono. Aferências e eferências são — *quase* — totalmente abolidas.

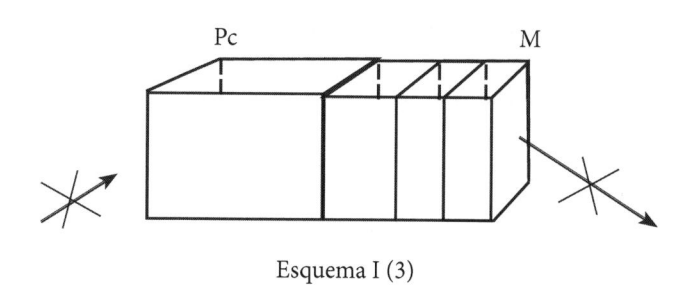

Esquema I (3)

Mas é justamente aqui que uma diferença seria instrutiva: aquela que precisa ser estabelecida entre, por um lado, o que é da ordem da percepção não significativa e, por outro, o que é da ordem da mensagem. É assim que Bourguignon relata inúmeras experiências, mostrando que estímulos significativos, palavras, por exemplo, são muito melhor percebidas que estímulos materiais por aquele que dorme; seja por que elas o acordam, seja, eventualmente, porque estão integradas aos pensamentos do sonho.

Essas observações nos deixam perplexos quanto ao esquema freudiano. Se o aparelho psíquico humano não deve ser inserido, como gostaria Freud, entre dois polos, o do estímulo e o da reação, mas entre um polo das mensagens recebidas e um das mensagens emitidas, então seria mais sábio, talvez, deixar o esquema em espera, com a possibilidade de retomá-lo a partir de outros dados.

A *Traumdeutung* é um trabalho imenso. O essencial dos capítulos II a VI é dedicado a dois trajetos considerados recíprocos, mesmo que não sejam idênticos: o trajeto interpretativo, indo do relato do sonho aos seus elementos de origem e, inversamente, o trajeto do trabalho de sonho, supostamente dando conta de fato da gênese do sonho sonhado e do sonho relatado. Quanto ao capítulo VII, ele desenvolve duas ou mesmo três teses principais, ligadas, aliás, entre elas: o sonho é uma realização de desejo[69]; o sonho é alucinatório (o que deve ser explicado); o sonho é o guardião do sono.

Sobre a segunda tese, a alucinação, Freud permanecerá até o fim insatisfeito, propondo explicações variáveis para essa revivescência. Por outro lado, a tese da "realização de desejo" é fundamental. *Em seu próprio enunciado,* ela leva à reflexão: o sonho nem expressa um desejo (aspiração); nem apresenta um desejo (aspiração) como realizado, mas o sonho *é* uma realização de desejo, sem nenhuma distância entre o desejo (aspiração) e sua realização. O sonho, diz ainda Freud, se expressa no presente, e não no optativo (vamos ignorar a imprecisão aparente que há em opor um

---

[69] N.T.: Em francês, *souhait* é a palavra empregada por Laplanche para o termo alemão *Wunsch*. Podemos traduzir adequadamente por *desejo*, uma vez que, em português, esta palavra tem um amplo campo semântico, mas cabe ressaltar que, em francês e em alemão, o termo tem um uso mais específico: algo que é almejado, aspirado, é um voto formulado.

"tempo" — o presente — e um "modo" — o optativo. Na verdade, segundo Freud, o sonho se expressaria no presente do indicativo).

Esse desejo, Freud, definitivamente, remete sempre a um desejo arcaico e, apesar de algumas negações, sexual, que é sempre, segundo a metáfora bem conhecida, o "capitalista" do sonho. Ora, a base de toda essa demonstração remete a uma teoria, a um modelo da origem do desejo-aspiração — ou desejo- -vontade — infantil, a saber, "a experiência de satisfação". Essa "*Befriedigungserlebnis*" é retomada do "Projeto para um psicologia científica", e temos que nos ater a isso por um momento.

A criança é submetida a uma tensão interna, a da necessidade. Explicitamente aqui, a necessidade em questão é a fome, o que remete evidentemente à experiência da amamentação.

A necessidade alimentar é concebida, de maneira muito plausível, como um aumento contínuo de tensão, da qual o organismo não pode escapar. Imaginemos, apesar da trivialidade do exemplo, uma chaleira no fogo. A água ferve, a tampa tremula. Ou ninguém intervém, e a energia térmica continua a ser liberada de maneira desordenada; "a criança faminta vai gritar ou ficar agitada". Mas isso é um conjunto de gestos que não são capazes de provocar a parada do estímulo. Ou vai ocorrer o que Freud chama de ação específica; o "auxílio externo" (palavra curiosa para designar a mãe)[70] que, alertado pelos gritos, trará o alimento, fazendo cessar, por um longo momento, a excitação.

Eis, então, como Freud explica o nascimento do *desejo*: uma conexão psíquica é criada, associando a partir desse momento a lembrança do alimento e a lembrança da excitação da fome. Durante o ressurgimento do estado da tensão, a fome vai, então, trazer de volta a imagem do alimento e, se o alimento real não se manifestar, sua imagem será investida com tal força que adquirirá uma intensidade alucinatória.

> Tal moção é o que chamamos de um desejo (*Wunsch*); o ressurgimento da percepção é a realização de desejo, e o pleno investimento da percepção a partir da excitação de necessidade é o caminho mais curto que leva à realização de desejo [...] O desejar desemboca, então, em um alucinar...[71]

---

[70] "O indivíduo que dispensa cuidados", como é dito no Projeto.
[71] *OCFP*, p. 619-620.

Esse é um modelo bem conhecido, até mesmo banal. É possível tentar ver nisso o próprio nascimento da sexualidade infantil; mas, para tanto, é preciso ir além das duas principais insuficiências.

Por um lado, não encontramos praticamente em Freud referência à comunicação, muito menos ao diálogo, entre mãe e criança. A mensagem da criança se reduz a movimentos puramente mecânicos; quanto à mensagem da mãe, lê-se em Freud apenas um *aporte puramente material de alimento*.

Porém, por outro lado, e principalmente, a ação se desenrola no nível de uma única necessidade; nesse caso, a necessidade *alimentar*. O objeto trazido é o alimento, o leite. E não é possível ver como o traço mnêmico da percepção poderia ser algo além de uma imagem *alimentar*.

A experiência "de satisfação" é, certamente, um modelo fértil, que pode ser desenvolvido sob o ponto de vista do surgimento do sexual baseado em uma relação de autoconservação. Ainda é preciso, primeiramente, *deixar de acreditar na ilusão que Freud nos propõe*. Da cartola da fome, de um instinto de autoconservação, o ilusionista Freud quer tirar, magicamente, o coelho da sexualidade. Impossível se a sexualidade não tiver sido inicialmente ocultada em algum lugar. Da imagem do leite pode derivar, por associação, a do seio. Mas esse é, então, um seio instrumental, meio e símbolo da satisfação alimentar e nada mais.

A experiência de satisfação pode ser duplicada, levar ao sexual, apenas se algo do sexual estiver contido nela desde o início, logo, se ela for imediatamente dupla, ambígua e, em suma, enigmática.

A partir daí, para encontrar essa dualidade do sexual/autoconservativo, há apenas duas soluções. A primeira delas, supor que, desde o início, agem na criança duas necessidades de origem interna: a alimentar e a sexual. Isso é, em uma versão mais simplificada, a teoria do apoio. A sexualidade infantil estaria presente desde o início, endógena, mas teria necessidade, para se afirmar, de se apoiar na função de alimentação. Falei várias vezes sobre o quanto uma teoria como essa era pouco satisfatória, remetendo a uma pulsão sexual oral inata, que nada na psicologia da criança permite pressupor.

A segunda interpretação me parece muito mais plausível e permite manter a base da experiência de satisfação. Sim, essa experiência é inicialmente da ordem da autoconservação. Essa é uma experiência, aliás, muito mais complexa, mais carregada de significações e de afetos que o modelo simplista da chaleira: é um início de comunicação recíproca que se instaura desde os primeiros instantes da vida, provavelmente baseada em algumas montagens inatas, que rapidamente vão se desenvolver ("*Attachment*"; "*Bindung*").

Mas o essencial, para o psicanalista, não está aí: ele está na introdução do elemento sexual e, este, não está na fisiologia da criança, mas nas mensagens que vêm do adulto. Concretamente, essas mensagens estão situadas no seio, *o seio sexual da mulher,* companheiro inseparável do leite autoconservativo.

Tentei mostrar um modelo do que é aqui uma verdadeira gênese do inconsciente e da pulsão, que, de agora em diante, tem sua fonte nas representações-coisas inconscientes. Não vou me deter nesse modelo "tradutivo" do recalque que implica, por um lado, uma tentativa de tradução pela criança das mensagens enigmáticas, duplas, da mãe e, por outro, o fracasso parcial dessa tradução, cujos restos não traduzidos formam justamente os elementos do inconsciente. Acrescentarei somente, sem poder insistir nisso, que não é mais possível se prender a uma concepção do nascimento da pulsão sexual que se limitaria a um único tempo (que é justamente o caso do modelo simples da experiência de satisfação)[72]. Ora, foi o próprio Freud quem nos ensinou, por outro lado, que qualquer inscrição inconsciente necessitaria de, pelo menos, *dois tempos*: o da própria experiência e o de sua *retomada* significante, que chamo de tradução (necessariamente imperfeita). Para completar o modelo da experiência de satisfação, é preciso, então, modificá-lo profundamente: substituir a noção de percepção pela de mensagem; introduzir

---

[72] "Assim que essa necessidade [de alimento] se manifesta mais uma vez, será produzida, graças à conexão estabelecida, uma moção psíquica que quer investir novamente na imagem mnêmica dessa percepção e provocar novamente a própria percepção; portanto, para ser mais exato, restabelecer a situação da primeira satisfação. Essa moção é o que chamamos de um desejo; o ressurgimento da percepção é a realização de desejo...", *OCFP*, p. 619-620. As palavras "de alimento" acrescentadas por mim foram retiradas diretamente do texto, duas linhas antes.

a dualidade, o compromisso entre sexual e autoconservativo, na mensagem adulta; enfim, fazer a noção de *après-coup* funcionar plenamente.

Mas o que eu gostaria de observar, neste momento, é que a introdução das noções de mensagem e de significante não deixa intacto o problema da "identidade de percepção" e da alucinação. Na perspectiva freudiana, são os restos perceptivos, os do objeto de satisfação, que são reproduzidos com tal força que são até mesmo alucinados. Ao ponto de, aliás, podermos nos perguntar como a criança sairia de uma alucinação plenamente satisfatória para a necessidade, e por que ela buscaria ainda o alimento, já que ela o tem totalmente de maneira alucinatória. Porém, se introduzirmos a noção de mensagem, explicitamente as mensagens do adulto, o que vai ser rejeitado no inconsciente não são percepções inertes, fortuitas e sem significado intersubjetivo. São fragmentos de mensagem, significantes que, extraídos de seu contexto, tomam uma consistência de quase-coisa: esses significantes dessignificados são algo bem diferente de lembranças; tendo perdido suas ligações de sentido, suas relações contextuais no tempo e no espaço, eles se impõem muito naturalmente como tendo o valor de realidade psíquica. A partir daí, não há necessidade de buscar como um suplemento de intensidade pode ser acrescido a uma percepção para transformá-la em alucinação; problema que assombrará Freud incessantemente e ao qual ele dará as soluções mais diversas e contraditórias, desde o "Projeto para uma psicologia científica" até o "Complemento metapsicológico à teoria dos sonhos". Neste último texto, parece que Freud finalmente fracassa diante da objeção maior que ele faz: uma regressão muito avançada a "imagens mnêmicas visuais muito claras" pode ser produzida "sem que as consideremos, contudo, por um momento que seja, como uma percepção real" (*OCFP*, X, p. 256).

Sem ter a intenção de resolver a questão, eu gostaria de indicar um caminho que me parece fértil: a *questão da alucinação* do sonho não poderia ser separada daquela da alucinação clínica. Ora, nesse caso, Freud vai se deter em um suposto modelo clínico, chamado de *amência de Meynert,* entidade que desapareceu quase imediatamente após ter sido descrita[73]. Em compensação, todos os psiquiatras concordam em considerar que a alucinação é prioritariamente da ordem da fala, ouvida ou pronunciada novamente. As alucinações visuais, na clínica, são relativamente raras e, sobretudo, bem localizadas.

Além disso, para ir mais longe, a questão não é exatamente a do "sensório" em jogo (a visão ou a audição), mas a presença ou não de uma mensagem. O visual, assim como o auditivo, pode ser portador de uma mensagem. A partir de Clérambault, assim como de Freud com o caso Schreber e de Lacan e seu seminário sobre as psicoses, a velha noção de "percepção sem objeto" desaparece diante de uma muito mais fértil, de uma *mensagem sem emissor, ou com emissor indeterminado*.

Com essa chave em mãos, as pesquisas a respeito da alucinação do sonho deveriam ser orientadas para uma descrição mais elaborada, ou até mesmo fenomenológica: delimitar, por exemplo, o que é de fato do domínio visual, auditivo (falas pronunciadas) e, principalmente, o que é do domínio da convicção e do discurso interior. O que, na clínica, é chamado de alucinações psíquicas verbais: "*eu me dizia* que meu amigo Pierre estava na sala".

Por outro lado, seria preciso repensar melhor a articulação entre dois fatores mencionados por Freud que estão longe de serem equivalentes. Um é a alucinação propriamente dita e o outro, o fato de que o sonho tem apenas o "presente" do indicativo, a ponto de não deixar nenhum espaço entre a expressão do desejo (aspiração) e sua realização. Talvez, aliás, a analogia que Freud estabelece com o tempo gramatical do presente ("meu pai morre") devesse ser discutida novamente, em relação a um infinitivo ("meu pai morrer") e um subjuntivo ("que meu pai morra")[74].

Notemos somente isto: se aceitarmos a ideia de que o inconsciente se caracteriza pelo desaparecimento das conexões do discurso, as diversas modalidades da enunciação (os modos gramaticais) devem estar ausentes nele. Nesse sentido, o inconsciente estaria sempre no "presente", isto é, sempre *apresentando* seus conteúdos como "realizados". Seria forçar um pouco as

---

[73] Cf. Christine Lévy, Friesacher, Meynert-Freud, "L'amentia", Paris, PUF, 1983.

[74] Cf. uma discussão desse ponto a respeito do "Homem dos ratos", in *Problématiques I*, p. 273-280 [*Problemáticas I — A angústia* (Martins Fontes, 1987)].

coisas dizer que o inconsciente, por sua consistência de coisa, é, *por si só*, "alucinatório". Exceto pelo fato de ele certamente permanecer... inconsciente.

Tudo isso para mostrar que a própria ideia de realização alucinatória de um desejo inconsciente comporta algo de tautológico. A realização como atualização, como abolição da distância entre significante e significado, é, *por si mesma*, apresentação alucinatória, precisamente quando se trata do desejo inconsciente.

É nesse sentido que sempre considerei supérfluo atribuir uma realidade psíquica, clínica, à suposta alucinação do bebê. Trata-se, nesse caso, apenas de uma metáfora para mostrar a constituição de um inconsciente atemporal, logo, sempre presente e atual, atualizado, poder-se-ia dizer.

Vou retornar a minha questão principal: o *sonho* é, sim ou não, *comunicação*? Mas, primeiramente, vou tentar, em alguns minutos, abordar um problema específico, ligado ao modelo freudiano do aparelho psíquico no capítulo VII[75].

Freud, nas diferentes versões dele apresentadas, faz variar um pouco a posição das letras na extremidade direita. Apresento o seguinte esquema em duas dimensões:

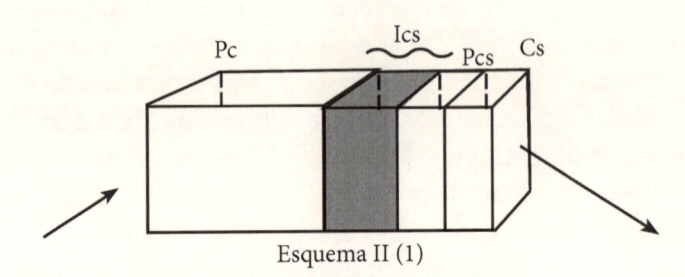

Esquema II (1)

Esse esquema é importante por levantar um problema: a consciência se encontra nas duas pontas do aparelho: à esquerda, como consciência perceptiva do mundo exterior, e à direita, imediatamente após a censura do Pcs, como consciência dos processos internos. Ora, para Freud, esses dois tipos de consciência constituem apenas um, e ambos estão ligados a uma percepção.

[75] Para um desenvolvimento mais detalhado, remeto a *Problématiques V*, p. 34-83 [*Problemáticas V — A tina. A transcendência da transferência* (Martins Fontes, 1993)].

E é aí que uma nota é introduzida, redigida em 1919 (*GW*, 547, *OCFP*, p. 594). Cito:

> o desenvolvimento posterior desse esquema desenvolvido linearmente aqui deverá considerar a hipótese de que o sistema que segue o Pcs é aquele ao qual devemos atribuir a consciência e que, então, Pc=Cs.

Apesar das aparências, essa nota é clara. Ela nos diz que o esquema da tina só é linear porque foi *desenrolado*. E que é preciso, então, tornar a enrolá-lo, para fazer com que as duas extremidades coincidam, isto é, as duas modalidades da consciência.

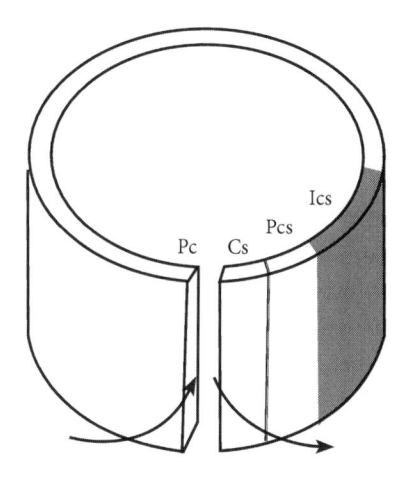

Esquema II (2)

Trata-se de um modelo. Freud, apesar do que promete nessa nota, nunca o explicitou mais adiante. Quase ninguém percebeu esse enrolamento. Desde janeiro de 1972 (*Problemáticas I — A angústia*) e, depois, em 1980, referi-me a isso continuamente.

É um *modelo* e, como tal, não devemos nos precipitar em aplicá-lo a uma única realidade. Ele é mais rico, mais polivalente.

Esse não é o modelo de um corpo, nem de um sistema neuronal, nem mesmo de um aparelho psíquico (falta tudo nele para criar uma psicologia: emoções, afetos, raciocínio, etc.). Não é, também, um modelo do inconsciente, o qual é apenas uma parte dele.

Esse esquema, do qual podemos fazer um esboço pela parte de cima, tem especialmente o interesse de destacar o aspecto da tangência de dois circuitos, dos quais não se pode deixar de pensar que sejam circuitos de linguagem.

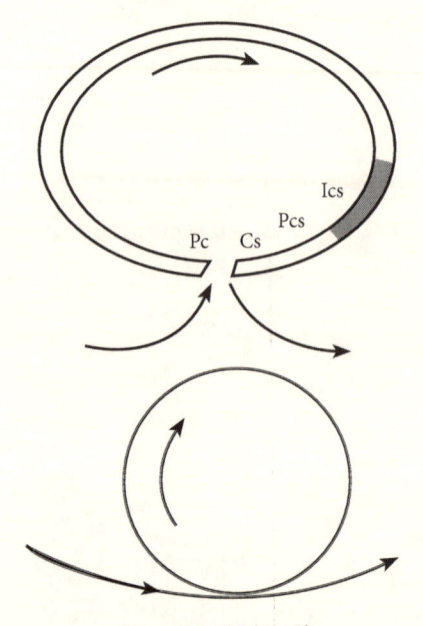

Esquema III (1 e 2)

É preciso observar que essa ideia de tangência correspon-de exatamente à da marginalidade (prefixo *neben)* que Freud emprega continuamente para designar o surgimento do sexual e/ou do inconsciente como produto marginal (*Nebenprodukt*).

Esse é um modelo polivalente, mas que se aplica priorita-riamente ao surgimento do que pode ser chamado, após Lacan, de "formações do inconsciente". Portanto, entre outros, um mo-delo do sonho. Mas é preciso também admitir que as flechas do circuito externo podem ser desaferentadas de maneira mais sutil que o simples "tudo ou nada" de um sono profundo.

O circuito externo, em todas essas formações, deve ser con-cebido como o conjunto das mensagens cotidianas, autoconser-vativas. No ponto de tangência, os dois circuitos se tocam por um instante, mas o circuito interno, sexual, coloca-se em funcio-namento sozinho. E isso no sentido inverso do outro. Essas formações do inconsciente — sonho, ato falho, etc., e *possivelmente também a sessão analítica* — não constituem uma "outra coisa" *que exclui* pura e simplesmente o discurso cotidiano, mas algo que é produzido, desencadeado, por assim dizer, a partir do ponto de tangência, e que se marginaliza para se tornar autônomo.

Além disso, com esse novo enrolamento, algo paradoxal se produziu. O modelo precedente, "desenrolado linearmente", era um modelo de fechamento. Uma caixa-preta funcionando segundo o princípio behaviorista estímulo-resposta. Com o enrolamento sugerido por Freud, paradoxalmente, o modelo que parece se fechar se torna um *modelo de abertura* pelo viés da tangência entre dois circuitos.

Para lembrar, ainda, a experiência de satisfação e as críticas que fizemos a ela, seria possível mostrar que nosso modelo seria bastante adequado para representar o que eu chamaria, então, de *a experiência de sedução*. O circuito externo, mensagem enigmática do adulto, autoconservativo, mas contaminado pelo sexual, vem, no ponto de contato, inscrever-se e, depois, ser submetido ao recalque. Assistimos a uma verdadeira *neogênese do sexual* na criança, e não a uma eclosão endógena. Nada impede que, nessa variante do modelo, seja precisamente representado o corpo nesse ponto de tangência.

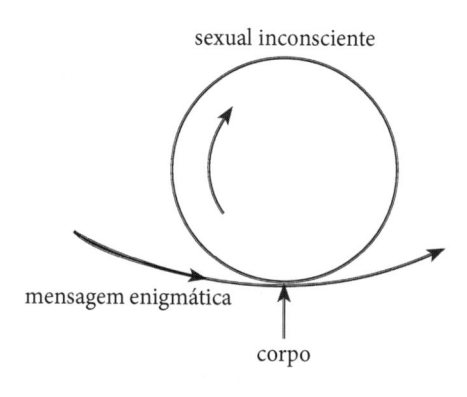

Esquema III (3)

Retorno a minha questão do sonho como comunicação ou embrião, início de comunicação. É aqui que a locução "via régia para o inconsciente" não deve nos levar a confundir os dois: o inconsciente e o sonho. Dizer que o sonho não tem nenhuma intenção comunicativa, como fez, às vezes, Freud, talvez seja uma sentença exagerada, válida, a rigor, apenas para o inconsciente, o próprio *id*. Quando ele reconsidera a questão, em 1923, em suas "Observações sobre a teoria e a prática da interpretação de sonhos", ele é bem menos categórico. Possivelmente, a "exploração na análise é uma finalidade que está inicialmente situada absolutamente longe do sonho"[76]. Mas Freud admite, de muito boa vontade, que os sonhos, na análise, são o local de um "rendimento superior", um "motor", uma "potência inconsciente".

O fato de ele atribuir essa potência à sugestão não é para nos agradar; porém, ficamos mais à vontade com o termo transferência. Ainda é preciso chegar a um consenso sobre a palavra!

Os sonhos obedecem a uma finalidade comunicativa durante a análise? Certamente. Mas, por mais extraordinária, inaugural que seja a situação analítica, não se poderia ignorar que ela se encontra um pouco prefigurada em outras situações inter-humanas. Não se poderia então negar que, *desde sempre e em todo lugar,* os sonhos comportaram certa abertura alocutória. Com certeza, o sonho não fala diretamente a alguém. Ele funciona plenamente, mesmo que seja esquecido. Uma grande quantidade de sonhos cai, assim, no esquecimento. Mas não se pode negar que, desde sempre, há certa compulsão em contar aos outros o sonho, a abri-lo para o outro.

> Ferenczi — de novo, ele — escreve este curto fragmento digno de ser citado integralmente (*OC*, II, p. 32):
> A quem contamos nossos sonhos? Os psicanalistas sabem que nos sentimos inconscientemente levados a contar nossos sonhos para a própria pessoa a quem seu conteúdo latente diz respeito. Lessing, ao que parece, tinha previsto isso quando escreveu o seguinte dístico:
> "Somnum
> Alba mihi semper narrat sua somnia mane
> Alba sibi dormit: somniat Alba mihi."

É preciso ir mais longe, isto é, ir além, aqui, da noção de interlocutor, *simples receptor* maravilhado por um relato fantástico. A recepção poética do sonho, seja do feitio dos românticos

---

[76] *OCFP*, XVI, p. 175, GW, XIII, p. 310.

alemães ou surrealistas, longe de nos satisfazer, corre o risco de nos enganar. A arte adivinhatória, desde sempre, *reivindicou* o relato de sonhos *a serem interpretados*, e é difícil não pensar que seja o adivinho, e o *enigma* que ele encarna, o elemento *provocador* de alguns sonhos[77].

"Provocação pelo analista" é o termo que certa vez utilizei a respeito da transferência. Ora, se a transferência no tratamento analítico é de fato provocada pelo enigma encarnado pelo analista, por que não aconteceria o mesmo para os sonhos durante o tratamento analítico? O esquema da tangência se aplica bem aos dois casos: para a transferência no sonho e para a transferência no tratamento analítico. Nos dois casos, é o endereçamento — real ou suposto, mas sempre enigmático — do analista que suscita essa transferência e provoca a espécie de neogênese libidinal que está ligada a ele.

Para honrar a primazia do outro como originária na constituição de nosso inconsciente, eu quis favorecer, de encontro aos mecanismos que têm o sujeito em sua origem, os verbos e as ações em que *o sujeito é o outro*. Assim, além do termo central de *sedução*, bem como o de *provocação* e mesmo o de *inspiração* (o outro seduz, provoca, inspira, etc.), ocorre-me, hoje, acrescentar o termo *procurar*, no sentido popular de provocar, em que se diz: "você está procurando"[78].

Ele me "procura" e eu o encontro, formulação em que se cruzam Picasso ("eu não procuro, eu encontro"); Freud, com sua "descoberta" do objeto (*Objektfindung*); e mesmo Pascal, com o enunciado que ele ouve de Cristo: "Tu não me procurarias se já não me tivesses encontrado".

Assim, poder-se-ia dizer que o sonho, em algumas circunstâncias, é procurado, provocado por um interlocutor potencial; e o sonho, por sua vez, vai, por assim dizer, "procurar" o desejo[79] inconsciente.

---

[77] Cf. o sonho de Alexandre, o Grande, sobre a tomada de Tiro, e meu comentário in *Problématiques V*, p. 217-218 [*Problemáticas V — A Tina. A transcendência da transferência* (Martins Fontes, 1993)].

[78] N.T.: "Tu me cherches", em francês popular, significa: "Tu estás me provocando". Como em português poderíamos também dizer: "Tu estás procurando" — briga, confusão, etc.

[79] N.T.: Aqui, Laplanche usa *désir*, e não *souhait*.

O capítulo VII é, por si só, uma obra monumental nesse monumento que é a *Traumdeutung*. Ao traduzi-lo passo a passo, com tantas dificuldades, aprendi mais uma vez que Freud não é sempre, como se afirma, um grande escritor, nem, *a fortiori*, um autor para ser lido no trem, mas sim um imenso pensador. Mais uma vez, quis colocá-lo em trabalho. Mas que alegria descobrir, como em um esconderijo, o principal instrumento para esse trabalho. Com essa nota de três linhas sobre o enrolamento do esquema, é como se uma porta, um corredor se abrisse para um outro capítulo VII, virtual, mas não menos efetivo.

Esse "outro" capítulo VII não é a imagem espelhada do primeiro. Em inúmeros desenvolvimentos, ele leva em consideração, se desdobrarmos seus efeitos, a descoberta inicial e principal de Freud, mesmo que esta se encontre novamente oculta: a primazia da mensagem do outro na constituição do inconsciente sexual.

Posfácio

Para ir além na perspectiva de "reescrever o capítulo VII", quero referir-me à passagem inaugural de Freud e indicar a releitura que faço dela.

Atribuímos, assim, ao aparelho uma extremidade sensitiva e uma extremidade motora; na extremidade sensitiva, encontra-se um sistema que recebe as percepções; na extremidade motora, outro que abre as comportas da mobilidade. O processo psíquico se desenvolve, geralmente, da extremidade-percepção à extremidade-motilidade. O esquema mais geral do aparelho psíquico teria, então, o seguinte aspecto (*OCFP*, IV, p. 590-591):

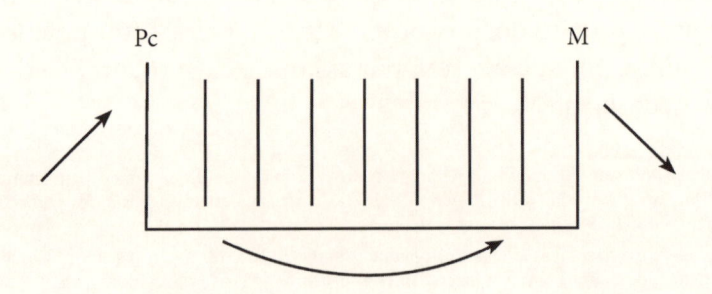

Há, porém, nesse caso, apenas a realização desta exigência que nos é, há muito tempo, familiar: o aparelho psíquico deve ser construído como um aparelho reflexo. O processo reflexo continua sendo, também, o modelo de qualquer funcionamento psíquico.

Esse esquema, aparentemente, é o de um organismo vivo (sozinho e não em associação com outros) mergulhado no mundo material. Ele recebe estímulos (Pc = percepção) e retorna respostas motoras (M). O esquema do arco reflexo é característico desse funcionamento: ele retorna tudo o que recebeu.

Proponho que se trata, na verdade, de um "aparelho da alma" — quer seja em humanos ou mesmo no animal social (homeotérmico) — mergulhado não em um mundo de estímulos, mas em um mundo de mensagens. Ele recebe mensagens e deve traduzi-las, sob o risco de deixar para trás mensagens não traduzidas. É um esquema, assim, que se encontra enrolado sobre ele mesmo.

IV

Contracorrente

* In "Courants de la psychanalyse contemporaine",
RFP, n° hors série, 2001, p. 299-309.

Ir na contracorrente de muitas coisas que são praticadas e ditas no movimento psicanalítico — este, considerado em sua extensão mais ampla, além de qualquer referência institucional. Mas é preciso, de saída, desfazer um mal-entendido: não se trata de preconizar, de maneira passadista, um simples retorno a Freud, cem anos para trás, pois o próprio Freud esteve na contracorrente em relação a sua época. Ele mesmo foi, mais de uma vez, levado involuntariamente pela "corrente". Ir na contracorrente é, então, tentar encontrar a exigência principal e constante que *movia* Freud, indo de encontro a alguns aspectos de sua obra que, às vezes, chamei de "desvios de rumo". É preciso tentar manter viva essa exigência — que continua a mover, de maneira mais ou menos latente, os profissionais da análise — na teoria e na prática, o que torna sempre presente a necessidade de "novos fundamentos".

Não é em 1897, nem em 1900, mas em 1923 que Freud continua, como um "conquistador", a reivindicar o caráter extraordinário de sua *descoberta*, já que é ela que *define* inicialmente a psicanálise, sendo a clínica e a teoria apenas decorrentes dela:

"Psicanálise é o nome 1) de um procedimento para a investigação de processos anímicos que são muito pouco acessíveis de outra maneira; 2) de um método de tratamento; 3) de concepções teóricas"[80].

Um lembrete, en passant, a todas as associações que, em seus estatutos, definem-se agora prioritariamente pela clínica, subordinando suas *verdades* às incertezas dos "resultados" técnicos e às variâncias da psicopatologia.

Mas a psicanálise também não é uma teoria nova para explicar fatos antigos, já devidamente repertoriados, mas simplesmente mal explicados.

---

[80] "Psychanalyse", *OCFP*, XVI, p. 183.

O objeto e sua via de acesso

O que aparece em primeiro lugar é um procedimento de exploração absolutamente novo, que revela um *domínio do ser* (dos "processos anímicos") ao qual praticamente nenhum outro daria acesso. Tudo foi feito na sequência para enfraquecer o "realismo do inconsciente" — que é o nome dessa *terra incognita* —, encontrando precursores e equivalentes para ele. Na verdade — pelo menos, essa é nossa tese —, a novidade radical do inconsciente freudiano deriva do fato de ele não trazer um suplemento de significação para o nosso universo consciente: ele não é um novo sentido que seria lido em fenômenos já conhecidos. Ele não é um código, muito menos uma nova teoria. Revela-se nas falhas do consciente como outro domínio do ser[81]. Apesar de todas as tentativas de aproximação, o inconsciente freudiano nada tem a ver com o que os poetas (românticos) ou os filósofos (Schopenhauer) designam pelo mesmo nome.

É verdade que a *corrente* da "leitura" do "texto" consciente por uma intenção mais oculta, "decodificação" hermenêutica, por assim dizer, retorna no próprio Freud: é o que ocorre com a chegada violenta do simbolismo, sistema coletivo de chaves que permite uma tradução em livro aberto. Ler o sexual simbolizado em todo lugar é tão fácil e inútil quanto ler em tudo a "luta de classes". E o que dizer quando a psicanálise cria suas próprias chaves: "Édipo", "castração" ou "posições" kleinianas? Chaves universais, geralmente utilizadas a priori, antes que o sujeito tenha de dizer uma palavra.

Veremos, mais adiante, que *função* atribuir a essa tradução contínua, hermenêutica. Basta, por enquanto, lembrar em que ponto ela se distancia da descoberta original.

A invenção de Freud é, então, a de um método; sua *descoberta*, a do inconsciente real, separado, e não imanente ao consciente. O método, por sua vez, divide-se essencialmente em duas partes: regra fundamental e situação analítica. No artigo citado anteriormente, que *define* a "psico-análise", é a "regra" que vem primeiro.

---

[81] Não raro um instrumento novo dá acesso não a uma explicação nova, mas a outras realidades que não eram absolutamente percebidas. Telescópio, microscópio, etc. Mas, quanto ao ser humano, a vexação é imensa em descobrir, nele, algo radicalmente outro.

Resta apenas constatar o quanto essa *regra* fundamental será desvalorizada, ou, em seguida, depreciada. Desvalorizada por todos aqueles que falam "da" psicanálise. Assim, alguém como Lévi-Strauss limitará seu conhecimento sobre Freud aos textos mais marcados pelo "simbolismo".

Depreciada, também, por um grande número de profissionais que mal a enunciam no início do tratamento analítico, considerando-a evidente: um "falar livremente" tão admitido em nosso ambiente sociológico que constitui o denominador comum de todas as psicoterapias. O que mais, afinal, além da confissão tomada em seu sentido mais amplo? O que mais além dos grupos de "alcoólicos anônimos" ou o "debriefing" após acidentes graves?

Contudo, é quase um paradoxo dizer que a regra das "livres ideias que ocorrem" *(freie Einfälle)* é o contrário de um "falar livre", pois temos que acrescentar a este último a determinação: "sem omitir nada do que ocorre", precisamente, nas margens desse discurso "confidencial", como suas escórias. *Forçar-se* a não omitir o que parece *fora de propósito — fútil* ou *insensato* (o desligado), ou *inconveniente* e *desagradável de ser dito* (o sexual e/ou agressivo) —, é justamente ir na contracorrente de qualquer discurso confidencial, ainda que fosse o mais "livre".

Ao mesmo tempo em que a regra fundamental, desapareceu a noção de resistência no tratamento analítico. Uma resistência que Freud destaca, no entanto, funcionar de concerto com um discurso aparentemente "sem entraves". Ora, é esse discurso que se encontra, agora, na prática comum, legitimado a se apresentar de maneira contínua, coerente, deixando de lado qualquer aspereza.

Nesse mesmo sentido, basta ver a *análise* do sonho, abandonada com bastante frequência em benefício de sua *síntese*, de seu relato, de sua elaboração secundária: defensiva e "anagógica" segundo Freud, mas aqui pomposamente revestida pelo termo e pelas virtudes da "simbolização".

A terapia
O debate "psicoterapia-psicanálise" se torna banal, vão, até se reduzir, às vezes, a elementos puramente *secundários* (ainda que importantes): número e duração das sessões, posição sentada ou

deitada, etc. O debate deve ser o mais aprofundado possível, isto é, no nível metapsicológico: o que é "tratar" e quem trata?

Afirmamos que tratar é primordialmente enfrentar o "desligado" para dar a ele uma forma, um sentido, uma coerência. Essa coerência é trazida, de maneira privilegiada, por uma narratividade e corresponde a uma temporalização geralmente inacabada, operada conforme registros eventualmente pouco integrados entre eles. "Tratar" assume, nesse caso, o sentido complexo que tem em francês: não somente na terapia, mas no processamento de texto [dito, em francês, *traitement de texte*] ou, ainda, na guerra, no "alcance de objetivos" [dito, em francês, *traitement d'objectifs*].

Quem trata? Ninguém trata outro além de si mesmo, pelo menos no plano psíquico. É o ser humano que trata e que se trata, constituindo-se assim como uma unidade sempre mais ou menos precária que chamamos de "eu" ou "sujeito". *O que* o ser humano tem para ser tratado — parece, à primeira vista — são suas pulsões inconscientes, sexuais no sentido amplo do termo[82]. *É preciso, ainda,* observar que o freudismo nos permite ir além da imagem platônica sempiterna do espírito que subjuga as paixões do corpo, as quais seriam assimiladas ao biológico.

Aqui, a teoria da sedução generalizada levanta uma hipótese que vale pelo menos ser examinada: o que deve originariamente "ser ligado", "ser traduzido", não vem das profundezas de um *id* inato, mas do outro ser humano adulto, na dissimetria essencial de nossos primeiros meses. As primeiras tentativas de "tratamento" são feitas em resposta às mensagens enigmáticas (comprometidas pelo sexual) que vêm do outro, adulto. O fracasso parcial dessas tentativas de tradução — por meio das quais o eu se constitui e começa a se historizar — deixa de lado elementos reais, agora fontes de excitação sexual interna, contra as quais o eu deve novamente se defender, e, para isso, aliás, o *socius* lhe presta uma ajuda permanente, propondo-lhe regras, mitos, ideologias, ideais. De certa maneira, a psicoterapia (todas as psicoterapias, desde sempre) apenas retoma e sistematiza esse movimento imperativo de ligação. Seu esforço consiste, ao mesmo tempo, em auxiliar a "conter" os movimentos pulsionais mais

---

[82] Pulsões sexuais de vida e pulsões sexuais de morte.

destruidores e contribuir para dar um sentido a eles. É por isso que nunca faltam esquemas narrativos à psicoterapia: pensemos na cura xamanística, no doutrinamento jungiano com suas reminiscências religiosas; mas pensemos, também, nos esquemas descobertos ou reiterados pela psicanálise e *instrumentalizados* como modelos para uma simbolização reiterada: "castração", "assassinato do Pai", ou, ainda, "superação da posição depressiva".

Como, então, a própria psicanálise não seria — entre outras — uma psicoterapia?

Mas seria ela como as outras? Essa é a questão.

Freud, quando se opõe à ideia de oferecer ao paciente uma "psicossíntese", não o faz por teimosia nem dogmatismo. Ele somente afirma que o ser humano, o "paciente", visa apenas à síntese, e que a psicanálise só encontra toda sua especificidade no movimento em contracorrente: o da *análise*, isto é, da "dissolução" das sínteses previamente admitidas pelo sujeito.

Nesse sentido, não se deve ter medo de promover a ideia de que qualquer síntese, qualquer narrar e historizar do sujeito, é defensiva. O que não significa, certamente, que seja preciso visar à "anarquia pulsional", o que é, aliás, estritamente impossível, até mesmo impensável. Há sínteses melhores que outras, isto é, mais abrangentes, que integram mais o recalcado. Mas não nos enganemos: sempre restará, na vida mais harmoniosa, algo do recalcado, do inconsciente, esse "outro" interno que é como o resíduo do outro externo.

Chegou o momento de invocar o outro aspecto da invenção "metodológica" de Freud para ter acesso ao inconsciente: junto da regra fundamental, a instauração da *situação analítica*. Essa é uma situação de assimetria radical que suscitou e ainda suscita mal-entendidos: falou-se em hipocrisia profissional (Ferenczi). Citou-se a situação observador-observado para destacar imediatamente que o observador, no caso da relação inter-humana, não tem nenhum privilégio se ele tem a intenção de colocar em evidência, na fala do paciente, o que é do domínio da projeção e o que é do domínio de uma percepção realista. Com essa crítica (justificada de seu ponto de vista), foram abertas as portas para o que se chama agora, como um refrão nos congressos, de a "dinâmica transferência-contratransferência".

Ora, a invenção genial da situação analítica só é bem compreendida se conjugada com uma concepção da "situação antropológica fundamental" (adulto-*infans*) como dissimetria originária, cujo outro nome é "sedução".

É somente pela dissimetria infantil que a "insuportável" dissimetria analítica se explica e se justifica. A "neutralidade" não é, em primeiro lugar, recusa ao outro (ao paciente) de auxílio, de conselhos, de conhecimento, etc. Ela só se sustenta pelo que deve ser chamado de "renúncia"[83] interna do analista: talvez apreensão de seus próprios mecanismos inconscientes, mas, principalmente, consciência de seus limites e respeito ao outro em si mesmo, o que implica uma destituição em relação a qualquer finalidade de domínio, de formação do outro, de "poiesis".

A transferência[84], se quisermos manter sua especificidade analítica, só pode ser concebida no âmbito dessa situação que recoloca fundamentalmente o sujeito o mais próximo possível dos enigmas que lhe foram propostos em sua infância. Além dos enigmas do outro interno (o inconsciente), é o "tratamento" dos enigmas do outro externo (os adultos — os pais) que, nos casos mais favoráveis, é retomado[85].

Compreende-se, assim, em que ponto a psicoterapia *imanente* à análise, mesmo que ela caia necessariamente mais de uma vez na rotina da *talking cure* (a *tchatching cure*) que *toda* psicoterapia é, adquire uma nova aparência quando é possível abranger em sua "narratividade" algum fragmento de alteridade arrancado pela análise. Sem, entretanto, jamais esquecer que qualquer síntese nova, por mais flexível que seja, permanece, apesar de tudo, "defensiva"[86].

---

[83] N.T.: No original, Laplanche emprega *refusement*, neologismo em francês. Porém, no *Vocabulário da psicanálise*, Laplanche e Pontalis propõem *frustration* ou *refusement* para o termo alemão *Versagung*. Em português, verifica-se o uso generalizado do vocábulo *frustração* para traduzir esse termo, mas, no presente contexto, optamos por *renúncia* para não descuidarmos das noções de "privar-se de", "impedir-se de", "abdicar de" ou mesmo "impor uma recusa a".

[84] Se não quisermos cair nas aporias magistralmente descritas por Lagache: como qualquer ser humano poderia agir de outra maneira sem ser conforme a sua história, seus hábitos, etc.?

[85] Mencionemos somente que, se a psicanálise é fundamentalmente "análise da condição humana" (Favreau), a abolição total da "análise didática" é pertinente a essa finalidade.

[86] Não me sinto nem um pouco forçado a integrar aqui a psicoterapia das psicoses ou, sobretudo, da parte psicótica mais ou menos extensa de muitos seres humanos. Como falar de "psicanálise", no próprio sentido definido por Freud, em espaços psíquicos nos quais o recalque no inconsciente parece não ter operado? O que não significa que a teoria metapsicológica oriunda da psicanálise não possa ajudar a conceber outros modos de abordagem psicoterápicas.

Tendo proposto para o recalque uma teoria "tradutiva", retomo brevemente o modelo de uma tradução[87]. Qualquer tradução é tradução de uma mensagem, que necessariamente "perde pelo caminho" resíduos, sutilezas. Sobretudo, se a mensagem inicial não for transparente para si mesma, isto é, se for marcada pelo inconsciente do emissor. Comparei, por outro lado, a historização do sujeito, sua constituição em uma narratividade, com uma tradução das mensagens originais recebidas (tradução — domínio — tratamento).

Se A é a primeira mensagem (digamos: o Novo Testamento, redigido, como se supõe, em aramaico), mas não dispomos desse texto original, B será a tradução em grego, a única da qual os eruditos dispõem. De A a B, significantes originários foram, em parte, "perdidos pelo caminho" por falta de correspondente adequado. Retraduzir agora o texto grego B em um texto em latim C e, este, em um texto em francês D, é necessariamente acumular recalque sobre recalque. Assim funciona a *tchatching cure,* se ela não tentar desfazer o texto C, até mesmo o texto B, supondo por trás dele uma primeira mensagem A (aramaico), que se deixa entrever por meio das falhas, incongruências, incoerências de B.

Quando o modelo é insuficiente em relação ao que se passa na criança, é porque, para ela, as primeiras mensagens são, *por natureza,* habitadas pela alteridade. Não a alteridade inerente ao significante (como Lacan a postula), mas a alteridade concreta do inconsciente sexual do outro. Modelo certamente imperfeito, como qualquer outro modelo, mas que permite entender que qualquer narração de nossa história se constitui em defesa, e que ela deixa e sempre deixará o outro de fora.

Os aspectos teóricos

O argumento proposto para essa série de contribuições para a *Revue française de psychanalyse* apresenta, em poucas linhas, um diagnóstico incontestável: a generalidade da fragmentação, a justaposição dos pontos de vista, a falta de referência de um autor a outro e de contribuição mútua, a citação pontual, mal compreendida, mal integrada, puramente eclética de certo autor que é preciso mencionar. Os imensos congressos em que cada um

---

[87] Cf. "La parabole Chouraqui". In *Le primat de l'autre*, p. 228-229.

espera apenas despejar seu discurso durante os vinte ou trinta minutos que lhe são atribuídos. As pretensas "mesas-redondas" em que ninguém dialoga com ninguém, e que são uma espécie de repositório para intervenções em excesso. As revistas, outrora não temáticas, traziam, às vezes, algum artigo que levava a pensar; atualmente, revistas pretensamente temáticas, mas sem nenhuma coordenação, exceto os "títulos" que um hábil editor-chefe conseguiu introduzir artificialmente. Mesmo as melhores revistas não escapam disso.

Parece que nos contentamos com o "Tudo já foi dito, desde que há homens que pensam". A pretensão extraordinária de Freud — *dizer algo diferente* — seria pelo menos assumida pelos que querem se referir a ele? Poderíamos duvidar disso ao vermos o "psicanalítico" ser invocado para justificar toda e qualquer coisa a que também se denomina pós-modernismo. "Falar em torno de" seria sua única regra[88].

"Nem rir, nem chorar, mas compreender". Vamos propor uma via de compreensão para essa circunstância. Afirmamos que o ser humano é um hermeneuta por natureza: o único hermeneuta originário. Hermeneuta devido a sua condição, diz Heidegger. Hermeneuta, inicialmente, das mensagens enigmáticas do outro ser humano adulto: é isso que propomos com a teoria da sedução generalizada.

Os códigos de compreensão que ele utiliza não surgem do nada: são trazidos pelo universo social. E, fato cultural moderno, os códigos (ou ideologias) circulam, universalizam-se e ficam obsoletos cada vez mais rápido.

A psicanálise, por sua vez, trouxe duas coisas: por um lado, um método e uma teoria rigorosos, muito difíceis de serem acessados e pouco atraentes; por outro, esquemas interpretativos *redescobertos* por ela no ser humano, que ela remodelou em mitos com ambição universal (chaves universais). Era inevitável que este segundo aspecto fosse o único lembrado e destacado, não somente pela opinião pública, mas pelos próprios pensadores (por *todos*). Por falta dessa distinção clara, a própria teoria analítica,

---

[88] "Meu paradigma vale tanto quanto o seu, deixe de ser intolerante"; uma frase desse tipo, saída da boca de um "lacaniano", ressoava um dia em um congresso; isso é bem curioso se a confrontarmos com as pretensões científicas do "matema".

mal delimitada em sua especificidade, foi armazenada entre os inúmeros modelos graças aos quais o ser humano se metaforiza: é aqui que a hermenêutica espontânea do ser humano dá as mãos ao pós-modernismo e ao relativismo epistemológico.

Propomos, então, distinguir rigorosamente dois campos:

1. O campo dos mitos, esquemas narrativos, modelos de simbolização e historização; alguns, mas não todos, foram "descobertos" pela psicanálise, como o Édipo. Não tem sentido dizer que esses esquemas sejam verdadeiros ou falsos. O que não significa, por outro lado, que não devam ser estudados (em vez de serem considerados *premissas)* em sua gênese; em sua maior ou menor capacidade de simbolizar; no que constitui o seu núcleo (a "terceiridade" torna o Édipo eficaz?); enfim, em sua "universalidade". Sobre este último ponto: às vésperas do surgimento de seres humanos clonados, é aceitável continuar a atrelar o Édipo à parentalidade biológica[89] ou à equação mãe = natureza, pai = cultura e espiritualidade[90]?

2. *A teoria psicanalítica.* Ela é metapsicologia; mesmo que se articule necessariamente com a psicologia, não tem nenhuma pretensão de encobri-la ou conquistá-la. A extensão da "psicologia psicanalítica" é um dos maiores erros de nossa época, erro pago pela "reação" "cognitivista".

A metapsicologia não é a teoria da "clínica". Ela é a teoria do ser humano afetado por um inconsciente. Teoria, portanto, do inconsciente, de sua natureza, sua gênese, seu retorno, seus efeitos, etc. Assim, primordialmente, teoria do recalque, de seus fracassos, até mesmo de sua ausência (dando acesso, então, à teoria da psicose).

A teoria metapsicológica, em uma de suas tarefas principais, deve provar sua capacidade de explicar a *função dos mitos* e, consequentemente, a da hermenêutica, tanto no ser humano quanto nos efeitos psicoterapêuticos.

Uma teoria que visa explicitamente explicar a hermenêutica não pode ser ela mesma uma hermenêutica! Ela visa necessariamente à racionalidade, ou seja, a enunciar verdades e refutar erros.

---

[89] "Você não tem um pai e uma mãe", contentar-se-ia em replicar Freud, a quem negava o Édipo.

[90] Lembro que a razão disso seria apenas *pater semper incertus.* Quem ousará sustentar, na era da genética, esse adágio latino?

A racionalidade em psicanálise, tal qual Freud a pratica ao longo de sua obra, não tem nada a aprender com as ciências da natureza física. O ideal da matematização é, aliás, frequentemente uma ilusão, da mesma maneira que o da reprodutibilidade: quantas ciências da natureza física se situam explicitamente fora desses dois critérios? Já quanto ao uso de estatísticas, ele nunca foi mais que um primo pobre da racionalidade.

É aqui que a racionalidade psicanalítica deveria tentar se livrar do pragmatismo *vulgar* que a assola atualmente. "É verdadeiro o que funciona" não é, aliás, uma fórmula unívoca, mas que tem pelo menos dois sentidos:

1) Conseguir "curar", o que implica uma definição utilitária da prática e uma redução da teoria ao nível da receita.

2) Conseguir explicar, o que implica a dimensão da verdade, do êxito — ao menos provisório — do pensamento. Resumindo, a teoria da gravidade não teve êxito porque daria instruções para a construção de pontes: ela é observada tanto em pontes que caem quanto em pontes que resistem.

Mas é preciso dizer que, atualmente, em muitas reuniões de analistas e/ou psicoterapeutas, só tem vez o "qual a utilidade disso?". Torna-se inconcebível que o reconhecimento por Freud de seu fracasso em curar as psicoses possa casar com a afirmação de um êxito em compreendê-las! Quando se trata das ciências físicas, nossa impotência é reconhecida em um número imenso de casos; mas, em termos de natureza humana, não se admite que ela não possa ser mudada com um estalar de dedos: esses criminosos, esses loucos, esses suicidas não podem ser curados? Senão, sumam daqui o mais rápido possível[91]!

O racionalismo freudiano

Ele é marcado, em nossa opinião, pelo desencontro de Freud com Popper. Este, em sua crítica à psicanálise, manteve, superficialmente, apenas os aspectos mais ideológicos, como os

---

[91] Pelos dois critérios — o êxito em "modificar" a natureza e o êxito em explicar racionalmente —, certa epistemologia sociologizante quis substituir um terceiro: o êxito de unir o mundo dos dirigentes e de obter créditos de pesquisa. É possível se perguntar qual desses três critérios nossas teorias epistemológicas querem ver aplicadas nelas mesmas. Elas renunciaram, em seu próprio domínio, a argumentar verdadeiro e falso? Será que em epistemologia, como em outras coisas, anything goes?

propagados na época por Adler e Jung. Precisamente, os aspectos que coloquei sob a égide do mito e da hermenêutica. Popper não se informou muito sobre a teoria psicanalítica em toda sua complexidade e não está muito a par das discussões aprofundadas que Freud conduz, geralmente tomando a si mesmo como antagonista exigente.

Não ignoramos as críticas e as melhorias feitas ao popperismo, que forçam o abandono do modelo das mutações bruscas na ciência, das "falsificações" *pontuais* que levam a reviravoltas *completas*. Acontece que "A lógica da descoberta científica" permanece sendo um grande momento do pensamento epistemológico que não está ligado a um tipo de raciocínio científico particular nem, por consequência, somente às ciências da natureza física. A ideia é que os modelos científicos nunca foram extraídos de uma indução pobre, que nunca pôde ser provada de maneira absoluta, mas *inventados* para explicar da melhor maneira fatos identificados até hoje.

Esses modelos estão, a partir daí, sujeitos ao risco de "falsificação" ou, de maneira mais geral, de *refutação*. Um modelo que não pode, em nenhum momento, ser confrontado com a refutação, é justamente da ordem do mito, não da ciência. "A natureza nunca diz sim, ela se expressa apenas por *nãos*": essa é a máxima de Freud, tanto em sua busca pelo "caso negativo", que provaria a ausência do fator sexual, quanto em sua célebre discussão de "Um caso de paranoia *que contradiz a teoria psicanalítica*".

Em minha opinião, afirmar um *positivismo mínimo* requer manter três exigências:

1. Entrar em acordo sobre os termos empregados e estar pronto para mudá-los se dão margem a um equívoco contínuo. Assim, para que serve discutir "metáfora" e "metonímia" enquanto os sentidos variam ao extremo, de Quintilien a Du Marsais, a Fontanier, Jakobson, Lacan, Rosolato, Hock? Sei bem que essa exigência, como outras, vai na contracorrente da tendência de venerar a linguagem e sua infinita polissemia (ou poesia?).

2. Ser capaz de dizer a qual domínio de "fatos" corresponde a teoria que se enuncia. Onde encontramos os correspondentes na experiência? Exemplo: "a metáfora paterna". Em que circunstâncias da vida, em que período da infância, em que momen-

to de um tratamento analítico, etc., é possível identificar seus efeitos? Em que área da experiência a encontramos: linguagem verbal, significações, afetos, ações?

3. Poder, pelo menos, imaginar circunstâncias (de fato ou de raciocínio) em que o que afirmamos possa ser contestado. Isso não implica nenhuma aplicação rígida da noção de falsificação. A "Carta do Equinócio" (21/9/1897) mostra bem a flexibilidade e a variedade do feixe de "não" que Freud objeta a sua teoria da sedução.

A racionalidade da psicanálise esteve sempre aberta a múltiplos tipos de argumentos, retirados das mais variadas áreas. Lendo um texto qualquer de Freud, é possível ver que ele nunca se limita ao universo fechado da relação analítica para definir um sacrossanto "psicanalítico" do qual se encontraria excluído para sempre aqueles que não pertencem ao seleto grupo[92]. Freud, em "Além do princípio de prazer", evoca tanto experiências e teorias biológicas, quanto a observação da criança, a especulação cosmológica, etc. Como, na era da genética, continuar a falar da mesma maneira de sempre da "filogênese"?

O argumento proposto por esse número da *Revue* não pôde escapar da contradição: ele denuncia, com muita pertinência, a fragmentação sem comunicação que reina no meio analítico. Ao mesmo tempo, ele pode apenas propor uma justaposição de contribuições que "figuram lado a lado, mas unidas em um mesmo espaço de escrita".

Contudo, será preciso ir mais longe, ou a psicanálise se tornará um peso morto. É preciso restaurar urgentemente o debate entre os que querem debater. Está na hora de os textos e as teses replicarem umas às outras, em um rigor que não exclui, contudo, a tolerância. Rigor nas ideias, tolerância com os outros. Não vemos, com frequência, justamente o contrário? Laxismo no pensamento, mas polêmica agressiva e narcísica em relação às pessoas.

---

[92] Um universo que, frequentemente, é acompanhado por outro viés, o do ceticismo e da justaposição pós-moderna.

A partir da situação antropológica fundamental

* In *Penser les limites. Écrits en l'honneur d'André Green*, Champs psychanalytiques, Delachaux et Niestlé, dir. César Botella, 2002, p. 280-287. Conferência de Jean Laplanche para a SPP em 20 de novembro de 2001. Discussão sobre André Green.

Meu "a partir de" é um ponto de partida real, o que é destacado pelo termo antropologia fundamental. Isso não significa que nós, psicanalistas, tenhamos partido daí. Partimos de uma experiência, essa experiência é a da *ratio cognoscendi*, a maneira de chegar ao conhecimento, enquanto a situação antropológica fundamental pode ser considerada — perdoem esse termo um pouco pedante — como a *ratio essendi*. Essa é uma conjectura a ser verificada, a ser falsificada eventualmente; ela é induzida a partir de nossas vias de abordagem, o que não implica que não possa ser corroborada na experiência. É uma conjectura histórica, que pode ser situada na história do indivíduo, de qualquer indivíduo "humano".

A teoria da sedução não é uma hipótese metafísica. Ao longo de todo o seu percurso em Freud, ela se baseia em fatos de observação. Volto rapidamente, contudo, à *ratio cognoscendi*, ou seja, a nossa via de abordagem psicanalítica: a experiência analítica, a experiência freudiana como a experiência de uma alteridade radical, com um registro duplo, experiência do inconsciente e experiência/invenção da situação analítica, isto é, experiência/invenção do tratamento psicanalítico.

Experiência do inconsciente no sonho, no sintoma, que destaca seu caráter de estranho. Nossa experiência do sonho é algo que nunca se esgota. Disso surgiu uma espécie de metapsicologia negativa (assim como se fala de teologia negativa) do inconsciente: sem tempo, sem coordenação, sem negação, enfim, atributos que mostram nossa dificuldade em apreender o inconsciente em si mesmo. O que dá conta do inconsciente é uma teoria do recalque, teoria estranha, já que nela, quando se lê bem os textos de Freud, a ida não é a volta. O recalque é uma perda que nunca será compensada num retorno total. É um pouco como se dizia antigamente que o comunismo era uma ida sem a passagem de volta, pois bem, o recalque é um pouco assim, uma ida sem a passagem de volta. O inconsciente não é um "antigo consciente", não é uma lembrança que se poderia esperar recuperar completamente; o inconsciente é algo que se soltou da experiência consciente, que escapou do domínio das lembranças ordenadas. O inconsciente não é uma lembrança, como os primeiros termos de Freud bem diziam: ele é uma "reminiscência", que é uma coisa bem diferente de uma lembrança.

Quanto à alteridade na situação analítica, é a invenção extraordinária de Freud, uma dissimetria da qual não inferimos ainda nem as razões de ser nem, talvez, todas as consequências. Ora, penso que a primeira teoria da sedução, a teoria freudiana da sedução, era talvez a mais bem adaptada possível (com os meios dos quais dispunha Freud) para dar conta dessa dupla alteridade. Havia uma conjunção extraordinária entre a alteridade descrita na situação de sedução e essa dupla alteridade da experiência do inconsciente em nós e da experiência da situação analítica. Esse golpe de mestre de Freud reconduz a alteridade do inconsciente e a alteridade na transferência para a alteridade da situação originária de sedução. Essa alteridade é uma dissimetria radical. Com os filósofos, permanecemos na relação adulto-adulto, um adulto frente a outro adulto e, na fenomenologia, sabe-se que nessa situação adulto-adulto, um é supostamente "reduzido", no sentido técnico do termo da fenomenologia, pela constituição do outro. Na pós-fenomenologia, como a de Lévinas, o outro é irredutível no face a face. Mas Lévinas não chega ao que constitui o irredutível, ou seja, ao inconsciente, inconsciente sexual, inconsciente sexual infantil.

O que constitui o irredutível? Qual é a hipótese de Freud com a sedução? Trata-se da assimetria adulto-*infans*, assimetria encontrada tanto em um dos textos principais, *A Etiologia da Histeria*, quanto bem mais tarde, nos textos de Ferenczi. É a assimetria do que Ferenczi chama de dois tipos de linguagem. A teoria da sedução é a hipótese mais bem adaptada à descoberta do inconsciente irredutível. Tentei dizer o quê, em Freud, faz dela uma teoria restrita, uma teoria da sedução restrita. Restrita porque ela se limita ao domínio da psicopatologia; para empregar uma fórmula rápida, "filha neurótica, pai perverso". Faltam a Freud diversos elementos para reformá-la, "generalizá-la", em vez de abandoná-la na famosa carta de 21 de setembro de 1897. O que lhe falta é, para ir além da noção de perversão psicopatológica, a noção de perversidade polimorfa, tal qual ele irá descrever posteriormente nos *Três ensaios*; o que lhe falta é a noção de comunicação precoce, a noção de mensagem; o que lhe falta, ainda que tenha esboçado isso mais de uma vez, é teorizar até o fim a noção de tradução como estando ligada ao recalque, ou melhor, do recalque ligado à tradução. Mas é ainda sobre outra coisa que insisto aqui. A sedução não é uma relação contingente, patológica — mesmo que possa sê-lo —, episódica. Ela se baseia na situação da qual o ser humano não pode escapar, que chamo de situação antropológica fundamental. Essa situação antropológica fundamental é a relação adulto-criança, adulto-*infans*: o *adulto*, que tem um inconsciente tal qual a psicanálise o descobriu, um inconsciente sexual, essencialmente feito de resíduos infantis, um inconsciente perverso no sentido dos *Três ensaios*; *a criança*, que não tem disposições sexuais genéticas, que não tem ativadores hormonais da sexualidade. A ideia de uma sexualidade infantil endógena foi duramente criticada, e não somente por mim: refiro-me a uma das melhores críticas que poderiam ter sido feitas a isso, a de Gérard Mendel[93]. O perigo maior é claramente passar de uma crítica da sexualidade infantil endógena a uma negação de toda a sexualidade infantil. A sexualidade infantil é o que é mais facilmente recusado, como sabemos, e Freud fez desse ponto uma de suas características: o fato de o adulto não querer vê-la... seria por que ela vem dele?

Como situar aqui as contribuições da psicologia moderna da primeira infância? Há, de fato, muito a ser acrescentado, graças à observação recente. Há o desenvolvimento considerável do que Freud chamava, outrora, de *autoconservação*, que ele, aliás, esqueceu um pouco em seguida, em sua segunda teoria das pulsões e que, contudo, esforço-me para colocar novamente em pauta, ainda que de uma maneira muito mais ampliada. Ora, a autoconservação retorna a nós com o apego e com todos os desenvolvimentos e todas as observações em torno desse

---

[93] Mendel G., *La psychanalyse revisitée*, Paris, La Découverte, 1988.

tema. Em uma base genética evidente, instintual, desenvolve-se muito cedo, até mesmo imediatamente, um diálogo, uma comunicação adulto-*infans*. A antiga teoria da "simbiose" (um estado do qual se sairia não se sabe como) se dissipa graças à observação das relações precoces organizadas, diferenciadas, imediatamente recíprocas, em que o "não eu" é de imediato diferenciado dos pertencimentos pessoais. Mas o que falta à teoria e às observações do apego é a consideração da dissimetria no plano inconsciente. O que falta, em todas as observações e nos melhores observadores, ainda que às vezes façam alusão a isso sem irem muito além da intenção — penso em observadores como Roiphe e Galenson[94], por exemplo, ou ainda Martin Dornes[95] —, é insistir no fato de que o diálogo adulto-*infans*, por mais recíproco que seja, é, contudo, imediatamente parasitado por outra coisa. A mensagem é perturbada. Há, pelo lado do adulto, em sentido unilateral, intervenção do inconsciente. Eu diria, até mesmo, do inconsciente *infantil* do adulto, na medida em que a situação adulto-*infans* é uma situação que reativa essas pulsões inconscientes infantis.

Para reforçar as coisas, direi o seguinte: por que falar do adulto e de situação antropológica fundamental? Por que não falar de situação familiar, ou mesmo edípica fundamental? É que a relação adulto-*infans* me parece ultrapassar, em sua generalidade, em sua universalidade, a relação pais-criança. Pode haver situação antropológica fundamental entre uma criança sem família e um meio de criação absolutamente não familiar. Fiz, outrora, o projeto de escrever um pequeno volume que seria intitulado: "Un clone sur le divan" [Um clone no divã]: um clone, oriundo de um laboratório extremo-oriental qualquer, vinha procurar sucessivamente alguns especialistas que o tratavam como um "crime contra a humanidade" encarnado; ele vinha procurar o professor Freud que dizia (isto é uma citação): "Vocês afirmam não ter complexo de Édipo, mas vocês não têm um pai e uma mãe?". Contudo, esse clone era um ser humano que podia ser analisado no divã porque não tinha escapado, como qualquer outra pessoa, da situação antropológica funda-

---

[94] Roiphe; Galenson, *La naissance de l'identité sexuelle*, Paris, PUF, 1987.

[95] Dornes M., *Psychanalyse et psychologie du premier âge*, Paris, PUF, 2002.

mental, isto é, dessa relação ao mesmo tempo de apego e de sexualidade unilateral que é característica de qualquer criação humana, incluindo-se a criação do clone. Isso era uma fantasia; mas, quem sabe, isso pode acontecer um dia! Não venham dizer que eu desejo que aconteça!

Nessa situação antropológica fundamental, os termos importantes são "comunicação" e "mensagem" — com uma ideia sobre a qual eu gostaria de insistir: não falo de mensagem inconsciente; qualquer mensagem, para mim, é uma mensagem que se produz no plano consciente-pré-consciente; quando falo de mensagem enigmática, falo de mensagem comprometida pelo inconsciente; nunca há mensagem inconsciente em estado puro. Portanto, caráter comprometido da mensagem, e isso, em um único sentido no início, mesmo que a reciprocidade se estabeleça muito rápido, também no plano sexual. O que conta, enfim, nessa situação, é o que faz o receptor com essa mensagem, isto é, precisamente, a tentativa de tradução e o necessário fracasso da tradução.

E gostaria de acrescentar aqui três observações preliminares: Para começar, a questão da **opção biológica.** A teoria da sedução generalizada e a situação antropológica fundamental não são absolutamente um posicionamento contra a biologia. Para mim, qualquer processo humano é indissociavelmente biológico e psíquico. Mesmo o raciocínio matemático mais abstrato não pode ser concebido sem correlativo corporal neurobiológico. Quando Freud abandona a teoria da sedução na célebre carta, ele não diz "eu retorno ao biológico", mas "retorno ao inato, ao hereditário". Posso lhes dar a citação exata deste pequeno texto: "E, com isso [com o abandono da teoria da sedução], o fator de uma disposição hereditária recupera uma esfera de influência da qual eu me incumbira de excluí-lo — com a intenção de elucidar amplamente a neurose"[96]. Ele não diz de maneira nenhuma: o fator biológico reconquista o que lhe é devido, pois ele não tem que reconquistar o que quer que seja. O biológico permanece sempre presente como a outra face do psicológico. Essa reconquista pelo hereditário que

---

[96] N.T.: Em português, ver *Carta de Freud a Fliess*, Edição Standard, vol. 1, p. 351.

Freud anuncia, o retorno do fator hereditário, percorre toda a história do freudismo em algumas etapas, das quais quero mencionar apenas três: *As fantasias originárias, Totem e tabu* e *Moisés e o monoteísmo.*

Voltando ao biológico, este pode ser tanto adquirido quanto inato. É, portanto, a primazia do hereditário que contesto, no que diz respeito à sexualidade infantil. Digo, de fato, *sexualidade* e *infantil*, querendo dizer com isso que há certamente hereditário e inato no que não é sexual, e também na sexualidade que não é infantil. Há, em minha opinião, uma diferença fundamental entre a pulsão sexual da infância e o que ressurge no momento da adolescência, isto é, o surgimento, efetivamente, do instinto sexual. O instinto sexual alcança então a pulsão, que se desenvolveu durante muitos anos, e, entre os dois, há um grave problema de coerência, coesão e, acima de tudo, de conteúdo.

O segundo ponto sobre o qual posso dar algumas indicações e que me parece absolutamente importante é a questão do **après-coup**. O *après-coup*, desde que Freud o enunciou, desde que Lacan destacou o termo sem fazer dele uma teoria de fato, fez incontestavelmente sucesso. Ele é invocado a todo momento agora, mas parece irremediavelmente destinado, no pensamento contemporâneo, inclusive no pensamento psicanalítico, mas mais ainda em toda uma filosofia em torno do pensamento psicanalítico, à interpretação hermenêutica. Em outras palavras, o *après-coup* é interpretado sistematicamente como uma atribuição retroativa de sentido. Essa interpretação do *après-coup* parece prevalecer há décadas; podemos citar o nome de Spence, assim como o de Viderman, seu discípulo mais eloquente na França; mesmo que Viderman não coloque sua teoria sob a bandeira do *après-coup*, a ideia é justamente a de uma atribuição retroativa de sentido. Como Freud dá abertura para essa interpretação puramente retroativa do *après-coup*? Gosto de citar a curta passagem que Freud apresenta como uma história ilustrativa da noção de *Nachträgichkeit*. Cito-a novamente:

> No seio da mulher são encontrados o amor e a fome. Um rapaz — conta a história — que se tornara um grande adorador da beleza das mulheres, exclamou certo dia em que a conver-

sa era sobre a bela ama de leite que o havia alimentado quando bebê: 'é uma pena não ter aproveitado essa bela ocasião!'. Acostumei-me a utilizar esse episódio para ilustrar o fator do *après-coup* no mecanismo das psiconeuroses.

Como, então, Freud dá abertura a uma interpretação puramente retroativa ou, ao contrário, a uma interpretação puramente progressiva do *après-coup*? Nesse episódio, ele nos apresenta, como em uma espécie de imagem compósita, o mesmo sujeito sucessivamente *infans* e jovem. É, sem dúvida, ele que vê a si mesmo retrospectivamente, preso ao seio da ama de leite. A partir daí, estamos presos a uma "one-body psychology", ou seja, a uma psicologia com um único protagonista. O único protagonista é o sujeito X, seja *infans*, seja adulto. *Infans*, dirão alguns, ele já tinha uma sexualidade oral que se desenvolveu posteriormente na sua juventude. Não, dirão outros, é como adolescente ou como jovem que ele fantasia de maneira puramente retroativa o prazer sexual que poderia ter tido no seio da ama de leite. Temos, portanto, duas interpretações possíveis. Primeiramente, a que prevalecia outrora na tradução de Strachey, com a ideia de *deferred action* — a ação diferida é efetivamente algo que se encontra em estado latente na criança para, em seguida, se desenvolver no adulto. E, também, a interpretação moderna, ou mesmo pós-moderna, que é completamente oposta, por uma inversão da flecha do tempo: é o adulto que reinterpreta *a posteriori* [*après-coup*] uma vivência infantil. Quer ele o faça sozinho ou com auxílio do analista, aliás, pouco importa. Trata-se, pois, da "atribuição retroativa", em última análise, próxima do "retrofantasiar" pregado por Jung e contra o qual Freud teve muita dificuldade para lutar; é uma interpretação puramente retroativa da fantasia, como ele a discute longamente no caso do Homem dos Lobos.

O que a teoria da sedução traz para essa imagem, ainda que tão bem inventada por Freud, para esse episódio ilustrativo do *après-coup*? O que ela traz, ao lado da sucessão unilinear criança-adulto (que estamos condenados a percorrer ou num sentido ou no outro: seja no sentido da flecha do tempo, seja no sentido inverso), é a presença do outro do sujeito. Isto é, simplesmente, o que é completamente esquecido no exemplo de

Freud, a presença da *ama de leite*; ou seja, a presença do outro da criança, que é em seguida o outro do jovem. A partir de então, não estamos mais diante de uma sequência que faria fatos puros desprovidos de sentido se sucederem, fatos infantis a serem interpretados posteriormente. O que deve ser interpretado pelo jovem não é o fato puro, nem mesmo um puro traumático: *já é mensagem* aguardando tradução, já é a mensagem da ama de leite ao bebê. Além disso, antes desse *"après-coup"*, que se situa no longo período que separa o jovem da criança pequena, já há uma espécie de *après-coup* na quase simultaneidade entre o outro adulto e a criança que registra e, depois, traduz a mensagem. Penso que essa concepção do *après-coup* que, no fim das contas, foi pouco compreendida, é absolutamente importante para sair desse dilema da flecha do tempo ao qual estamos presos, ao qual os hermeneutas, e mesmo um filósofo da história como Raymond Aron, estariam presos. Só saímos dessa visão unilateral da flecha do tempo ao fazer intervir o outro e a mensagem do outro. O que é interpretado já é portador de sentido, nunca é fato puro.

Meu terceiro ponto é, de certa maneira, **a reabilitação da observação da infância**. A riqueza das observações nos psicólogos modernos já está bem estabelecida, e ela é enorme. Cabe a nós saber se eles são capazes de extrair toda a sua quinta-essência. Pode-se dizer que há uma ausência evidente, tanto nos que propõem essas observações, quanto nos que as criticam, que é, precisamente, a pouca consideração, ou mesmo a total falta de consideração, da situação antropológica fundamental; isto é, a intervenção da sexualidade do adulto e, primeiramente, de sua sexualidade infantil inconsciente, colocada em estado de alerta pela relação com a criança. Podemos tomar como exemplo o livro muito interessante de Roiphe e Galenson sobre o "nascimento da identidade sexual", publicado em 1987, que relata observações habilmente descritas, mas que, contudo, não leva em conta ou apenas leva em conta em última análise, no final, numa espécie de remorso, a sexualidade adulta na situação. Eles têm de admitir, no fim, que seria indispensável fazer o inconsciente dos pais intervir na própria observação.

Estou convencido de que esses três pontos, *hereditariedade e/ou biologia, après-coup, a criança para a psicanálise,* poderão alimentar muito a discussão. Eu não gostaria, entretanto, de me restringir a isso sem fazer alusão a tentativas de progresso mais recentes. O essencial da teoria da sedução generalizada e da situação antropológica fundamental é uma troca de mensagens no plano consciente-pré-consciente, parasitadas, por parte do adulto, por seu inconsciente. E é, por outro lado, a tentativa de tradução imperfeita pelo receptor, tentativa que leva a recalcar uma parte da mensagem. Ora, o código consciente-pré-consciente ao qual me referi principalmente até aqui é o código, ao mesmo tempo inato e adquirido, do apego: digamos, os cuidados dispensados à criança pelo adulto, tomando esses cuidados no sentido mais amplo.

Porém, há outros códigos e outras mensagens. E o problema ao qual me detive durante alguns anos em um Seminário, e que gerou um texto que espero ver publicado em breve, é **o do gênero e da escolha do gênero**. Em outras palavras, considero a "identidade de gênero" como sendo, inicialmente, uma mensagem. O problema é o nascimento da identidade de gênero. Por que utilizar a noção de gênero? Certamente, é preciso utilizá-la desde que ela não apague nem o sexo nem a sexualidade. Ora, a noção de gênero está presente em Freud, em minha opinião, de maneira evidente, ainda que rara, sob a oposição dos termos masculinidade-feminilidade. Uma oposição que ele diz não corresponder nem a ativo-passivo nem a fálico-castrado. O gênero, em Freud, está presente nas duas pontas da cadeia da existência. Ele está presente, diz ele, no final, já que masculinidade e feminilidade são duas sínteses complexas feitas de elementos psicológicos, biológicos e sociológicos; mas o gênero está presente, também, no início, se nos lembrarmos da famosa parábola que Freud nos propõe a propósito das teorias sexuais infantis: um viajante de Sirius, chegando à Terra, ficaria impressionado com um certo número de enigmas e, entre eles, o enigma maior que encontraria seria o da separação da espécie humana em duas (ele não diz "gêneros": o alemão não dispõe desse termo, mas, no fim das contas, é de fato do gênero que se trata e não do sexo); resumindo, o viajante de Sirius vê *habitus* e não diferencia necessariamente de imediato os órgãos genitais. Os seres humanos estão separados em dois gêneros por muitas outras coisas além de seus órgãos genitais[97].

Em minha opinião, convém ter em mente uma espécie de tríade entre os termos *gênero, sexo* (que remete à categoria do sexuado, o que Freud chama de par fálico-castrado) e, enfim, o sexual ou o que, por uma pequena provocação, gosto de chamar de *Sexual*, isto é, a sexualidade ampliada, essencialmente baseada no infantil.

Em que pode a teoria da sedução generalizada ajudar aqui? É que o gênero é primeiramente uma mensagem, primeiramente uma designação (veremos: enigmática), uma designação *no social*, no sentido mais geral do termo, pelo *socius,* isto é, por um próximo, um genitor, um amigo ou um grupo de pessoas: "tu, Henrique, tu és um garoto"; mas, frequentemente, há outras modalidades. Se dissermos: "tu, Ariel, tu és um garoto", já é mais difícil, pois o próprio nome é mais ambíguo. Vi outro dia na televisão, com assombro, que alguém se vangloriava de ter chamado seu filho de Orphée. "Mas — acrescentava contente essa pessoa — é uma menina e eu a chamei de Orphée!"[98]. Sintoma, ou mesmo perversão extraordinária dos pais!

De qualquer forma, a designação vem do outro, e isso me parece poder colocar em questão a famosa "identificação primária" de Freud, identificação primária da qual ele nos diz, inicialmente, que é "com o pai da pré-história individual", para modificar em seguida a afirmação para "identificação com os pais", pois, nessa época, a distinção masculino-feminino ainda não existe. Aqui, proponho inverter radicalmente a noção de identificação para propor o seguinte caminho: ela não é um "se identificar com", mas um "ser identificado por". Assim, o sujeito *é identificado,* pela designação, a um certo gênero. Essa *identificação por* seria certamente uma contribuição para a questão do ideal do eu.

Todos os observadores, Stoller primeiramente, insistiram no caráter pregnante da designação do gênero qualquer que ela

---

[97] "Masculino ou feminino é a primeira diferenciação que fazemos quando encontramos um outro ser humano, e estamos habituados a fazer essa diferenciação com uma certeza sem hesitação [...] o que faz a masculinidade e a feminilidade é uma característica desconhecida, que a anatomia não consegue apreender", Freud, "Nouvelle suite des leçons, XXXIII, La féminité", *OCFP*, XIX, p. 196-197 [nossa tradução].

[98] N.T.: Orphée remete à divindade Orfeu, mas *-ée* é geralmente terminação de vocábulos femininos em francês.

seja, mesmo que divirja profundamente da anatomia e da fisiologia. Porém, o que quero acrescentar é que essa identificação não é somente pregnante, mas é, ao mesmo tempo, *enigmática*. Mostrei o caso particular dos nomes próprios, mas é evidente que qualquer designação comporta, com ela, o desejo inconsciente dos pais, os desejos mais excêntricos e mais inacreditáveis que entram em contradição com a designação manifesta. Em outros termos, a linguagem do gênero está comprometida pelo sexuado e, mais ainda, pelo sexual infantil dos pais e, de modo geral, dos adultos.

A alteridade encontra-se, então, no centro da designação do gênero e se concretiza não em diferença, isto é, em dois termos que excluem um terceiro, mas em diversidade. O gênero é, por direito, múltiplo: "por que há dois gêneros, por que não há N gêneros?", é o que poderia ter se perguntado o viajante vindo de Sirius. O azul e o rosa, essas duas cores emblemáticas do menino e da menina, são duas cores diversas e não opostas; por que não, então, três ou quatro gêneros, com o verde e o amarelo? Por que não também o "gênero errado"[99]?

Ora, a criança deve dominar, reduzir a diversidade. Isso é o que chamei de *lógica fálica*, que Jacques André resume da melhor forma possível na seguinte frase: "a primazia do falo é o pilar de uma síntese e não a última palavra da análise, uma síntese que a criança, em sua teoria sexual, efetua bem antes do psicanalista". Reduzir o diverso à mesma coisa ou, em todo caso, ao mais/menos, é a função da reação de castração, "reação de castração precoce". Citei anteriormente Roiphe e Galenson, cujas observações são interessantes no sentido de que tendem a dissociar essa reação de castração do complexo de Édipo ao considerá-la mais precoce que este. A reação de castração precoce é uma reação à diversidade pela diferença e uma resposta à diferença pela teoria da castração.

Antropologicamente, eu gostaria ainda de insistir nisto: disse-se que há o "rochedo biológico", e algumas formulações freudianas realmente deixam entender isso. Na verdade,

---

[99] N.T.: No original, *mauvais genre*. Possivelmente, o autor faz um jogo de palavras entre *bon genre/mauvais genre* a partir da expressão idiomática *bon chic bon genre*, que designa alguém que "tem boas maneiras" ou "se comporta de maneira certa".

é preciso dizer "rochedo anatômico". O complexo de castração se baseia em uma anatomia perceptiva e, além disso, ilusória, própria à essência da espécie humana; a partir da aquisição da posição ereta, apenas um dos sexos passa a poder ser percebido. O rochedo biológico é um rochedo anatômico. "O destino é a anatomia", diz Freud, e essa é uma anatomia absolutamente contingente e ilusória ligada à evolução do animal humano. O que quer que seja, essa *diferença anatômica* fornece uma espécie de código de tradução, o mais elementar e o mais limitador: ou fálico/ou castrado. Há aí a origem contingente de algo que vai tomar uma dimensão extraordinária na civilização moderna: o crescimento do "digital". Não é nenhuma surpresa que a tradução, tão rígida e mínima, em presença/ausência, deixa escapar quase tudo, deixa escapar o Sexual, o sexual infantil.

O sexual infantil, para terminar, é o cerne do inconsciente. É o irredutível da alteridade constituído nesse mesmo movimento de domesticação da alteridade e no fracasso dessa domesticação pela diferença e pela lógica fálica. Para reforçar ainda mais as coisas, o gênero vai ser domesticado, simbolizado por esse código hipersimplificado: presença/ausência, fálico/castrado, o 1/0 dos computadores. É provavelmente em função da própria rigidez do par fálico-castrado que vai escapar da simbolização o essencial do "sexual" infantil, esse sexual infantil que é objeto de nossa experiência psicanalítica.

VI

Os fracassos da tradução

* Pronunciado na Association des Psychiatres Français, em 21 de janeiro de 2002, publicado *em* "Les conférences de Lamoignon: Le langage-1", *Psychiatrie française*, vol. XXXIII, 3-4/02.

Yves Manela: Agradeço ao professor Laplanche por ter vindo à Biblioteca de Lamoignon, onde estamos muito honrados de recebê-lo.

Jean Laplanche: Obrigado. Teremos mais um bate-papo que uma conferência. *O homem que fala,* você diz, para introduzir essa série: seria possível dizer, também, *o homem que comunica,* o que é um pouco diferente, pois há, no homem, modos de comunicação regidos por códigos, não somente verbais, mas profundamente influenciados de maneira retroativa pela língua falada. Quero dizer que o código mãe/criança ou, de modo mais geral, os códigos não verbais adulto/criança não podem ser comparados aos códigos entre um animal e seu filhote, já que o adulto humano fala. Há, então, outras comunicações além das verbais, como retomaremos ao longo do que vou tentar lhes dizer.

Escolhi a tradução como tema de hoje, ou melhor, seus fracassos. É preciso discriminar esses fracassos ou dificuldades. Tenho muitas reservas em relação à ideia de um fracasso geral, quase metafísico, da tradução. Escolhi esse tema porque ele está no horizonte de duas das minhas principais atividades atuais: a tradução de Freud e uma elaboração metapsicológica já antiga que se explicita nos termos de "teoria tradutiva do inconsciente". Para preparar esse bate-papo, reli o artigo de Jakobson, "Aspectos linguísticos da tradução", artigo útil, ainda que contestável e passível de melhorias. Retomo, modificando-as, as três formas de tradução que ele distingue:

1. A tradução *intralinguística,* da qual geralmente se faz pouco caso, isto é, a reformulação ou a paráfrase dentro de uma mesma língua.

2. A tradução *interlinguística*, isto é, a tradução que utilizamos quando traduzimos Freud, por exemplo, para o francês, portanto, de uma linguagem verbal a outra.

3. A tradução *intersemiótica*, interpretação por passagem de um sistema não linguístico a um sistema linguístico, mas por que não imaginar também uma tradução intersemiótica que iria de um sistema semiótico a um outro sistema semiótico.

É importante, portanto, a introdução por Jakobson, como Saussure, dos termos "sistema não linguístico" e "sistema semiótico", englobando os sistemas linguísticos e também linguagens não verbais. Em seguida, é possível ampliar as categorias de Jakobson que acabo de lembrar dizendo que a tradução que ele chama de intralinguística, portanto, a reformulação, poderia, em última análise, estar compreendida dentro de um sistema semiótico não verbal. Poderia haver aí uma reformulação dentro de um código não verbal; logo, a introdução intralinguística não seria somente intralinguística, mas, eventualmente, intrassemiótica. Isso será esclarecido no meu segundo e terceiro pontos.

Anuncio então três pontos do meu desenvolvimento:

1. Algumas considerações de um tradutor interlinguístico.
2. Legitimidade do conceito de tradução em metapsicologia.
3. Os fracassos da tradução como conceito metapsicológico.

1. Minhas considerações de tradutor interlinguístico serão confidências, confissões como tradutor de Freud. Direi de imediato que não sou um tradutor infeliz. Não me queixo todos os dias pelo fracasso ou pela dificuldade da tradução. Sou, talvez, um tradutor masoquista, mas sabemos que é possível ser um masoquista feliz. Dediquei-me a Freud, então, como alguns de vocês já sabem, pelo menos duas tardes por semana em sessões de revisão árduas, em discussões nas quais os benefícios primários e secundários são absolutamente enormes. Por outro lado, "masoquismo", no sentido de que, com meus companheiros, sou atingido, senão atormentado, pelo sarcasmo daqueles que, em geral, ignoram completamente o alemão e, em todo caso, ignoram completamente Freud, o que é diferente. Uma ignorância não impede a outra. A regra é responder somente às

críticas inteligentes, que conhecem a questão e consideram que o projeto mereça uma discussão franca e preparada. Não sou um tradutor infeliz, isto é, precisamente centrado no fracasso. Não repito à exaustão a bela expressão lembrada por Freud, agora um pouco batida: *traduttore, traditore*, ela mesmo uma expressão intraduzível, mas que pode, contudo, ser transposta de maneira intralinguística, isto é, ser parafraseada e comentada. Não acho que o comentário deixaria necessariamente de fora alguma coisa dessa expressão além do trocadilho.

Não sou um tradutor infeliz no sentido de pensar que, para uma passagem difícil há, assimptoticamente, em 99% ou 99,9% a melhor tradução possível. Medir o possível ou o impossível mais que ruminar o fracasso. Sem recorrer ao que disse Wittgenstein: "sobre aquilo de que não se pode falar, deve-se calar", é possível, contudo, imaginar algo como "sobre aquilo que não se pode traduzir... (em vez de "não se deve traduzir", é preciso dizer por quê)". Portanto, já dizer por que não é possível traduzir me parece muito importante. É preciso, então, determinar por que em certo ponto deparamo-nos com um problema de tradução. É possível ir dos exemplos mais evidentes aos mais duvidosos ou, se desejarem, do impossível ao fracasso. Afinal de contas, não podemos tomar um banho de mar em Paris, não podemos transportar as cidades para o campo: isso é absurdo e impossível, não é um fracasso.

O que é impossível traduzir precisa, então, ser delimitado. E, inicialmente, é preciso destacar que somente o que é dito pode ser traduzido, e não uma linguagem. Um exemplo muito bobo: não é possível traduzir um dicionário. Tudo o que é da própria trama da língua é intraduzível. Pode apenas ser transportado tal qual. O que dizer de uma gramática, comparando-se com um dicionário? Em uma gramática, o discurso metalinguístico é facilmente traduzível; a língua, como objeto, não é. Eis uma frase que inventei, mas que seria possível encontrar em qualquer gramática alemã: "Unsere Sprache hat ein Neutrum, 'Madchen' zum Beispiel ist ein Neutrum", que se traduziria por: "Nossa língua tem um neutro, 'moça', por exemplo, é um neutro". Evidentemente, o que introduz o absurdo, são as palavras "nossa língua" (Qual língua? Somos leitores franceses dessa gramática); é preciso, então, detalhar: "nossa língua alemã tem um neutro"; e, além disso, é absurdo colocar *moça* no neutro: é preciso, então, escrever "Mädchen", e entre aspas. Não vejo aí nenhum fracasso da tradução, mas simplesmente um de seus limites.

Eis agora uma passagem célebre de Freud, comentada recentemente por Janine Altounian. Em *Luto e melancolia*, trata-se de mostrar que as autoacusações do melancólico são acusações feitas, na realidade, contra outra pessoa. Freud dedica uma longa passagem clínica à descrição das queixas do melancólico para mostrar que, na realidade, elas se dirigem, por exemplo, ao cônjuge, e ele termina (peço desculpas pelo alemão, é um alemão simples): "Seine Klagen sind Anklagen", o que significa que essas queixas são "Anklagen", isto é, queixas formuladas a alguém, feitas contra alguém. Essa diferença é encontrada entre o verbo simples e o verbo com o prefixo *an* em outra distinção que observavamos geralmente com escrúpulos quando traduzimos Freud: é a diferença entre *Drohung* (ameaça) e *Androhung* (ameaça proferida, ameaça formulada). Por exemplo, para a ameaça de castração, é evidente que quando ela é proferida — na ideologia freudiana, pelo pai — é uma "Androhung". Retomo meu exemplo "Seine Klagen sind Anklagen". Essa é uma tradução que eu tinha encontrado há muito tempo e que adotamos novamente para as *Œuvres complètes*: "Suas queixas são queixas prestadas contra". O que, afinal, não é uma tradução tão ruim, pois ela restitui bem o sentido direcional de *an*: *prestar queixa* e não o simples fato de *queixar-se*. Essas queixas são, portanto, queixas prestadas contra. Acontece que Freud acrescenta, entre parênteses, acredito, "no sentido antigo da palavra", isto é, ele se refere à palavra arcaica "Anklagen", um pouco ultrapassada. Trata-se, portanto, de uma observação metalinguística. É evidente que essa observação "no sentido antigo da palavra" não vale para nossa tradução: "plainte portée contre" ["queixa prestada contra"] não é um arcaísmo em francês, assim como *jeune fille* [*moça*] não é um neutro em francês. É preciso, então, ou não traduzir a observação de Freud, ou completar essa observação, que é metalinguística, escrevendo algo como: "no sentido antigo da palavra alemã *Anklagen*". No fim das contas, não dou muita importância a isso. Não considero isso um fracasso, eu delimito e contorno uma impossibilidade. Abrindo parênteses — e essa é uma discussão que prossegue, especialmente com Janine Altounian —, penso que as fórmulas aforísticas de Freud não podem ser consideradas como prova de que ele partiria do significante para chegar ao significado. Tomo o famosíssimo exemplo de Lacan: *les noms du père* / *"les non-dupes errent"*[100]. Lacan começa a divagar em torno desse jogo de palavras. Em outro momento, ele se baseia nas palavras *une-bévue*, em que há um jogo de palavras de ida e volta entre o alemão e o francês, já que *une-bévue* [um-equívoco] é o *"un-bewusst"*, isto é, o inconsciente. Lacan quer se deixar guiar pelo significante e mesmo pela forma puramente fônica do trocadilho. Por exemplo, ele não se interessa nem um pouco pela etimologia. É evidente que, em *une-bévue* ou *les non-dupes errent*, não há nenhuma referência etimológica, diferentemente do que encontramos em Freud: quando se refere à linguagem, ele se refere ao próprio tecido etimológico. Logo, Freud está sempre ancorado na língua, ou até mesmo na etimologia. Além disso, Freud parte apenas raramente do *uso único da língua*, "Sprachgebrauch". Ele se baseia nisso às vezes, mas, com maior frequência, suas fórmulas aforísticas são acompanhadas por um longo desenvolvimento de conteúdo, como o longo desenvolvimento clínico sobre as queixas do melancólico, como vimos há pouco. O caso-limite é evidente, a fórmula central de toda a obra freudiana, sobre a qual não discorrerei: "Wo Es war, soll Ich werden". Páginas inteiras foram dedicadas a essa frase. Ora, é essencial não esquecermos que *Ich* e *Es* não são termos desconhecidos criados somente para essa expressão; eles são termos que aparecem em textos inteiros de Freud e que são demoradamente comentados por ele. É certamente possível se deixar levar pela língua e isolar essa frase de todo o contexto da obra. Foi o que fizeram diversos autores. Não se pode, contudo, fazer tudo o que se quiser, precisamente por que Freud não faz o que bem entende de *das Ich* e de *das Es*, especialmente no texto em que ele introduz essa expressão. Em todo caso, esse é um caso-limite no qual se pode, em minha opinião, de maneira bastante perigosa, aventurar-se além do que Freud

---

[100] N. T.: *les noms du père* = os nomes do pai; *les non-dupes errent* = os não tolos vagueiam. Lacan cria um jogo de palavras com a pronúncia idêntica dessas duas expressões.

diz; é, por exemplo, o que fez Lacan, ao tentar tirar disso uma espécie de filosofia do "sujeito" *(das Ich* = Eu) que, a meu ver, é profundamente estranha ao pensamento de Freud. Mas, afinal, tem-se o direito de tentar.

Caso-limite, como eu disse, entre dois extremos. Esses dois extremos são, para mim, a obra poética, de um lado, e a obra de pensamento, do outro. Dizer que uma está centrada no significante e a outra no significado é absolutamente insuficiente, senão errado. Por exemplo, qual é a poesia que não gostaria de comunicar algo? E, por outro lado, qual é a obra de pensamento que, em um momento ou outro, não se baseia no significante? A questão é somente saber de que maneira ela se baseia nele. Gosto muito, nesse sentido, da metáfora do *habitar, habitar* no sentido em que Hölderlin disse que habitamos de maneira poética esse mundo. De qualquer forma, eu diria que um autor do pensamento habita sua língua. Ele faz dela sua morada, e, nessa morada — mantenho a metáfora de maneira trivial, espacial —, ele habita preferencialmente algumas peças, percorre preferencialmente alguns corredores, privilegia o fato de que tal peça é dividida em dois subconjuntos ou que outras foram reunidas em uma grande sala. Em resumo, ele constitui dentro dessa morada seu próprio código, seu próprio dialeto. Da obra de poesia, em compensação, eu não diria que é absolutamente coextensiva à língua, mas ela tende a sê-lo. O poeta é habitado por ela. Por definição, então, quanto mais poética, mais a poesia é intraduzível. Mas, mais uma vez, há diversos intraduzíveis: o dicionário, que citamos anteriormente; alguns tipos de chistes, o que Freud chama de "chiste de palavra" em comparação ao "chiste de pensamento", etc.

Eu poderia contar mil histórias do livro de Freud sobre o *chiste,* que são chistes de *pensamento,* perfeitamente traduzíveis e que fazem o público rir, seja ele francês ou alemão. Mas o chiste de palavra, por sua vez, é intraduzível, e todas as traduções que tentam justamente transpor os *chistes de palavra alemães* em *chistes de palavra franceses* obtêm, em minha opinião, resultados sofríveis. Mas é perfeitamente possível comentar o *chiste de palavra.* Aliás, é preciso acrescentar que um *chiste de palavra* puro é um trocadilho, no próprio sentido em que Victor Hugo tanto criticava, se não vier sustentar um chiste de pensamento.

Com a poesia, o caso é diferente. Nenhum comentário (diferentemente do *chiste de palavra)* pode dar conta do efeito poético que é coextensivo à própria língua. A tradução pode ser apenas uma alusão, um convite a ir buscar a poesia. Pensei nisso recentemente, assistindo a um belíssimo filme de Al Pacino que se chama *Ricardo III — Um ensaio*: o filme visita a obra *Ricardo III* de Shakespeare e acrescenta o personagem extraordinário do próprio Al Pacino, mais isso não é exatamente o problema. Eu pensava no papel da legendagem. Evidentemente, é um filme que tem valor apenas em inglês, mesmo que sejamos pouco fluentes nessa língua. Ora, o inglês nova-iorquino de Al Pacino e o inglês de Shakespeare fazem desse filme uma apresentação linguística muito saborosa. E a legenda, que é boa, ajuda a experimentar esse inglês extraordinário que é a língua de Shakespeare. Então, vá vê-lo. Mas há diferentes maneiras de dizer *Vá vê-lo.* Há, na pior das hipóteses, ainda que seja bem útil, o guia turístico; há, no melhor dos casos, o maravilhoso álbum de fotos. No melhor, pois, afinal, foi Malraux — já há muitos anos, com o que ele chama de "museu imaginário" — que iniciou e nos inculcou a ideia de que um esplêndido álbum de fotos bem tiradas, suntuosas, talvez fosse tão ou até mais interessante que o original. O que é melhor? Um belo álbum de fotos de Petra ou ir até lá, guiados por um guia turístico?

O apogeu do intraduzível na poesia, ao que me parece, são os famosos Haikais, aos quais a maior parte de nós tem acesso apenas pelo francês, por transposições que, aliás, são frequentemente muito belas; mas, no fim das contas, quem disse que essas transposições não são mais belas que o original? Tudo isso para destacar que não me queixo mais pela incomunicabilidade das línguas que pela incomunicabilidade das consciências. Dizem-me, às vezes, que, quando os termos *Weib* e *Frau* aparecem em alemão, estamos em pleno incomunicável, onde o mistério do feminino está inteiramente contido. Não acho que o mistério do feminino esteja contido na língua germânica nem, especialmente, na oposição de *Weib* e *Frau.* De maneira muito prosaica e um pouco astuciosa, trago ao meu interlocutor outras ocorrências em que é o inverso: *Weib* e *Frau,* duas palavras para uma única palavra francesa que é pobre (*la femme* [a mulher]), mas, em outros termos, é o contrário: a riqueza está do lado francês e a pobreza, do lado alemão. Se tomarmos *berühren* ou *Berührung,* há uma única palavra em alemão e, em francês, tem-se a diferença muito precisa entre *contact* [contato] e *toucher* [tato, tocar]. O *contact* não é o *toucher*, mas quando temos que traduzir a palavra alemã *Berührung,* somos continuamente forçados a optar, porque o alemão não conhece essa diferença que é, contudo, essencial.

Mesmo que as fronteiras sejam um pouco imprecisas, vamos então nos ater à diferença: como a poesia é habitada pela língua, sua mensagem tende a ser coextensiva à língua ("tende", evidentemente, porque há sempre, de qualquer maneira, mensagem). Por outro lado, a obra de pensamento habita sua língua. Freud, mesmo tendo uma familiaridade interna, íntima com seu palácio, ele o habita a sua maneira. Ele não deixa sua língua pensar por ele. Ele utiliza, organiza algumas peças, alguns percursos, deixa de lado outros. Para Freud, há conceitos explícitos que ele chama de termos técnicos, "unsere Termini", e há uma conceitualidade implícita que cabe ao tradutor atento revelar. Penso, por exemplo, no termo francês *étayage* [apoio] que, há muito tempo, fez surgir um conceito implícito no pensamento freudiano, o *Anlehnung.* Mas essa distinção dos conceitos explícitos e implícitos supõe que nem todo termo alemão, mesmo recorrente em Freud, "constitui" conceito. Há níveis de conceitualidade, há um "alemão freudiano", sobre o qual falei certa vez que era preciso traduzir em um "francês freudiano", e não em um francês germânico. Vejam que, com essa ideia de um "alemão freudiano", retornamos a algo ao qual eu fiz alusão anteriormente: um subcódigo, uma espécie de idioleto. Freud não deixa o alemão pensar por ele. Caso contrário, chegaríamos a uma tradução automática, a uma sacralização da língua, e a uma sacralização do texto.

Eu teria ainda, certamente, muito a dizer, pois isso foi abordado como me ocorreu no momento; eu poderia abordar a questão de mil outras maneiras que discuto com meus colegas há anos e que nos dão o privilégio, senão de sermos imortais, ao menos de recusarmos os fracassos há pelo menos dez anos: somos apoiados por Freud, nosso algoz, por mais algumas décadas, o que não é, no fim das contas, desagradável.

2. Meu segundo ponto é a metáfora ou a exportação do modelo da tradução, em que me refiro de certa maneira a Jakobson e Saussure para propor com eles duas extensões. Por um lado, a extensão do modelo da linguagem a outros sistemas de comunicação, a ideia de sistema *semiótico* maior que o sistema *linguístico*; e, por outro lado, a extensão do modelo da tradução dentro de um mesmo sistema semiótico, ou interlinguístico, até mesmo intrassemiótico. Se observarmos bem, isso implica subcódigos, idioletos, e vemos que chegamos, de certa maneira, à ideia do "freudiano" como idioleto na língua alemã. Jakobson diz algumas palavras, no início desse artigo, que podem parecer realmente chocantes: "basta, para compreender a palavra *queijo,* saber que significa *alimento obtido pela fermentação de leite coalhado*" [risos...]. Em todo caso, esse é um exemplo de tradução intralinguística do qual deixo para ele a responsabilidade [risos...]. Aqui, o idioleto seria a linguagem técnica, para não dizer científica. Por outro lado, é interessante observar nessa coletânea, *Ensaios de linguística geral,* que o primeiro artigo é intitulado *A linguagem comum dos linguistas e dos antropólogos.* Vemos, nesse título, como a noção da linguagem está deslocada. Não se trata de uma das línguas: alemã, francesa, polonesa, etc., mas, de uma espécie de idioleto possível, comum às duas espécies de especialistas. Para ir além, então, é preciso conjugar a ideia de sistemas de comunicação (incluindo-se não linguísticos: semióticos) e a possibilidade de tradução dentro de um mesmo tipo de comunicação, portanto, a ideia de subsistemas também no nível semiótico. Afinal, temos em psicanálise certo número de indicações nesse sentido. Freud foi muito citado por falar, em algum momento, da "linguagem da pulsão oral". A célebre *Carta 52,* na qual ele levanta a hipótese de um sistema de inscrições sucessivas e na qual tenta definir precisamente o que define cada um desses sistemas, uns por associação simultânea, outros por associação racional, etc. Com essa ideia de inscrições sucessivas, Freud faz, então, um uso ampliado da noção de sistema e aqui, particularmente, de sistema de signos não verbais. Trata-se de modos de organização sucessivos dos signos, o que designei anteriormente como idioletos.

Um texto ao qual é bom retornar de vez em quando é o artigo de Ferenczi sobre a "confusão de línguas entre os adultos e a criança". O conteúdo é, às vezes, um pouco decepcionante, mas o título por si só deveria nos alertar, se queremos destacar bem que não se trata de confusão das línguas entre os pais e os filhos. O complexo de Édipo é completamente rejeitado, substituído pela relação fundamental dos adultos e da criança. Trata-se dos adultos porque os adultos têm outra vida pulsional, uma "língua" diferente daquela da criança. Compreende-se, então, por que Freud, só de ver esse título, *As línguas da criança e do adulto,* tenha desejado colocar esse artigo para debaixo do tapete. Certamente, há também certa imprecisão do próprio artigo e eu diria mesmo que, em vez da noção de confusão, a noção de tradução me parece dar um passo decisivo.

Perguntaram-me com frequência: "Por que você fala de tradução e não de interpretação?". Respondi algumas vezes a essa objeção, que me fizeram ainda recentemente. É porque a interpretação me parece centrada, por aquele que interpreta, sobre um objeto. É possível interpretar da mesma maneira um fenômeno natural; ou, ainda, é possível interpretar um texto, mas sem se referir ao fato de que esse texto traz uma mensagem. Direi que essa é a própria deriva da hermenêutica ao longo dos séculos. Com os séculos 18 e 19, a hermenêutica tornou-se uma hermenêutica dos fenômenos humanos, portanto, uma metodologia das ciências humanas. Se voltarmos no tempo, ela foi durante um longo período uma hermenêutica dos textos, mas originalmente ela era uma *hermenêutica da mensagem.* A hermenêutica da mensagem, diferentemente da hermenêutica dos fenômenos humanos ou mesmo dos textos, é uma *tradução,* ao contrário dessas formas derivadas. Ela não tem sua fonte no hermeneuta, em sua curiosidade, mas na própria mensagem e na questão que ele levanta. É preciso, então, em minha opinião, revisitar Ferenczi com a *Carta 52* em mãos, e talvez revisitar essa *Carta 52* com a noção de mensagem que é sempre uma mensagem "dirigida à".

No modelo tradutivo aplicado à metapsicologia, não há duas línguas estranhas uma a outra, como seriam o banto e o alto alemão, como gostaria de certa forma o título do artigo de Ferenczi. O que há, então? Há, inicialmente, uma língua, ou melhor, um sistema semiótico comum, "entre os adultos e a criança", já que é disso que se trata. Há um sistema semiótico comum (talvez vários deles, aliás). O sistema principal que tem sido cada vez mais aprofundado pelos psicólogos atualmente é o sistema de comunicação do *apego*. Desde então, já que esse sistema é comum, o que é que leva à tradução? O que é que leva a um *rewording*, como dizem os ingleses? O que é que, em ultima instância, leva à criação de um idioleto? Bom, é o fato de que essa mensagem, ainda que formulada em uma língua comum, é contaminada por outra coisa, outra coisa que mal é uma língua e que é simplesmente o inconsciente do outro. Embora Ferenczi tenha falado dos adultos e da criança, ele não se deteve em se perguntar por que os adultos e a criança têm duas "linguagens" diferentes, o que, a meu ver, é, aliás, uma maneira bastante aproximada de definir as coisas. Nesse momento, ele deixou de se referir à grande descoberta freudiana: os adultos têm um inconsciente e, as crianças, não, o que faz justamente com que seu diálogo continue em planos diferentes, ou que a linguagem do adulto seja enigmática. A linguagem do adulto não é enigmática nem por confusão ou total estranheza nem pela polissemia (pois neste último caso todas as mensagens seriam enigmáticas), mas por um excesso unilateral que introduz um desequilíbrio dentro da mensagem. Excesso, desequilíbrio, necessidade de traduzir, há a intrusão dos significantes da "paixão" na linguagem comum da "ternura" (para retomar os dois termos de Ferenczi).

Já sabemos que utilizei esse modelo "tradutivo" para dar conta da gênese do inconsciente e do recalque, especialmente do recalque primário. Que exemplo *in vivo* melhor que esse texto no qual Freud nos descreve a gênese da fantasia inconsciente? Trata-se do texto "Uma criança é espancada". Freud diz que essa fantasia inconsciente é uma fantasia originária, o que, de maneira incontestável, acaba completamente com a ideia de fantasia originária filogeneticamente herdada, pois Freud vai mostrar a gênese individual dessa fantasia originária. Essa fantasia inconsciente, como sabemos, é o segundo momento de uma sequência que Freud descreve com muita precisão, um momento que se formula assim: "Meu pai me espanca". Freud diferencia, lembro rapidamente, um primeiro momento real, percebido, em que "Meu pai espanca um irmão (ou uma irmã)". Segundo momento, a fantasia completamente inconsciente que permanece inacessível à consciência e que pode ser reconstruída em definitivo somente na análise: "Meu pai me espanca". O terceiro momento, "Espanca-se uma criança", é uma fantasia consciente que faz um retorno sintomático, geralmente acompanhado de prazer sexual e masturbação. Desenvolvamos um pouco o momento 1: "Meu pai espanca um irmão (ou irmã), ele os espanca na minha frente". Inegavelmente, ele me mostra esse espetáculo, isso é uma mensagem. E Freud acrescenta: "Ele espanca na minha frente um irmão (ou irmã) que eu detesto". "Que eu detesto" é evidentemente um elemento contextual que dá todo o sentido à mensagem, e é também um elemento comum, um segredo ou um conhecimento comum entre meu pai e eu. "Nós dois, ele e eu, sabemos que detesto esse irmão (ou irmã)". A essa formulação, "Ele espanca diante de mim esse irmão (ou irmã) que detesto", Freud acrescenta imediatamente: "ele ama apenas a mim". "Ele espanca aquele que eu odeio, ele ama apenas a mim" é uma conclusão, mas também uma espécie de iluminação e uma tradução. Freud a introduz, aliás, pelas palavras "das heisst": isso quer dizer. Surge outro código, outro idioleto inventado para traduzir essa cena extraordinária, um código que é o do amor. O pai diz, então, mais do que ele quer dizer. Ele quer dizer, por exemplo, educar, dar um exemplo, mas há algo a mais que é pressentido, e esse mais-pressentido é traduzido em amor. Por que isso não funciona, por que o fracasso? Porque debaixo disso há algo que se expressa na conhecida frase: "Quem ama demais castiga demais". Amar é punir, diz o ditado. Mas, para o tradutor, amar e punir são opostos. Como isso é possível: *ele pune o outro, ele ama apenas a mim e amar é punir*? É que amar e punir são confundidos no inconsciente infantil do adulto, no inconsciente sádico do genitor, pois amar é também e, necessariamente, para o genitor que espanca, copular (por exemplo, copular com a mãe), sodomizar (por exemplo, você). Há, então, em "ele ama apenas a mim", um fracasso da tradução. É o recalque, fracasso parcial da tradução, que faz com que caia no inconsciente justamente a parte mais sexual da mensagem: a equivalência entre "Meu pai me espanca" e "Meu pai me ama".

Resumindo: a mensagem é uma mensagem pré-consciente--consciente. Não há "mensagem inconsciente". Em minha opinião, esses termos não significam nada. Há, então, uma mensagem pré-consciente-consciente comprometida pelo inconsciente do emissor e uma tentativa de tradução pelo receptor, tradução, podemos dizer, intrassemiótica: por contribuição ou, ainda, por tentativa de criação de um novo código, de um idioleto. Digo "por contribuição" porque frequentemente a criança não cria por inteiro esse idioleto da tradução: ele lhe é socialmente proposto. É após essa tentativa de tradução que se produz a clivagem entre um pré-consciente e um recalcado inconsciente: o pré-consciente é a tradução "ele ama apenas a mim". Esse pré-consciente traz a cicatriz desse fracasso. Nossa esperança, nossa sorte, como profissionais, é que exista, hoje e sempre, o parcialmente traduzível e que, finalmente, a cicatriz nos permita reconstituir alguma coisa da mensagem inicial que nos conduza a uma nova tradução que englobe um pouco mais a mensagem total.

Nossa esperança, em primeiro lugar e também, é que tenha havido nisso mensagem, mensagem comprometida, que tenha havido esse jogo entre dois planos, mesmo que a mensagem apareça, às vezes, brutalmente como sexual. Ferenczi, com seu texto que pode ser relido na íntegra, insiste antes na *confusão* e nem um pouco na tradução, na confusão que provoca na criança, e também em nós mesmos, a possibilidade de que uma mensagem seja radicalmente intraduzível, ou ainda pior, que não haja mensagem. Freud (no seu período bem inicial, no momento em que ele se interessa pelos fatos de abusos sexuais) e Ferenczi chegam à questão do intraduzível. O intraduzível que nos deixa estupefatos, a perturbação pelo horror, o horror em Freud e Ferenczi, abertamente pedófilo e sádico; o horror também, diríamos, do serial killer. Os monstros voltam a nós atualmente e, com eles, o fenômeno muito fácil do bode expiatório: rejeitamos o monstruoso, o que não queremos ver em nós. Quantos pedófilos, mais ou menos inconscientes, estão reunidos durante os longos cortejos de manifestações públicas criticando os abusos sexuais?

3. Se quisermos começar a compreender, é preciso tentar utilizar essa noção de tradução e isso que tentamos abordar: um fracasso radical *em* traduzir; não fracasso parcial da tradução, mas um fracasso radical. Esse me parece ser um caminho fértil. Alguns já se dedicaram a se perguntar quais seriam as condições desse fracasso. Penso especialmente no livro de Tarelho, intitulado *Paranoïa et théorie de la séduction généralisée*. Quais são as condições desse fracasso? Um fracasso que poderia resultar especialmente em uma transmissão tal qual, intergeracional, sem nenhuma metabolização. Penso que a questão do intergeracional deve ser retomada ao nos perguntarmos quais são as condições do ponto de vista da comunicação, quais são as condições do ponto de vista da própria estrutura da mensagem ou do receptor dessa transmissão. Muitos já se dedicaram a isso: o caminho e o quadro teórico estão propostos, especialmente para psiquiatras confrontados, parece-me, cada vez mais com esses problemas. Há mensagem quando esta não está mais comprometida, mas habitada de perto pelo inconsciente? Isso é mesmo possível? Há mensagem quando esta veicula e impõe seu código, portanto, impõe uma tradução que nada mais é além da própria mensagem? Talvez, também, quando a mensagem é paradoxal? Qual é o uso possível da noção de paradoxo se utilizada com rigor?

Venho propondo, há muitos anos, uma teoria metapsicológica baseada nessa noção de tradução e de fracasso dela, teoria que trata acima de tudo das neuroses. Acredito que essa teorização poderia servir de base para uma ampliação da investigação psicopatológica nos campos que se tornaram cada vez mais pregnantes, urgentes, mas a urgência, aqui, corre o risco de impedir o pensamento, de paralisá-lo, renovando no analista a própria paralisia presente na realidade dos pacientes.

"O homem que fala", o homem exposto às mensagens, logo, o homem com quem se fala, o homem que deve imperativamente traduzi-las, fazê-las suas, o homem que traduz; quando ele fracassa em traduzi-las, como ele é possuído por elas? Esse é o questionamento que precisamos levar em frente em nossa própria área. Agradeço vossa atenção.

VII

Deslocamento e condensação em Freud

Prefácio a Alain Costes, *Lacan: le fourvoiement linguistique*, Paris, PUF, 2003.

Esse livro, escrito com um estilo ágil, contém uma informação minuciosa e rigorosa sobre a questão que ele esclarece: metáfora e metonímia. Uma questão que foi obscurecida à vontade, inicialmente por Lacan — tentando em vão fazer prevalecer um ponto de vista formalista e desdenhando qualquer relação com a semântica — e depois, por muitos de seus discípulos, pouco à vontade nessa camisa de força. As críticas feitas por Alain Costes são pertinentes e baseadas em provas e documentos. O modelo que ele propõe é sólido e permite se situar bem. Em vez de retomar ou parafrasear o que ele desenvolve, proponho, no que segue, um texto curto que estava em meus dossiês há algum tempo. Ele trata não do problema linguístico, mas de algo absolutamente diferente, isto é, do que Freud chama de condensação e deslocamento.

As cadeias associativas

Essas cadeias ligam entre elas representações (de palavra ou de coisa). A, B, C, D, etc. Elas são, então, constituídas por elos, isto é, ligações entre dois elementos consecutivos: A-B.

A ligação de A a B pode ser feita conforme os grandes tipos de associação evidenciados desde, pelo menos, o século 18: analogia-contiguidade-contraste.

Analogia: se A é o vinho

        B é o sol

(Como o vinho, o sol aquece o corpo e a alma. A canção diz: "le vin, c'est du soleil en bouteille" [o vinho é sol engarrafado]). O calor é chamado de *tertium comparationis*: é o elemento comum que une as duas representações.

Contiguidade: a contiguidade pode comportar modalidades muito diversas continente-conteúdo / parte-todo / causa--efeito / etc.

se A é o vinho

B é o copo (continente)

Quanto à associação por *contraste,* sua autonomia é discutida e ela é frequentemente reduzida aos dois precedentes, ou à analogia somente.

Observações:

A) Tudo isso faz parte dos clássicos e é constantemente considerado adquirido por Freud.

B) As palavras "metáfora" e "metonímia" não são empregadas por Freud. Ele fala frequentemente de *Gleichniss* = comparação, parábola, alegoria. Ele emprega também as palavras *Kontiguität* e *Kontinuität.*

C) Metáfora e metonímia são tropos da retórica clássica, isto é, figuras de linguagem, "maneiras de dizer" que implicam a *substituição* de A por B. É, então, por uma certa impropriedade que, às vezes, designamos por essas palavras o *tipo de ligação* segundo o qual é feita a substituição.

Deslocamento e condensação

Essas palavras estão presentes em Freud muito cedo (ver *Vocabulário de Psicanálise*), mas são principalmente destacadas em *A interpretação dos sonhos,* como caracterizando o processo primário.

Deslocamento e condensação são dois processos que têm como suporte as cadeias associativas definidas anteriormente, qualquer que seja o tipo de associação que liga os elementos entre eles.

A. O deslocamento

I. Em um elo associativo A-B, a representação B recebe todo o investimento que era, inicialmente, atribuído a A, de maneira que B substitui finalmente A.

II. Se a ligação A-B é de analogia, o *deslocamento será analógico* (metafórico, segundo a terminologia pós-freudiana).

vinho —> sol

O sol, em meu discurso ou em meu sonho, vai substituir o vinho.

III. Se a ligação A-B é de contiguidade, o *deslocamento será*

"por contiguidade" (metonímia, segundo a terminologia pós-
-freudiana)

vinho —> copo

O copo, em meu discurso ou em meu sonho, vai substituir
o vinho.

Metonímia e metáfora são, então, dois tipos de substituição, que diferem apenas pela modalidade da ligação A-B (contiguidade ou analogia).

B. A condensação

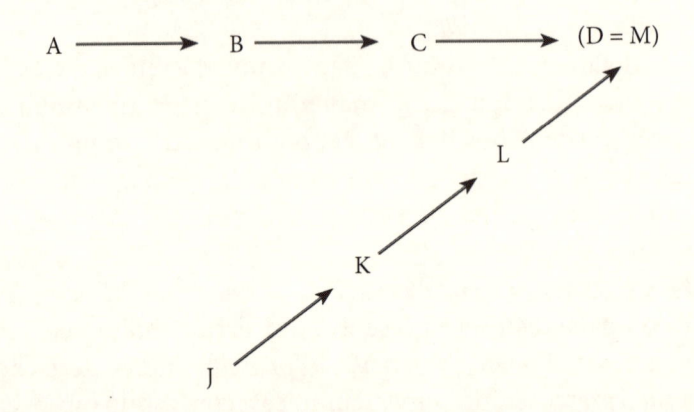

Ocorre frequentemente de as cadeias associativas se cruza-
rem em um elemento comum. Assim, se D é a mesma representação que M, as cadeias A-B-C-D e J-K-L-M vão se cruzar no
elemento D = M.

A condensação é o fato de o elemento (D = M) *condensar*
nele todo o investimento das duas cadeias. (D = M) vai representar, ao mesmo tempo, J e A. À representação-cruzamento,
vêm se somar as energias que foram deslocadas ao longo das
duas cadeias associativas.

NB. — *a)* Cada uma das ligações de cada uma das cadeias
pode ser ou "metafórica", ou "metonímica". A condensação não
está mais relacionada à metonímia que à metáfora, ela compreende metonímias *e* metáforas.

Exemplo de condensação:

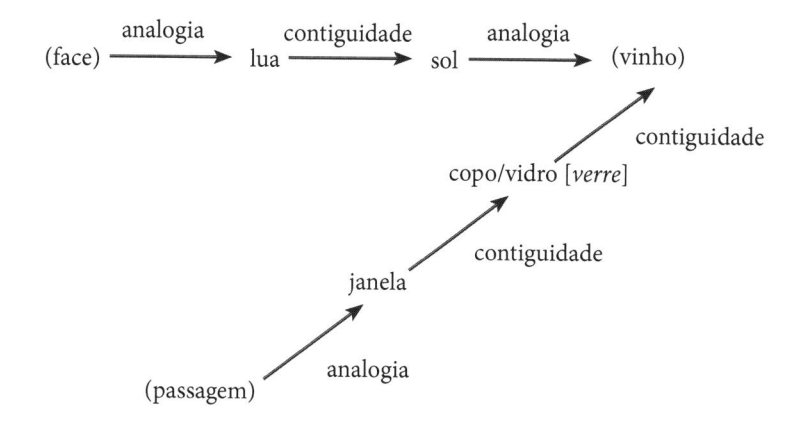

A imagem do sonho (vinho) vai condensar as representações latentes: (face) e (passagem).

b) Pode existir, entre dois termos, uma dupla ligação, ao mesmo tempo por contiguidade e por semelhança.

Assim, imaginemos que Robert seja marceneiro. Ele vai ser chamado, por contiguidade, de La Planche[101]. Mas pode ser, também, que Robert seja muito magro. Ele será chamado por analogia de: La Planche.

Nada impede que ele seja ao mesmo tempo marceneiro e muito magro. A determinação do apelido será, então, dupla.

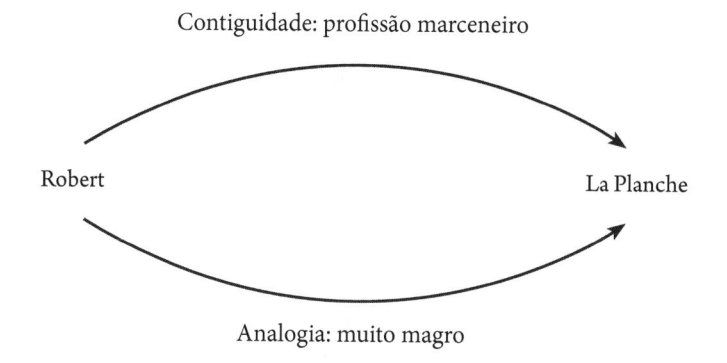

---

[101] NT.: *planche*, em francês, pode significar *tábua*, palavra que, por sua vez, pode ser usada para se referir a alguém muito magro.

Conclusão

Todo esse desenvolvimento é estritamente freudiano. As únicas novidades são as *palavras* metáfora e metonímia. Porém, se elas parecem criar um problema, *podemos ignorá-las e falar somente de analogia e de contiguidade, segundo a tradição associacionista.*

VIII

O crime
sexual

* In *Adolescence*, primavera de 2003, tomo 21, n° 1, p. 163-178.

"O crime sexual" é mesmo um título que soa um pouco como um desafio, ainda que seja apenas pela amplitude do que ele quer abarcar. E o resultado, inevitavelmente, não estará à altura de minhas expectativas nem à medida da extensão do tema. Mas é, sobretudo, um desafio em relação a mim mesmo e a meu próprio percurso, em minha tentativa de pensar ou repensar de uma certa maneira a psicanálise e a descoberta freudiana. Quero dizer que, a partir do momento em que defendemos, como faço, que a sexualidade infantil não é inata, que ela surge como a fantasia, dentro de um diálogo, dentro de uma troca adulto-criança, mas na qual a iniciativa sexual vem do adulto, somos levados a inverter completamente a perspectiva do crime sexual.

Citarei aqui um pequeno excerto de Freud. Ele é encontrado em "As minutas da Sociedade de Viena" — texto que talvez não seja muito lido —, nem sempre muito bem traduzido, que retraduzo neste momento. Trata-se, portanto, das atas das reuniões da Sociedade Psicanalítica de Viena, no seu período histórico. E Freud fala, em 24 de janeiro de 1912, a propósito da fantasia de sedução pelo pai:

> O núcleo de verdade que ela contém reside no fato de que o pai estimulou efetivamente, durante toda a primeira infância, por meio de suas ternuras inocentes, a sexualidade da menina [...]. São os mesmos pais ternos que se esforçam, em seguida, para desacostumar a criança da masturbação da qual eles tinham sido a causa inocente.

A palavra "inocente" aparece duas vezes, com dois temos alemães diferentes, mas isso pouco importa; o que conta de fato é: o pai é "inocente", ele estimula por meio de ternuras "inocentes". Vejam que inversão completa em relação às *teses de Ferenczi*, sobre as quais teremos a ocasião de falar novamente, já que, *para Freud*, pelo lado do adulto, é a ternura, a linguagem da ternura que encontraria, por assim dizer, a linguagem da paixão ou da sexualidade, a da criança.

Certamente, não é sempre que Freud se esquece da sexualidade dos pais na relação, como ele faz aqui, mas há, mesmo assim, uma perspectiva geralmente invertida, pelo menos na doutrina oficial. No "complexo de Édipo", o criminoso é Édipo, isto é, em última análise, a criança. Há, também, uma inversão da culpa que encontramos justamente nesse pequeno texto, já que no fim das contas o pai pune a criança por uma masturbação que ele mesmo provocou. Inversão, então, da culpa; foi possível, até mesmo, falar de uma espécie de injeção de culpa na criança.

É preciso destacar que isso ocorre de maneira muito diferente no antigo mito do Édipo, que Freud, aliás, não retoma completamente, longe disso. Em primeiro lugar, Jocasta se enforca, o que pode levar a pensar que ela se considera igualmente culpada. E há Laio; além do famoso triângulo edipiano e do — um pouco repetido demais — "assassinato do pai"; há toda a história de Laio, que é uma história de pedofilia, já que Laio é, na pré-história, no preâmbulo do complexo de Édipo, o sedutor de um jovem, Crísipo. E mesmo uma das versões do mito indica, para complicar ainda mais as coisas, que Laio e o próprio Édipo eram concorrentes junto ao jovem Crísipo, que ambos seduziram.

Retomando a minha motivação pessoal para tratar desse tema, é como se fosse um dever, uma interpelação para mim; é mais ou menos o seguinte: Você que remete a iniciativa da sexualidade à mensagem adulta, você que considera que há uma mensagem adulta generalizada impregnada de sexual, como você diferencia essa iniciativa do sexual do lado do adulto do atentado sexual criminoso? Há, talvez, uma via principal para abordar a questão: a presença, as *modalidades* de presença do sexual infantil no adulto, em qualquer adulto, genitor ou criminoso, e especialmente em qualquer adulto na presença da criança. Aqui, novamente, cito um trecho das "Minutas" (11/1/1911) nas quais Freud, podemos dizer, se solta um pouco mais do que nos textos escritos, para dizer que

> a ação principal que o aspecto da criança provoca é o despertar da sexualidade infantil própria à mãe. Por um lado, desperta-se um elemento de desejo sexual; por outro, o recalque sexual, frequentemente mantido com dificuldade, entra novamente em jogo. É dessa maneira que os impulsos hostis que se manifestam no maltrato das crianças estariam relacionados a essa sexualidade infantil própria aos pais.

Continuo, pois esta é uma passagem absolutamente interessante:

> Com a satisfação de algumas zonas erógenas nos cuidados dispensados às crianças (aleitamento, tendências coprófilas), produz-se uma retrogradação do caráter, certa regressão que se manifesta com bastante frequência no se deixar levar de muitas mães jovens.

Aqui, é a mãe que está em questão; um pouco antes, era o pai. Vemos como Freud tem tendência a inocentar o pai e, sobretudo, a culpar a mãe. Permanece, contudo, essa preocupação de Freud quanto à presença, na relação adulto-criança, da *sexualidade infantil do adulto*.

Para dar esse passo, isto é, falar da sexualidade infantil do adulto, é preciso, também, não ter esquecido muito Freud e uma de suas descobertas centrais, justamente a sexualidade infantil, isto é, a sexualidade dita "ampliada", no sentido como ele a entende: 1) uma sexualidade que ultrapassa absolutamente o genital, ou mesmo a diferença sexuada; 2) uma sexualidade ligada à fantasia [*fantasme*]; 3) uma sexualidade extremamente móvel quanto à meta e ao objeto; e, insisto pessoalmente neste último ponto: 4) uma sexualidade que tem como regime "econômico", no sentido freudiano do termo, um regime de funcionamento próprio, ou seja, não sistematicamente a tendência à descarga, mas realmente a tendência ao aumento de tensão, à busca da excitação. Em suma, é a sexualidade à frente, ou além do sexo ou do sexuado, englobando talvez o sexuado, mas sob uma modalidade muito particular que é o fálico[102].

---

[102] Ver esses pontos desenvolvidos em dois artigos: "Pulsão e instinto" e "Sexualidade e apego na metapsicolgia", neste volume.

Raros são os teóricos do incesto, ou até mesmo do crime sexual (mesmo psicanalistas!) que encaram o fato de que se trata de práticas sexuais (no sentido freudiano do termo). Os antropólogos, os juristas se esquecem disso com frequência, tranquilamente. Uma pessoa cujas pesquisas são incontestáveis, Irène Théry, apresentou há pouco um seminário sobre "a ordem normativa em matéria sexual"; tive, em mãos, a bibliografia que ela deu para esse seminário, no qual as referências principais são textos sobre as proibições matrimoniais. Assim, a questão do sexual no incesto se dissipa no momento de ser evocada, já que "a ordem normativa em matéria sexual" se reduz, na literatura, a proibições na ordem das alianças. Uma frase da antropóloga Robin Fox foi citada algumas vezes: "Qualquer adolescente faz a diferença entre sexualidade e casamento"... Eis o que muitos antropólogos parecem ter esquecido. Isso vale contra muitas das teorias antropológicas, a começar pelo monumental Lévi-Strauss, que trata somente das modalidades da aliança; portanto, a aliança além do sexual. Em se tratando agora de dar mais um passo, de invocar talvez a diferença entre coito e sexualidade, a "sexualidade" aqui no sentido ampliado como Freud a entendia, é preciso percorrer no sentido inverso todo o caminho, desfazer todas as edificações que negam a sexualidade no sentido freudiano do termo. Passamos levianamente por cima do corpo de Freud para esquecer essa sexualidade infantil, não somente na criança, mas presente, recalcada, em cada um de nós.

Voltando mais diretamente ao crime sexual, três tipos de motivações são frequentemente invocadas para dessexualizá-lo: o sadomasoquismo, o narcisismo e a pulsão de morte. Invocadas tanto na vulgata midiática quanto em discursos mais científicos, sempre no sentido de uma dessexualização.

O sadismo, porque, afinal, falar de sadismo, para alguns, não é mais falar de sexualidade. Duas meninas recentemente torturaram uma terceira quase até a morte. Reação midiática extraordinária: "Mas por quê?". Como se fosse preciso encontrar uma motivação encobridora, um "porquê" mais aceitável do que justamente a pulsão sádica (mesmo que esta, claro, tenha sua história particular em cada um). Não afirmo que a "pulsão sádica" seja um último recurso de explicação, mas como evitar passar pelo sadomasoquismo, no sentido sexual do termo? De maneira geral, a respeito dos maus-tratos, esquecemo-nos, sem mesmo discuti-la, da reflexão maior de Freud sobre isso: "Uma criança é espancada", onde ele faz justamente essa ligação explícita entre o fato de espancar, até mesmo o de espancar com motivações "educativas", e o sadismo. E esquecemos também do que ele desenvolveu em "Pulsões e destinos das pulsões", em que a gênese do sadomasoquismo é discutida passo a passo.

O *narcisismo*, outro tipo de esquiva do sexual. Aqui, também, Freud é tratado com desprezo. Pois, afinal, para muitos, o narcisismo seria o próprio modelo do não sexual. Esquecemos totalmente da origem do conceito no próprio Freud, e não nos esforçamos em seguir esse trajeto nem mesmo que seja apenas para tentar refutá-lo. Esquecemos que Freud chama de "narcisismo" *o investimento libidinal,* isto é, algo de sexual, do *eu*. Ele o chama de "complemento libidinal do egoísmo", que mostra que ele é o complemento, do lado sexual, de algo que é não sexual e que ele chama, com um termo absolutamente diferente, de "pulsões do eu", as quais são do domínio da autoconservação[103]. Esquecemos, por exemplo, da análise do delírio megalomaníaco. Para Freud — resta ainda refutá-lo — o delírio megalomaníaco é um delírio sexual. Esse assassino recente será categorizado como narcísico, até mesmo paranoico, na vulgata midiática e psiquiátrica, o que o exclui supostamente do campo sexual. Contudo, basta reler sua confissão em que ele fala de sua masturbação incessante e inadequada, à qual opõe um orgasmo terminal grandioso a que aspira e que ele não está longe de ter alcançado, graças ao massacre que permanece em nossas memórias.

A pulsão de agressão, por fim, ou *pulsão de morte*. Aqui, dessa vez, baseamo-nos em Freud — ou pensamos nos basearmos nele — para, novamente, dessexualizar o ato do crime. Questão certamente complexa, que tentei renovar sob a égide da "pulsão sexual de morte", buscando mostrar que, em última análise, o que Freud chamara de "pulsão de morte" nada mais é que a forma mais desestruturada e mais desestruturante da sexualidade.

---

[103] Ver o bom e velho *Vocabulário da psicanálise,* verbetes "Pulsões do ego" e "Libido do ego" [*Vocabulário da psicanálise* (Martins Fontes, 2000)].

O "assassinato do pai" — na história do Édipo ou no mito freudiano da horda primitiva — é puramente não sexual? Acreditaríamos nisso, às vezes, ao ler aqueles que elevam esse ato mítico ao absoluto, um absoluto que se situa no nível das Referências, digamos, fundadoras. Em alguém como Legendre, que não hesita em colocar em maiúscula a Referência, a relação sexual com o pai, em *Le crime du Caporal Lortie*, será, por exemplo, completamente escotomizada: é assim que um lacanismo ao extremo chega a negar as próprias bases do freudismo.

Tendo sido proposta muito rapidamente essa retomada, não uma retomada dogmática de Freud, mas uma tentativa de que, pelo menos, não nos esqueçamos dele totalmente, onde apreender algo de sólido no crime sexual? Há, então, incontestavelmente, o incesto e seu interdito e, *a priori*, esse é um bom ponto de partida. Na verdade, essa reflexão que tentei conduzir nos últimos meses em um seminário mostra a maior variabilidade do problema do incesto, tanto nas práticas sociais quanto nas teorias, até mesmo na própria definição. Entre as teorias antropológicas, a de Lévi-Strauss, um Monumento, chamado de "Fortaleza inexpugnável" por Françoise Héritier, deve talvez sua solidez à sua limitação extrema. Essa é uma teoria sedutora, no sentido de que ela propõe como tema central a ideia de que o interdito não é verdadeiramente negativo, mas que se trata, na verdade, de uma obrigação de troca, o que, por certo, positiva completamente a lei sob forma de uma injunção, de um convite à troca. Os limites da teoria são claros. Muitos psicanalistas o destacaram, aliás, já que a teoria de Lévi-Strauss considera como paradigmático somente o incesto fraternal, precisamente no nível da troca possível de esposas, base da aliança, o que deixa de lado o interesse central da psicanálise, o incesto intergeracional, pai-filha ou filho, mãe-filha ou filho. *A fortiori*, essa teoria deixa de lado a relação não intergeracional, mas a relação *"interidades"*, que talvez seja o essencial e sobre o qual terei a ocasião de insistir mais uma vez. Pois irmão e irmã, por exemplo, são da mesma geração, mas podem estar na relação *adulto--criança* do ponto de vista da idade e da maturidade sexual.

Por outro lado, a teoria de Lévi-Strauss (e a de inúmeros antropólogos) permanece, de fato, uma teoria, seria possível dizer, "etnográfica", quase no sentido da "curiosidade" cultural, que supõe grupos de parentesco solidamente constituídos, muito difíceis de serem encontrados ou mesmo transpostos em sociedades como as nossas, salvo, talvez, em ilhotas restritas destas. E, simultaneamente, essa é uma teoria das alianças matrimoniais, em que teríamos dificuldade para encontrar uma única palavra sobre as *relações sexuais*, sobre o incesto sexual, com todas as suas nuances perversas, especialmente com sua variante homossexual.

A proibição do incesto, conforme se diz, tirando essa conclusão de Lévi-Strauss e de muitos outros antropólogos, marca a passagem do estado de natureza ao estado de cultura, pondo fim à promiscuidade dos sexos e à confusão das gerações. Admitimos essa proposição pelo menos como uma espécie de cláusula provisória, ainda que seja um pouco precipitado dizer isso. O incesto seria correlato à lei; a lei que instaura a estrutura social seria ela própria apenas sua proibição.

Voltemo-nos um instante justamente para a lei e a criminologia. Não sou nenhum especialista no assunto; contudo, ao pesquisar sobre isso, ainda que superficialmente, mas com certa curiosidade, constata-se na lei atual a ausência quase absoluta do incesto. Nossa lei não proíbe o incesto. Ela proíbe algumas alianças matrimoniais sem uma sanção além da impossibilidade ou nulidade. Afinal, a situação do casamento Édipo-Jocasta não é inconcebível, com os nascimentos no anonimato[104], e talvez seja cada vez menos inconcebível, mas, se descoberto, esse casamento não tem nada de crime: ele é simplesmente anulado. Quanto à relação sexual incestuosa, em nenhum momento ela é objeto de uma incriminação especial. É engraçado ver alguns autores se insurgirem contra os espíritos anarquistas que supostamente pregariam a "legalização do incesto". Não há necessidade de uma "legalização". O incesto, entre adultos, não é delito nem crime. Lembro-me — já que se trata de coisas que encontramos quase todos os dias na imprensa — do caso de um pastor belga do qual se falou por algum tempo. Processado por pedofilia, ele vive, *"por outro lado"*, com sua filha, e com a qual tem até mesmo filhos. Bom, a única infração pela qual ele

---

[104] N.T.: "Naissance sous x". Na França, a mãe biológica pode solicitar o anonimato, desde sua entrada na maternidade, no caso de desejar dar o recém-nascido para adoção.

é incriminado é precisamente a pedofilia. O único aspecto em que o incesto será invocado pela lei será como um fator agravante da pedofilia ou do abuso sexual de maneira geral. Ele está incluso nos atos daqueles que têm um parentesco ou exercem uma autoridade sobre a vítima. O pai dificilmente é tratado de uma maneira diferente daquela como é tratado o educador ou o tutor nessa posição.

É possível chegar ao incesto por meio de uma referência à lei, ao mesmo tempo em que a lei parece ter deixado o incesto escapar de suas mãos (provavelmente, imagino, desde o Código de Napoleão ou a Revolução Francesa). A definição do dicionário *Robert*, dada como jurídica, tenta definir a aberração sexual em relação à lei, o que não é ilógico, mas continua a relacionar o incesto à aliança. Citando o dicionário: *Incesto*. "Subs. masc. Jur.: relações sexuais entre um homem e uma mulher, pais ou parentes, em um grau que acarreta a proibição do casamento". É, portanto, a proibição da aliança que é sempre dada como base, que serve de referência para o delito, com o crime sexual não sendo mais, novamente, um crime do ponto de vista do código. É uma tentativa de definição ampla, mas que deixa de fora, contudo, extensões inteiras do incesto: o incesto pedófilo, por exemplo, que é talvez o essencial ou, ainda, o incesto homossexual — já que, afinal, não há proibição do casamento homossexual que possa servir de referência na definição acima —, visto que esse tipo de casamento não é nem mesmo considerado. As relações homossexuais, o incesto homossexual, não podem absolutamente ser relacionadas às regras matrimoniais.

Sempre se tem a impressão de que há, no incesto, uma falta de consenso. Não somente em sua definição, que no fim das contas seria um mal menor, mas no que ele tenta regular. Ele se esquiva, poder-se-ia dizer, dele mesmo no incesto homossexual. E, principalmente, deixa escapar o crime sexual. Muito restrito, o incesto não inclui as pessoas sem laço de parentesco (o abuso sexual no sentido geral não está incluído nele, mesmo que, às vezes, equivocadamente, falemos de incesto para abusos sexuais cometidos com menores sem laço de parentesco). Mas ele também é muito amplo, já que inclui as relações entre adultos anuentes, que são absolutamente deixadas de lado pela lei. É como se a proibição do incesto tivesse pouco a pouco deixado fugir algo que, em dado momento, nas sociedades rigidamente constituídas, estava sob sua lei, mas que, no fim das contas, escapa a ela por todos os lados.

Podemos nos voltar para a psicanálise, para um enquadramento psicanalítico? Deixo de lado toda uma corrente que afirmará que o incesto, como fato antropológico, até mesmo criminológico (palavras empregadas com um toque de desdém), não tem nada a ver com o incesto do qual fala a psicanálise. Para alguns, "No princípio era a fantasia" [*fantasme*], até mesmo a "fantasia originária", uma fantasia originária com a qual, aliás, não nos preocupamos mais, nem nos esforçamos em justificar as origens. Aqui passamos claramente sobre Freud que, qualquer que seja o caráter aventureiro de suas especulações, termina seu texto *Totem e tabu* em uma discussão para se perguntar se, afinal, o que ele descreve já não era na humanidade primitiva pura e simples fantasia. Ele acrescenta, então: "Não há nenhuma razão para pensar isso", e conclui com a famosa fórmula de Goethe "Im Anfang war die Tat" (*No princípio era o ato*), colocando de fato o ato criminal sexual real no início.

"O ato" não nos livra de imaginarmos esse "no princípio". Freud, em todo caso, vai direto ao ponto. Ele fala de estágios históricos ou pré-históricos. Há uma espécie de princípio que deve ser superado, regulado. E Freud, em diversas retomadas, vai imaginar de maneira diferente esse primeiro tempo da pré-história — passo rapidamente por isso; há diferentes momentos de seu pensamento que são pouco conciliáveis.

Em dado momento em seu ensaio sobre a "moral sexual civilizada", ele fala de um primeiro estágio de civilização em que a atividade da pulsão sexual teria sido livre, "até mesmo além dos objetivos da reprodução". Essa é uma espécie de transposição histórica do que ele descreveu, por outro lado, nos *Três ensaios* sobre a sexualidade, isto é, a sexualidade perverso-polimorfa da criança, uma espécie de estágio histórico calcado em outra espécie de estágio, ontogenético, que não está claro se é efetivo na história da criança.

Com o mito de Édipo, em Freud, qualquer ideia de promiscuidade e de perversão polimorfa originária se atenua. O incesto reside na escolha de objetos incestuosos que, lembremos, está, para ele (como para Sófocles), na iniciativa da criança. Há uma propensão endógena no pequeno ser humano que Freud liga explicitamente às "fantasias originárias". Mas, para dizer a verdade, Freud não se esforçou muito em determinar a origem dessas fantasias originárias às quais tantos analistas continuam a se referir. Ele nunca descreveu uma espécie de "estágio edipiano" da humanidade.

Finalmente, há *Totem e tabu* e o mito da "horda", mito "científico". Quando Freud diz que esse é nosso "mito científico", penso que não está dizendo que esse é "nosso mito", mas que insiste no fato de que a ciência veio tomar o lugar que outros atribuem ao mito. Em todo caso, o mito científico da horda — quero retornar a ele apenas de maneira muito alusiva, acho que todos têm uma ideia disso — casa apenas parcialmente com o esquema edipiano. Não vemos muito a presença do casal parental. A horda é completamente diferente: tudo está centrado no pai todo-poderoso, na lei e no assassinato do pai. Talvez esse pai seja incestuoso em todos os graus, mas o que conta muito mais que o sexual é a gênese da lei: primeiramente, um pai sem outra lei que sua vontade e, após seu assassinato, a lei estabelecida contratualmente pelos irmãos.

Não posso me estender, mas não quero deixar a impressão de querer brincar com a variabilidade ou a dificuldade em delimitar o incesto. Variabilidade, até mesmo dificuldade em defini-lo nas ciências sociais. Variabilidade das teorias etnológicas do incesto nos antropólogos. Fiz alusão a Lévi-Strauss. Teria sido necessário falar também de Françoise Héritier que, em minha opinião, marca o apogeu da dessexualização em sua teoria do incesto. Variabilidade, finalmente, em Freud, cujos modelos sucessivos são dificilmente conciliáveis. Em compensação, as variações históricas e culturais do incesto, a delimitação variável do incesto nas civilizações, não são um verdadeiro argumento, mesmo que nos remetamos a isso com frequência. Quantas vezes nos referimos aos casamentos entre irmãos no Antigo Egito, etc. Sempre que houver um sistema de parentesco estável, seu cimento é certamente a proibição do incesto, não importa qual seja o sistema, não importa qual seja a proibição. E o principal ingrediente da proibição é a nominação, a capacidade de nomear, logo, de classificar e memorizar os graus de parentesco. Se não há nominação, não há incesto[105]. Quero falar de um texto que alguns talvez conheçam, mas muitos outros talvez não — o qual foi tratado com um pouco de indiferença por antropólogos e psicanalistas —, o texto sobre o povo Na ou Moso, cujo título é evidentemente um pouco provocador, *Une société sans père ni mari* [Uma sociedade sem pai nem marido]. Trata-se de uma sociedade que tem um modelo extremamente particular, por mais quantitativamente restrita que seja. Esse modelo foi criticado na mesma medida de seu caráter demonstrativo, mesmo que seja pouco importante quantitativamente, pois esse aspecto demonstrativo desconcerta todas as nossas convicções. Temos aí uma sociedade feita de linhagens matrilineares e matrilocais. Dentro de cada linhagem, a nominação dos graus de parentesco é aperfeiçoada. A proibição do incesto é severa, e, pelo menos nos tempos históricos, mas de maneira nenhuma recentes, ele é frequentemente punido com morte. Em todo caso, a proibição continua a ser muito severa em toda essa linhagem que é unicamente transmitida pelas mulheres. Do contrário, não há *nome do pai*, não há *pai*, não há filiação paterna. A própria ideia de que um pai possa estar ligado a um filho é uma ideia inexistente no sistema Moso. Os Moso não são suficientemente inocentes para não saberem que é preciso coito para que nasça uma criança, mas — podemos dizer —, qualquer que seja o coito, haverá criança. Portanto, o pai não está nomeado na nomenclatura e não é absolutamente o objeto de uma proibição. Isso foi muito comentado. Disse-se que isso esteve ligado historicamente a contingências de classe social — encontrei esse argumento em Lévi-Strauss; outros viram nisso uma espécie de prostituição organizada, o que é uma calúnia. Temos, em todo o caso, uma sociedade que não conhece pai, que não tem nenhuma *"função*

---

[105] "A proibição do incesto não se expressa sempre em função dos graus de parentesco real, mas ela visa sempre os indivíduos que se dirigem uns aos outros por determinadas designações." (Lévi-Strauss, "La famille", in *Le regard éloigné*, p. 37)

paterna" — coloco "função paterna" entre aspas —, em que o papel do coito na fecundação não é ignorado, mas concebido como a contribuição de um coito qualquer. Sem relação pai--criança. O pai não é nem nomeado nem integrado à linhagem. Não há aliança nem sistema de aliança.

Repetimos com frequência, após Freud, o adágio latino segundo o qual "*pater semper ignotus*". Ainda ignoramos quem é o pai. Mas, no grupo dos Na, a situação é totalmente diferente. Não se perguntam *quem* é o pai, sabendo-se que a resposta será sempre incerta (pelo menos antes da chegada do DNA): a questão "quem é o pai" não tem sentido. Não há pai a ser conhecido, a ser buscado, ou mesmo a ser ignorado. A dimensão "paternidade" está ausente. Contudo, vendo essas pessoas discutirem ao longo de uma reportagem, não nos ocorrerá de nos perguntarmos se são "psicóticos".

Poderemos falar talvez mais adiante a respeito disso, que me interessa, sobretudo, por seu caráter demonstrativo, que alguns acharam absolutamente contraditório com a própria ideia de complexo de Édipo: um sistema de parentesco estrito, sem relação nenhuma com a família conjugal, uma proibição do incesto que não é menos estrita, mesmo que não seja pronunciada "em nome do pai". Aliás, a religião dos Moso é o budismo, que não é precisamente uma religião do pai, ao que me parece.

Atualmente, em nossas sociedades modernas, o que vemos? Uma degradação dos sistemas de parentesco e, na mesma medida, uma degradação da noção e da proibição do incesto. Não se trata, aqui, de ficar feliz nem de se lamentar por isso, mas, primeiramente, constatar algo que acontece talvez lenta e desigualmente, mas que, em um futuro mais ou menos próximo, crescerá de maneira exponencial. Essa degradação, que podemos tentar combater, embora seja incerto que consigamos, não é uma via para a "liberdade sexual". Ela revela, ao contrário, um crime sexual muito mais radical, que o sistema parentesco/incesto se encarregava de controlar.

É aqui que eu gostaria de insistir na genialidade de Ferenczi. Todos conhecem, talvez tenham lido, seu célebre artigo, "Confusão de línguas entre os adultos e a criança". Pode-se contestar, criticar (eu mesmo o fiz) alguns dos termos, dizer que "confusão" talvez não seja o termo correto, que talvez, também, a ideia de "línguas", certamente importante, não seja muito adequada, e fosse melhor falar de "mensagens", por exemplo. Temos o direito de discutir, também, sobre o conteúdo clínico do artigo para dizer que, por exemplo, toda a língua da paixão não está do lado do adulto e toda a língua da ternura do lado da criança (e, imediatamente, nos lembramos do texto de Freud que dizia exatamente o contrário, isto é, toda a ternura estava do lado do adulto e a paixão sexual, do lado da criança). Mas o que me parece genial nisso tudo, porém, foi Ferenczi ter ousado fazer esta formulação: "entre os adultos e a criança". Compreende-se que Freud tenha se revoltado com esse texto. Talvez ele tenha ficado chocado pelo destaque dado aos atentados sexuais reais que punham em xeque, pensava ele, a teoria da fantasia. Talvez ele também tenha ficado, digamos, abalado com as reações terapêuticas um pouco precipitadas de Ferenczi diante dessa constatação da frequência dos abusos sexuais. Mas, principalmente, é a própria formulação que não podia deixar de chocá-lo profundamente, como algo que colocava em discussão uma parte do edifício freudiano; "entre os adultos e a criança" é uma coisa bem diferente de "entre os pais e a criança" ou "entre os dois genitores e seus filhos". É o próprio complexo de Édipo que é contestado.

Citarei também — gosto muito dos títulos dos artigos, que são muitas vezes quase mais interessantes que seu conteúdo — o título de outro artigo que se situa um pouco na linha de Ferenczi. Peço um pouco de atenção para os termos, pois é um título em inglês. É de um autor que se chama Bennett Simon, que publicou diversos artigos com o objetivo de insistir na realidade dos abusos sexuais cometidos contra a criança, especialmente o incesto, mas também os abusos sexuais em geral. Seu título é este: "Incest, see under Oedipus complex"[106]. Isso significa: "Incesto: ver em complexo de Édipo". Ora, esse título é uma citação irônica ao tratado de Fenichel sobre as neuroses em que, de fato, na bibliografia, na rubrica "incesto", encontramos simplesmente essa remissão: "Incesto, ver em: complexo de Édipo". Em suma, trata-se de uma redução que é frequente, aliás,

---

[106] *Am. J. P sa*, V, 40, 1992.

na teoria analítica e na própria análise, a redução sistemática do incesto, em todas as suas variantes, ao complexo de Édipo. Portanto, Fenichel e a psicanálise, diz Bennett Simon com seu título, tentam reduzir o desconhecido, o indomável, o incesto, ao conhecido e ao dominável, ao bem conhecido da psicanálise: o complexo de Édipo. "See under". "Veja em". "Ver em".

Proponho levar a ironia um pouco mais além, propondo algo assim: "Abuso sexual, ver em: incesto, incesto, ver em: complexo de Édipo". Mas esse "ver em" não é simplesmente sinal de preguiça intelectual. Não é simplesmente uma maneira de fugir do problema, reduzindo-o aos caminhos mais conhecidos do complexo de Édipo. É, também, um movimento *real* de domínio e de simbolização. Digo "simbolização" para não ir ao "S" ou ao "L" dos lacanianos, em maiúsculas, sob a forma do "Simbólico" e da "Lei", pois a lei do complexo de Édipo não é universal, ainda que Freud pense isso. Ela não é a lei de Deus nem do pai todo-poderoso. Ela é contingente e, por outro lado, e infelizmente, permeável. E à medida que se decompõe ou se tensiona — o que constitui seus dois tipos de fracasso — ela *deixa o crime sexual escapar.*

Para dizer isso ainda de outra maneira, a regulação, por meio da proibição do incesto, deixa escapar algo de imediato. Ao propor regular a ordem das gerações, ela é impotente diante da diferença de idade. A regulação reduz a diferença de idades à ordem das gerações, diferença de idades que não coincide de maneira nenhuma com a diferença de gerações (somente esta é suscetível de *nominação* de categorização). Ela tenta apreender a incompatibilidade da relação sexual entre idades diferentes (incluindo-se, também, a presença da criança no adulto), tenta reduzir isso a uma diferença muito mais apreensível, a diferença de gerações. "Entre os adultos e a criança": essa expressão foge da ordem puramente geracional.

Como definir o crime sexual? A violência sexual exercida na dissimetria, o próprio estupro como abuso? Mas acrescentar isto *é essencial para nós, psicanalistas: exercida por qualquer um atormentado por sua própria sexualidade infantil.* Esse desnudamento do crime sexual contemporâneo tem como correlato histórico, pré-histórico, uma espécie de estado primordial que seria revelado em nossas sociedades? Ninguém escapa à tentação de uma reconstrução pré-histórica de um estado selvagem da sexualidade: Lévi-Strauss, com suas variações; Freud, com suas proposições; assim como Godelier, do qual teremos talvez a ocasião de falar no momento da discussão, com sua ideia de "sacrifício da sexualidade" em benefício da sociedade. Mas colocar no início um estado selvagem, seja no indivíduo ou na sociedade, especialmente por uma espécie de referência ao que Freud chama de "perversidade polimorfa" do início, é, sem dúvida, uma ilusão. Na verdade, é preciso conseguir dizer que "o animal no homem" não é o animal real, adaptado, que conhecemos, mas o selvagem, a besta sexual. E essa besta sexual não está no início, não é o "verdadeiro" animal. Não temos um animal pré-histórico oculto em nós desde o início. Nós constituímos esse animal. "O homem é o lobo do homem", tive a ocasião de falar sobre isso em uma apresentação[107], o homem se tornou um lobo para o homem, um "lupus" bestial, pois o lobo real não é um lobo para o homem, da mesma maneira que o inconsciente e o *id* não estão lá no início, e que as fantasias perversas são o próprio efeito do recalque. Mas, sem dúvidas, essa visão é difícil de ser assimilada.

Não gostaria de deixar essa apresentação cheia de meandros, sem reforçar alguns pontos de vista que são claros:

1. O crime sexual fundamental é o abuso sexual. O modelo é a relação abusiva adulto/criança, mas também o estupro e outras variantes.

2. Ele se caracteriza não somente pela dissimetria presente em muitas outras relações, mas também pela posição dominante.

3. Além disso, é importante, do ponto de vista metapsicológico, não negligenciar que o aspecto infantil é essencial também pelo lado do abusador. É a sexualidade infantil, sádica, especialmente, que está em questão no abusador.

4. A desordem gerada pelo crime sexual vai bem além ou aquém dos danos sociais. O que está em questão é a desordem interna, o desligamento interno próprio a uma sexualidade in-

---

[107] "La soi-disant pulsion de mort, une pulsion sexuelle", in: *Entre séduction et inspiration: l'homme*. Paris, PUF, 1999.

fantil não ligada, que teorizo pessoalmente sob a égide da pulsão sexual de morte.

5. Mesmo que seja intelectualmente enganoso deslocar para um "início" mítico da história, individual ou coletiva, uma sexualidade "polimorfa perversa", é esta que os sistemas "simbólicos" de parentesco e de proibição do incesto, Édipo, etc. tentam ligar. Digo "etc." para insistir em sua diversidade e no fato de que não são de direito divino.

A deiscência mais ou menos lenta desses sistemas na civilização moderna permite o ressurgimento do crime sexual em sua essência e brutalidade. Caberá, talvez, às gerações futuras, inventar novos modos de ligação. Mas ainda não chegamos lá.

Para terminar, indicarei ainda dois pontos:

1. Deixei de lado tudo o que diz respeito à "psicologia" do crime sexual. Tanto do lado do criminoso, quanto da vítima. Problema imenso, mas, mais uma vez, como abordá-lo se esquecemos imediatamente de Freud, do sexual infantil, do Inconsciente...? Deixei também de lado a abordagem clínica que só pode, ao mesmo tempo, estar ligada a uma *prática*. Indicarei somente o que me parecem ser dois imperativos principais:

• Buscar o *infantil* na investigação analítica.

• Buscar a *mensagem*, o resíduo de mensagem e de comunicação, sempre presente no ato, aparentemente o mais bruto. Isso me leva a considerar insuficientes as noções como a de "predador", ou a ideia de que o outro é tratado puramente como um "objeto". Mesmo subjugada, a vítima nunca é tratada totalmente como uma "coisa". E o sadismo (é preciso lembrar-se dele *com Freud)* supõe um mínimo de identificação masoquista com a vítima. O único fio condutor de uma prática é a busca paciente, desesperada, por um sinal de mensagem. Será preciso lembrar — em um registro meramente diferente — das vítimas que se salvaram ao restabelecerem um mínimo de diálogo com seu agressor?

2. Meu título poderia ser lido, ainda, de uma outra maneira: "O crime, sexual". Em outros termos, qual é a parte do sexual em *qualquer crime*, seja ele o mais ordinário, o mais banal, o mais "realista"? Nenhum analista pode fugir desse questionamento, mesmo que não tenha todos os dias um "criminoso" em seu divã.

O gênero,
o sexo e
o Sexual

˙ Artigo publicado em *Libres cahiers pour la psychanalyse. Études sur la théorie de la séduction*, Paris, In press, 2003, p. 69-103.

O gênero é plural. É geralmente duplo, com o masculino-feminino, mas não o é por natureza. É muitas vezes plural, como na história das línguas e na evolução social.

O sexo é dual. Ele o é pela reprodução sexuada e também por sua simbolização humana, que fixa e engessa a dualidade em presença/ausência, fálico/castrado.

O Sexual é múltiplo, polimorfo. Descoberta fundamental de Freud, ele fundamenta-se no recalque, no inconsciente, na fantasia. É o objeto da psicanálise.

Proposição: o Sexual é o resíduo inconsciente do recalque-simbolização do gênero pelo sexo.

Minha apresentação, aqui, é uma espécie de síntese — muito breve e que merecerá ser desenvolvida — de um trabalho que estamos realizando há cerca de três anos no âmbito do meu seminário de ensino e pesquisa; a questão basal é, para empregar uma expressão muito habitual, a identidade sexual — o que é assim chamado em psicanálise.

A tendência atual é falar em identidade de gênero, logo, a questão é saber se houve uma simples mudança de vocabulário ou se isso é mais profundo; isso é positivo ou é a marca de um recalque, e, se há recalque, onde está ele? Talvez vocês saibam que me inclino a pensar que "recalque no pensamento" e "recalque na própria coisa" — ou seja, na evolução concreta do indivíduo — andam muitas vezes de mãos dadas.

Meu modo de proceder será muito simples. Em primeiro lugar, vou me deter um pouco nas distinções conceituais e na questão de "por que introduzir o gênero"; em seguida, num segundo momento, esboçarei o funcionamento no ser humano, em sua história primordial, dessa tríade gênero-sexo-Sexual.

As distinções conceituais não valem por si mesmas, mas pelas potencialidades conflituosas que encerram; e, se são binárias, elas são muitas vezes a marca da negação, portanto, do recalque. Deslocamentos podem ocultar recalques. Assim é o deslocamento da questão da identidade sexual para a questão da identidade de gênero. Esse deslocamento esconde, talvez, o fato de que a descoberta freudiana fundamental não está do lado do gênero e do sexo ou do sexuado, mas na questão do Sexual ou do sexual.

Gosto de estabelecer a distinção, a partir de Freud, entre o sexual e o sexuado, o que pertence ao "sexo". Afirmou-se, plausivelmente, que a etimologia de "sexo" é "cortado" — de fato, o "sexuado" implica mesmo a *diferença* dos sexos ou diferença de sexo, que, em alemão, diz-se *Unterschied*, ou "diferença"[108]. Há Sexual, por exemplo, nos *Três ensaios sobre a teoria da sexualidade*, ou seja, sobre a teoria do sexual ou do Sexual. Talvez seja uma esquisitice minha falar do "Sexual", e não do sexual, mas é para destacar bem essa oposição e essa originalidade freudiana do conceito[109]. Sabe-se que em alemão existem dois termos. Há, certamente, *Geschlecht*, que significa o "sexo sexuado", mas há também o sexual ou o Sexual. Quando fala da sexualidade ampliada, a sexualidade dos *Três ensaios*, Freud refere-se sempre ao Sexual [em alemão: *sexual*]. Seria impensável que Freud intitulasse sua obra inaugural: "Três ensaios sobre a teoria do sexuado ou da sexuação". A *Sexualtheorie* não é uma *Geschlechtstheorie*[110]. É uma sexualidade que se quer não procriadora, ou mesmo não principalmente sexuada, diferente do que se nomeia justamente a "reprodução sexuada". Portanto, o Sexual não é o sexuado; é essencialmente o sexual perverso infantil.

A sexualidade dita "ampliada" é a grande descoberta psicanalítica, mantida do início ao fim e difícil de conceituar, como

---

[108] De modo bem geral, embora não sistematizado, Freud emprega o termo Unterschied (diferença) para designar uma oposição binária e Verschiedenheit (diversidade) quando há uma pluralidade de termos. Diferença entre preto e branco; diversidade das cores.

[109] A derivação em alemão dos termos *sexuell* e *sexual* é muito próxima. Ambos provêm do latim *sexualis*. *Sexual* é mais erudito e mais germânico; *sexuell* é mais romano e mais corrente.

[110] Inversamente, Freud emprega o termo *Geschlechtlichkeit* num sentido bem específico, diferente daquele de "sexualidade". Assim, em *A interpretação de sonhos* (*OCFP*, IV, p. 377), numa conversa "durante a qual nós nos reconhecíamos, por assim dizer, em sua condição sexuada, como se disséssemos: "eu sou um homem e tu és uma mulher".

mostra o próprio Freud quando tenta pensar sobre a questão, em *Lições de introdução à psicanálise*, por exemplo. Ela é infantil, certamente, ligada mais à fantasia que ao objeto, portanto, autoerótica, regida pela fantasia, regida pelo inconsciente. (O inconsciente, afinal, não é o Sexual? A indagação é pertinente.) O Sexual, para Freud, é, pois, exterior ou mesmo anterior à diferença dos sexos, para não dizer, à diferença dos gêneros: ele é oral, anal ou paragenital.

Para defini-lo, contudo, Freud é constantemente levado a relacioná-lo com aquilo que ele não é, ou seja, com a atividade sexuada ou de sexo, e Freud o faz pelas três vias clássicas da associação de ideias. Pela via da semelhança, primeiramente: Freud busca *semelhanças* entre os prazeres do Sexual, prazeres da sexualidade infantil, ou ainda prazeres perversos, e o que é característico da sexualidade genital, a saber, o orgasmo. Semelhanças mais ou menos válidas, mais ou menos artificiais, como aquela apresentada entre o "sorriso feliz" do bebê saciado e a "expressão da satisfação sexual posterior" (*GW*, V, p. 82). Vêm, em seguida, os argumentos da *contiguidade*, uma vez que o Sexual é reencontrado nos prazeres preliminares, nas perversões, é contíguo ao orgasmo genital. Ou até mesmo o argumento da contiguidade "anatômica", a respeito da qual Freud diz que já é uma espécie de "destino": a contiguidade anatômica entre a vagina e o reto[111].

Mas eu gostaria de insistir mais na associação dita "por *oposição*", que, tradicionalmente, entre os associacionistas, é dita "terceiro tipo de associação". O prazer Sexual está em *oposição* ao prazer sexuado? Sem dúvida, muitas vezes no real, na busca das atividades eróticas, nas características econômicas mesmo, uma vez que se pode pensar — retomarei isso mais adiante talvez — que o Sexual tem um funcionamento econômico que busca a tensão, diferente do sexuado, que visa ao clássico alívio pelo prazer. A verdadeira oposição, porém, não é essa. Encontramos uma espécie de subversão da própria noção de oposição lógica, que subitamente se torna uma oposição real, ou seja, o *proibido*. Em outras palavras, o Sexual poderia ser definido como "o que é condenado pelo adulto". Não encontramos um texto de Freud

---

[111] *OCFP*, XI, p. 140, cf. p. 184 nota 1.

em que ele fale da sexualidade infantil sem apresentar essa oposição, não como uma espécie de reação contingente, mas como algo que *define* verdadeiramente a sexualidade infantil; e creio que, mesmo nos dias de hoje, a sexualidade infantil propriamente dita é o que mais repugna para a visão do adulto. Ainda hoje, o que há de mais dificilmente aceito são os "maus hábitos", como se diz. Curiosa definição, então, por oposição. Numa espécie de petição de princípio, o sexual é reprovado porque é sexual, mas é sexual, ou Sexual, porque é reprovado. O Sexual é o recalcado, ele é recalcado por ser Sexual.

Aqui estamos nós, diante de uma grande dificuldade: definir um Sexual ampliado, que só parece se sustentar em relação ao sexuado, à sexualidade dita clássica. Será que introduzir um terceiro termo nos salvará ou, ao contrário, aumentará a confusão, o recalque?

O terceiro termo é o *gênero*, introduzido inicialmente em língua inglesa, mas que, obviamente, tendeu a ser traduzido, transposto, para as diferentes línguas, o francês especialmente. Pensa-se que a noção de gênero, com tamanho sucesso atualmente entre os sociólogos, as feministas, os sociólogos feministas, foi introduzida por eles. Na verdade, sabe-se bem hoje, ela foi introduzida pelo sexólogo J. Money, em 1955, e retomada, com o sucesso que sabemos, por R. Stoller, que, em 1968, forja o termo "identidade nuclear de gênero" ou "núcleo da identidade de gênero" (*core gender identity*). Ele integra, assim, o termo gênero na reflexão propriamente psicanalítica[112].

Precisaríamos entrar, aqui, nas infinitas variações muito tentadoras do pensamento de Stoller, pensador não convencional e muito interessante, mesmo que se contradiga muitas vezes. Gosto de citar o que diz Stoller, notadamente do pensamento psicanalítico contemporâneo, que ele compara ao panteão da Roma Imperial, onde coexistiam os templos das mais diferentes divindades numa espécie de feliz confusão.

Trata-se apenas de um parêntese. Com Stoller, e depois dele, a noção de gênero torna-se sinônimo de um conjunto de

---

[112] Stoller. R., 1968, *Sex and gender*, trad., Paris. Gallimard, 1978, com o título "Recherches sur l'identité sexuelle". Basta a transposição do título para mostrar a dificuldade para o pensamento francês psicanalítico clássico de integrar o termo e a ideia de "gênero".

convicções, a convicção de pertencer a um dos dois grupos sociais definidos como masculino ou feminino, ou ainda, "a convicção de que a designação a um desses dois grupos foi correta". Voltarei mais adiante a esse termo "designação".

Não seguirei aqui o pensamento de Stoller[113]. O que me interessa é o surgimento desse novo par sexo/gênero ou *sex/gender*, no binarismo anglo-saxônico. *Sex* é entendido, sobretudo, como biológico, e *gender*, como sociocultural, e subjetivo também. Daí o problema de uma política da tradução nas línguas que não dispunham do uso corrente do vocábulo "gênero". O francês o tinha mais ou menos, mas, sobretudo, com referência ao "gênero gramatical", questão muito rica e espinhosa sobre a qual proporei algumas notas complementares ao final desta apresentação[114]. O alemão, em especial, não dispõe desse termo exatamente. Não entrarei em detalhes quanto à língua alemã, em que *Geschlecht* significa gênero e sexo ao mesmo tempo. O alemão freudiano, portanto, tem apenas a oposição *Geschlecht/ sexual*. Na verdade, os alemães, quando traduzem textos do inglês — e isso é importante porque se trata de uma verdadeira interpretação — são levados a traduzir *sex* por "sexo biológico" e *gender* por "sexo social", o que já é, evidentemente, toda uma opção teórica, a qual não é discutida.

Os termos e os conceitos são armas, armas de guerra, o gênero contra o sexo, e o gênero e o sexo aliados, poder-se-ia dizer, contra o Sexual. Em Stoller, é o gênero contra o sexo, pois, aderindo ao gênero, ele livra grande parte da problemática de qualquer conflito. Um autor alemão como Reimut Reiche dedicou o artigo "Gender ohne sex"[115] ao modo pelo qual, segundo ele, a introdução do gênero — o "gênero sem o sexo" — é justamente uma conceituação enviesada, que elimina totalmente o problema do sexo ou da sexualidade. Reiche critica principalmente a noção de "marca" e, em especial, de marca não conflitiva, que faz parte da tentativa stolleriana de definir o gênero. Mas o que Reiche não percebe, parece-me, é o fato de que o

---

[113] Cf. "Suplemento I": Stoller.

[114] Cf. "Suplemento II": o gênero linguístico.

[115] In *Psyche*, 1997, 9/10. Este título é uma mescla de palavras em inglês (*gender* e *sex*) com uma palavra em alemão (*ohne*) : "O gênero sem o sexo".

par gênero/sexo é, por sua vez, uma máquina bem mais temível contra a descoberta freudiana.

É nesse momento que os movimentos feministas em geral entram no combate. Sejam eles, como se diz, "diferencialistas" ou não, o binarismo sexo/gênero sempre acaba sendo mais ou menos mantido. Em Beauvoir, a distinção dos termos não é estabelecida, ou seja, a categoria de sexo tida como diferente daquela de gênero ainda não havia sido apresentada na época de seu livro, mas, na verdade, já funciona, como pudemos mostrar. Sua posição geral, poder-se-ia dizer, é a de que o sexo biológico deve ser concebido na base, mesmo que essa base deva ser completamente subvertida. Cito um trecho de *O segundo sexo*:

> Em verdade, esses fatos [da biologia, das diferenças físicas entre homem e mulher] não poderiam ser negados, mas não têm sentido em si mesmos [...]. Não é enquanto corpo, é enquanto corpo submetido a tabus, leis, que o sujeito toma consciência de si mesmo e se realiza[116].

É certamente um texto característico do ambiente, digamos, voluntarista e existencialista em que esse livro é escrito (que, por outro lado, continua sendo muito interessante por suas numerosas descrições). Ora, parece haver um duplo movimento entre a maior parte das feministas, entre as mais teorizadoras e as mais radicais. Há um primeiro movimento de subversão da noção de sexo, chegando a anulá-lo numa pura retroação pelo gênero; e depois, um momento em que se percebe a necessidade, apesar de tudo, de conceber algo na base, ainda que seja justamente para poder subvertê-lo e anulá-lo: uma espécie de natureza pura ou, como diz Beauvoir, "fatos que não têm sentido em si mesmos".

É o caso de Judith Butler, cujo segundo livro, *Bodies that matter*, constitui uma revisão profunda do primeiro (*Gender trouble*), por reintroduzir imediatamente o "biológico" do "sexo" e suas "determinações", explicando que tal preterição, na obra anterior, era por razões de contrapeso "tático": "Não é só disso que todo mundo fala?"[117].

---

[116] *Le deuxième sexe*, Gallimard. Folio, 1976, I, p. 74 et 76. [Tradução livre da citação. Entre colchetes, o acréscimo é de Jean Laplanche.]

[117] Entrevista: in *A critical sense*, Peter Osborne, London and New York, Routledge, 1996, p. 112.

É o caso de Nicole-Claude Matthieu, que intitula um de seus artigos, muito difícil, "Trois modes de conceptualisation du rapport entre sexe et genre"[118]. Percebe-se apenas pelo título que ela precisa da noção de sexo. O gênero, diz ela, pode "traduzir" o sexo, pode "simbolizar" o sexo ou pode "construir" o sexo, ou seja, construí-lo reconstruindo-o, até mesmo o destruindo. Mas isso implica certa posição biológica prévia do sexo, uma vez que o gênero "traduz", "simboliza" ou "constrói" um sexo já existente antes dele. Um tipo de definição biológica do sexo é finalmente restaurado em parte, implicitamente ou mesmo sub-repticiamente.

Cito um trecho de Nicole-Claude Matthieu mais recente:

> Como na substituição do termo "raça" pelo termo "etnia", deixar o sexo fora do campo do gênero corre o risco de manter seu status de um real inevitável, esquecendo que a biologia e *principalmente* a fisiologia da fecundidade é *em larga medida* dependente do ambiente social[119].

Destaquei em itálico na citação as palavras "principalmente" e "em larga medida"; percebam que, num pensamento que pretende ser muito rigoroso, são introduzidas, contudo, largas margens de indeterminação ao afirmar que a biologia é "principalmente" a fisiologia da fecundidade. Se é "principalmente", isso quer dizer que talvez também possa ser outra coisa. O fato de ser "em larga medida" dependente do ambiente social quer dizer que talvez não o seja totalmente, etc. "Principalmente": aceita-se o sexo no campo do procriativo. "Em larga medida": soluciona-se a questão por uma dependência parcial[120].

Em suma, as feministas em geral, até as "radicais" ou, poderíamos dizer, até as menos radicais, precisam do sexo para subvertê-lo e "desnaturá-lo" em gênero. Seria necessário, contudo, voltar à boa e velha sequência sexo/gênero na seguinte ordem: *sexo antes do gênero, natureza antes da cultura*, mesmo que se concorde em "desnaturar" a natureza[121]. Em tudo isso, é claro,

---

[118] In *L'anatomie politique*, Paris, Côté-femmes, 1991.

[119] In *Dictionnaire critique du féminisme*, Paris, PUF, 2000, p. 197-198 (o grifo é do autor).

[120] A menos que se chegue ao radicalismo de certas feministas que, para suprimirem completamente a noção de sexo, são levadas a combater a própria noção de diferença no nível lógico (Monique Wittig). Contento-me aqui a apenas fazer uma alusão à questão.

[121] É exatamente nesse ponto que eu me oponho a situar imediatamente (e a traduzir em francês) o gênero como "sexo psicossocial" e o sexo como "sexo biológico". Tal categorização

o sexual freudiano, o Sexual, pode estar totalmente ausente. A psicanálise será referida como inserida na classe das ideologias que subordinam o gênero ao sexo, o primeiro sendo a "tradução" do segundo (N. C. Matthieu).

Introduzir o gênero em psicanálise seria estabelecer um pacto com aqueles que querem arrefecer a descoberta freudiana? Ou seria, paradoxalmente, um meio de reafirmar, ao contrário, o inimigo íntimo do gênero, o Sexual?

Para introduzir o gênero no pensamento psicanalítico freudiano, eu tenho ao menos um pretexto, o fato de ele estar presente em Freud, pelo menos nas entrelinhas. De fato, Freud nunca emprega o termo, pela justificada razão de que a língua alemã não o permite, pois *Geschlecht* significa sexo e gênero ao mesmo tempo; mesmo em se tratando do gênero humano, a palavra empregada é *Geschlecht*. Falta, então, a palavra, mesmo que essa possa ter sido reinventada em alemão, com o termo erudito *Genus*[122]. No entanto, mesmo faltando a palavra, a coisa não está totalmente ausente. Freud insiste — quero lembrar brevemente — na existência de três pares de oposição no ser humano: ativo-passivo, fálico-castrado e, o que mais nos interessa aqui é o terceiro, masculino-feminino. O terceiro, nos diz ele, é o mais difícil de pensar, sendo até mesmo, talvez, rebelde ao pensamento. Nas duas pontas da evolução que leva ao estado adulto, encontra-se o enigma da masculinidade-feminilidade. No adulto, é o enigma de algo que não é nem puramente biológico, nem puramente psicológico, nem puramente sociológico, mas uma mescla curiosa dos três. Cito o seguinte trecho: "Masculino e feminino constituem a primeira diferenciação que fazemos quando encontramos outro ser humano, e somos acostumados a fazê-la com uma certeza isenta de dúvida"[123]. É a "primeira vista" do ser humano, do semelhante, que diferencia, de um modo "impensado", masculino e feminino. Na outra ponta, e isso nos interessa ainda mais, temos o famoso texto

---

reduz a oposição gênero-sexo, que é bem mais fecunda e complexa, ao velho refrão biologia/sociologia. Mostrarei mais adiante, destacadamente, que o sexo que entra numa relação de simbolização com o gênero não é o sexo da biologia, mas, em grande parte, o sexo de uma anatomia fantasiada, profundamente marcada pela condição do animal humano.

[122] Empregado para denotar o gênero linguístico, mas seu uso poderia ser estendido.

[123] "Nouvelle suite des leçons d'introduction à la psychanalyse", *OCFP*, XIX, p. 196.

sobre as "Teorias sexuais infantis", em que Freud formula a hipótese muito divertida e curiosa de um viajante que vem de outro planeta (digamos que vem de Sirius) e cuja curiosidade será despertada pela presença dos dois sexos. Evidentemente, é de gênero que se deveria falar, se aceitarmos modificar levemente o texto de Freud, pois, de fato, são os *habitus* dessas duas categorias de seres humanos que contam, e não os órgãos genitais em si, que geralmente estão escondidos.

Voltarei mais adiante a esse problema do *enigma*, pois, neste caso, o ser humano não é visto numa sucessão em que a criança se torna adulto, ou então em que o adulto se recorda da criança que ele foi, e sim numa simultaneidade: é a criança *na presença* do adulto que se interroga sobre essa diferença presente no adulto. Mas, em Freud, esse questionamento é muitas vezes esquecido. Quero dizer que a categoria do gênero está seguidamente ausente ou é impensada. Mencionarei, por exemplo, toda a problemática que Freud levanta a respeito da homossexualidade e da paranoia em Schreber. Freud escreve o enunciado de base, com o qual ele joga, modificando cada um dos termos, da seguinte maneira: "Eu (um homem) o amo (a um homem)". E sabemos como toda a dialética de Freud a respeito dos diferentes modos de delírio consiste em modificar o "eu" de "eu o amo", o "o" de "a ele" (um homem)", e também, obviamente, o verbo "amar" que pode transformar-se em "odiar". Assim, toda a dialética de "Eu (um homem)/o amo (a um homem)" está centrada na *segunda parte da frase*, sem nunca questionar o que quer dizer "eu, um homem". Problemática esta, no entanto, que é diretamente a de Schreber e que muitos analistas, com razão, relacionaram com a do transexualismo.

Em psicanálise, na clínica de modo geral, a imensa maioria ou mesmo a totalidade dos "relatos de casos" indica irrefletidamente, já de início: "trata-se de um homem de trinta anos; ou de uma mulher de vinte e cinco anos, etc.". O gênero estaria realmente fora de conflito a ponto de ser impensado já de início? Teria ele, por assim dizer, expulsado de si o conflito sob a forma do Sexual?

Passo agora a minha segunda parte, que é a história da tríade gênero-sexo-Sexual. Com "história", quero dizer clara e simplesmente: a gênese no ser humano, no pequeno ser humano, a gênese infantil dessa tríade. Gênese que os psicanalistas não devem temer abordar.

De modo geral, há uma espécie de "adultocentrismo" de base — falei das feministas, mas certamente não são as únicas, poderíamos dizer a mesma coisa dos etnólogos. Digo isso em me referindo aos etnólogos, pois, se tomarmos o exemplo de Lévi-Strauss, a teoria da proibição do incesto é uma teoria que se situa inteiramente no nível adulto. Aliás, o principal interdito do incesto em Lévi-Strauss é o incesto entre irmãos, o que prova que se trata de adultos da mesma idade, do mundo dos adultos somente. Existe aí, certamente, um preconceito pós-cartesiano, uma espécie de adulto-centrismo que está longe de ser abolido.

Em algumas linhas que circularam antes desta apresentação, eu confrontei duas frases. Uma é de Simone de Beauvoir: "Não se nasce mulher, torna-se mulher" (*O segundo sexo*, 1949). A outra é de Freud: "É da especificidade da psicanálise não pretender descrever o que é a mulher — tarefa que ela não poderia cumprir —, mas sim examinar como ela se torna mulher" (*Novas conferências introdutórias sobre psicanálise*, 1933).

Podem-se dizer muitas coisas a respeito da aproximação dessas duas frases. Em primeiro lugar, é óbvio que Beauvoir, em 1949, não sente a necessidade de citar um enunciado de Freud, que, contudo, é bastante próximo do dela. Bastante próximo, mas diferente, é claro; e, apesar de tudo, seu precursor.

Em que sentido eles se aproximam? Em que sentido se distanciam? Distanciam-se porque, de certa maneira, poderíamos dizer que Beauvoir se mostra mais "naturalista" que Freud. Ela admite "mulher" como um ser, como algo dado, como uma espécie de natureza, um dado bruto que precisa com certeza ser retomado subjetivamente para vir a sê-lo ou para recusá-lo. "Ela vem a sê-*lo*." Já em Freud é notável como seu enunciado é totalmente contraditório. Freud nos diz: "Ela se torna o que somos incapazes de *definir*". De certa maneira, neste ponto, Freud é mais existencialista que Simone de Beauvoir. Poderíamos também situá-los na *querela do après-coup*. De um lado, Beauvoir, com a interpretação retroativa, a onipotência de mudar *après coup* o sentido do passado, a "ressignificação"; esta já é a tese junguiana do *Zurückphantasieren*, do *retrofantasiar*. Nesta linha, há o "performativo", o gênero como performativo, dizem certas feministas. E do outro lado, Freud, com um determinismo afirmado, que, aliás, se confirma no fim do capítulo sobre a feminilidade em *Novas conferências,* em que Freud reforça isso de maneira caricatural e não muito agradável, ao afirmar que a mulher, quando se torna adulta, é de uma "rigidez", de uma "imutabilidade psíquica" que ele nunca viu em homens da mesma idade. Deixo a ele toda a responsabilidade por essa asserção.

Poderíamos, então, identificar um ponto de vista clivado Beauvoir-Freud sobre o *après-coup,* entre a "modificação retroativa", ação do futuro e do presente sobre o passado, e a "ação diferida", determinismo, por mais retardado que ele seja, do presente pelo passado. Foi essa clivagem que eu tentei ultrapassar com a introdução de dois elementos essenciais no *après-coup:* de um lado, *o primado do outro,* que justamente não é considerado nessas concepções do *après-coup,* uma vez que elas se mantêm na esfera de *um único* indivíduo. Não consideram a influência da presença do outro no *après-coup.* E de outro lado, falta também a *simultaneidade* criança-adulto. Quero dizer que o par criança-adulto não deve ser concebido essencialmente como um sucedendo ao outro, mas como um estando efetivamente na presença do outro, nos primeiros anos de vida, desde os primeiros meses. Creio que *a chave da noção de après-coup é esta:* deixar de considerar nela um único indivíduo, mantendo-se fechado numa oposição intransponível. Perguntar-se se a criança é causa do adulto ou se o adulto reinterpreta livremente a criança; perguntar-se se o determinismo segue a linha do tempo ou, inversamente, se ele toma o sentido oposto à linha do tempo. Essa oposição só pode ser superada se o indivíduo for posto na presença do outro, a criança *na presença* do adulto, recebendo dele mensagens que não são *um dado bruto,* mas "a traduzir"[124].

Intitulei esta apresentação "O gênero, o sexo, o Sexual", *nesta ordem.* Falar do pequeno ser humano nesta ordem é pôr o gênero em primeiro lugar. Trata-se, *pois, de uma contestação do primado da "base" sexuada.*

Subjetivamente — e quanto a isso as discussões e as observações já são numerosas —, nada permite afirmar que o sexo

---

[124] Cf. "Notes sur l'après-coup", in *Entre séduction et inspiration: l'homme,* Paris, PUF, 1999.

biológico seja intimamente percebido, assimilado e vivido de algum modo pelo sujeito nos primeiros meses. Refiro-me aqui tanto a textos antigos, como o de Person e Ovesey (1983)[125], quanto à súmula que Kernberg faz no seu livro sobre as "relações de amor"[126] ou ainda, e sobretudo, o livro de Roiphe e Galenson, publicado em francês há alguns anos com o título *La naissance de l'identité sexuelle*[127]. O gênero, segundo todos esses autores e segundo as observações que eles relatam — não posso citá-las aqui, mas elas são muito convincentes —, viria, então, em primeiro lugar no tempo e na tomada de consciência, e começaria a adquirir uma estabilização por volta do fim do primeiro ano. Porém — logo tem de vir um "porém" —, o gênero não é *nem* uma impregnação cerebral hipotética, que seria uma impregnação hormonal (sabe-se que há certa impregnação hormonal perinatal, que, aliás, cessa rapidamente e *não* tem influência sobre a escolha do gênero), *nem* uma marca à maneira de Stoller, *nem* um hábito. Todas estas, afinal, são noções a que chamo de ipsocentristas, isto é, centradas somente no indivíduo.

A meu ver, o termo capital para definir o gênero — aliás, não sou o único a dizê-lo — é *designação*. Designação sublinha o primado do outro no processo. Seja no registro civil no cartório primeiramente, na igreja ou em qualquer outro lugar oficial, registro com designação do primeiro nome, do parentesco, designação da religião, também, muitas vezes. Mas o ponto importante sobre o qual eu gostaria de insistir é que não se trata de um processo pontual, limitado a um único ato. Neste aspecto, distancio-me nitidamente de tudo o que pode ter sido dito, por exemplo, da "determinação pelo nome". Um campo já aberto por Stekel. Um campo que só podia encontrar um desenvolvimento, parcialmente indevido, com a inflação lacaniana da noção de significante. O fato de que a designação do primeiro nome possa veicular mensagens inconscientes é uma coisa. Mas o "significante" não é determinante por si só. A designação é um conjunto complexo de atos que se prolongam na linguagem e nos comportamentos significativos do entorno. Poder-

[125] "Psychoanalytic théories of Gender identity", in *J. Am Acad. Psychoanal*, 11/2/1983.

[126] *Love relations*, New Haven and London Yale U.P, 1995.

[127] *Le fil rouge*, Paris, PUF, 1987.

-se-ia falar de uma designação contínua ou de uma verdadeira *prescrição*. Prescrição no sentido de que se fala de mensagens ditas "prescritivas"; logo, da ordem da mensagem, até mesmo do bombardeio de mensagens.

Cuidado! Diz-se que "o gênero é social", "o sexo é biológico". Cuidado com o termo "social", pois ele envolve aqui pelo menos duas realidades que se cruzam. De um lado, o social ou o sociocultural em geral. É certamente no "social" que se inseriu a designação, ainda que seja apenas no famoso registro inicial junto às estruturas institucionais de determinada sociedade. Mas quem insere não é o social em geral, é o pequeno grupo dos *socii* próximos. Em outras palavras, o pai, a mãe, um amigo, um irmão, um primo, etc. É, então, o pequeno grupo dos *socii* que insere *no* social, mas não é a Sociedade que designa[128].

Esta ideia de designação ou de "identificação como" *muda completamente o vetor da identificação*. Acredito que temos aí uma forma de sair da aporia daquela tão "bela" expressão de Freud, que deu tanto a cogitar e a comentar: "a identificação primitiva com o pai da pré-história pessoal". Sabe-se que essa bela expressão é logo contradita por uma nota de Freud, que afirma: "nesse período, a criança não consegue distinguir entre o pai e a mãe, dever-se-ia, então, dizer "os pais"[129]. Essa identificação primitiva com o pai da pré-história pessoal, retomada como identificação dita "simbólica" por certos lacanianos (penso, por exemplo, em Florence, em seu trabalho sobre a identificação)[130], é mais ou menos considerada como matriz do ideal do eu. Lanço simplesmente a pergunta, ou melhor, proponho o seguinte: em vez de uma "identificação com", não seria uma *identificação por*? Em outras palavras, eu diria: identificação primitiva *pelo socius* da pré-história pessoal.

Faço uma breve pausa para citar — sei que não sou o pri-

---

[128] No início de *Psicologia de grupo e a análise do ego* (*Psychologie de masses et analyse du moi*, OCFP, XVI, p. 5-83), Freud afirma que "a psicologia individual é também imediata e simultaneamente psicologia social" (*OCFP*, XVI, p. 5). Mas logo se percebe que a psicologia social a que ele se refere é a das interações, próximas com o que eu chamo de círculo estreito do *socius*: "seus pais, seus irmãos e irmãs, seu objeto de amor, seu professor e seu médico" (*OCFP*, XVI, p. 6).

[129] Para uma crítica dessas passagens de Freud, absolutamente enigmáticas e sintomáticas, cf. J. Laplanche. *Problématiques I*, p. 335-337 [*Problemáticas I — A angústia* (Martins Fontes, 1987)].

[130] Florence J., *L'identification dans la théorie freudienne*, Facultés Universitaire Saint-Louis, Bruxelles, 1978.

meiro a tomar uma determinada direção — Person e Ovesey, em seu artigo central sobre o tema da identidade de gênero. Person e Ovesey invertem completamente a sequência comumente aceita na qual o biológico vem antes do social, para expressarem-se nos seguintes termos (veremos em que sentido podemos admiti-lo e em qual outro podemos criticá-lo, modificá-lo): "pode-se dizer que o gênero precede a sexualidade no desenvolvimento e a organiza, não o inverso" (p. 221). Concordo com esta formulação, mas parcialmente. No que diz respeito à ideia de precedência, vejam que eu me posiciono inteiramente desse lado da precedência do gênero em relação a outra coisa. Quanto ao termo "sexualidade", eu o considero vago demais para poder admiti-lo (senão como uma espécie de termo geral, uma espécie de palavra abrangente). Direi, então, que, para mim, "o gênero precede o sexo". E, além disso, diferentemente de Person e Ovesey, que dizem que "o gênero precede o sexo e o organiza", eu direi: "Sim, o gênero precede o sexo. Mas, ao invés de organizá-lo, é organizado por ele".

Sinto-me tentado aqui a lançar mão do esquema do que eu chamei de teoria da sedução generalizada. A teoria da sedução generalizada parte da ideia das mensagens do outro. Nestas mensagens, há um código ou uma onda transmissora, isto é, uma linguagem de base, que é uma linguagem pré-consciente--consciente. Em outros termos, eu nunca disse — penso nunca ter dito — que há mensagens inconscientes dos pais. Ao contrário, acredito que existem mensagens pré-conscientes-conscientes e que o inconsciente parental é como o "ruído" — no sentido da teoria da comunicação — que vem interferir e *comprometer* a mensagem pré-consciente-consciente.

Ora, o código, ou a linguagem que corresponde a um código, a linguagem portadora, não é necessariamente o mesmo. Até o presente momento, na teoria da sedução generalizada, que visa explicar a gênese da pulsão, eu insisti essencialmente no código do *apego*, no modo como ele é veiculado pelos cuidados corporais. Neste caso, então, a comunicação se estabelece dentro da relação de apego. Hoje, tento dar aqui um segundo passo, mais hipotético e que deve ser articulado com o anterior. Porque a comunicação não circula somente pela linguagem do corpo, pelos cuidados corporais; há também o código social, a língua social, há também as mensagens do *socius*: estas mensagens são principalmente *mensagens de designação do gênero*. Mas são também portadoras de muitos "ruídos", todos aqueles trazidos pelos adultos próximos — pais, avós, irmãos —, suas fantasias, suas expectativas inconscientes ou pré-conscientes. Um pai pode designar conscientemente o gênero masculino ao filho, mas pode ter esperado uma filha ou mesmo desejar inconscientemente penetrar uma filha. É, afinal, muito mal explorado esse campo da relação inconsciente dos pais com seus filhos; e penso que ele não se infiltra apenas nos cuidados corporais, nas primeiras mensagens, geralmente maternas (mas não necessariamente só maternas). Esses desejos[131] inconscientes também vêm infiltrar-se na designação do gênero. É, pois, o sexuado e principalmente o Sexual dos pais que vêm *provocar ruído* na designação. Digo "principalmente o Sexual", pois prezo muito a ideia de que, em última instância, os adultos na presença da criança reativam, sobretudo, sua *sexualidade infantil*.

A teoria da sedução, como eu tentei formular, pressupõe uma tradução, ou seja, um código de tradução. E aqui, obviamente, é do lado do sexo que convém procurar. O gênero é adquirido, designado, mas enigmático, até os quinzes meses de vida aproximadamente. O sexo vem fixar, traduzir o gênero no decorrer do segundo ano, ao longo do que Roiphe e Galenson denominam a "fase genital precoce".

O *complexo de castração* é o seu centro. Ele traz certezas, é claro, mas também merece ser posto em dúvida, pois essas mesmas certezas talvez sejam um pouco categóricas demais. A certeza do complexo de castração mantém-se com um fundo de ideologia e de ilusão. Freud disse: "O destino é a anatomia"[132]. Esse destino corresponde ao fato de que há dois sexos separados, diz ele, pela "diferença anatômica de sexo". Mas, nisso, Freud não escapou do ilusionismo que consiste em introduzir uma confusão entre *anatomia* e *biologia*. De fato, em outros momentos, ele fala da "rocha" biológica, dando a esse destino,

---

[131] N.T.: Em francês, *souhait* = desejo, voto, aspiração.

[132] Tradução preferível a "A anatomia é o destino". O alemão permite traduzir assim, e acredito que é mais impressionante dizer "o destino é a anatomia".

em suma, um fim biológico. E muita gente pensa que é a afirmação do *biologismo* de Freud que está refletida na frase "a anatomia é o destino". Ora, *anatomia* não é biologia, muito menos fisiologia, e menos ainda determinismo hormonal. Dentro da própria anatomia, sem falar dos outros registros, existem vários níveis: há a anatomia científica, que, aliás, pode ser puramente descritiva, ou então estrutural, pelo aparelho, por exemplo, descrevendo a função através da anatomia do aparelho genital; mas há também a anatomia popular. Ora, a anatomia que é um "destino" é popular e, além disso, perceptiva ou até mesmo puramente ilusória. "Perceptiva" em quê? No animal, que não dispõe da posição ereta, existem *dois* conjuntos genitais externos *percebidos* como tais, ou seja, visualizados como tais, os órgãos genitais da fêmea sendo perfeitamente perceptíveis, visíveis, mas também, principalmente, percebidos pelo olfato. No caso do animal, têm-se, portanto, *dois* sexos. No caso do homem, a partir da posição ereta, ocorre uma dupla perda perceptiva: a perda ou a regressão da percepção olfativa e a perda da visão dos órgãos genitais externos femininos. A percepção é, então, reduzida ao que Freud às vezes chama de "inspeção" (*Inspektion*), ou seja, à pura visualização na acepção médica do termo. No ser humano, a percepção dos órgãos genitais não é mais a percepção de *dois* órgãos genitais, mas a de um só. A diferença dos sexos torna-se "diferença de sexo".

Em algum lugar, Spinoza diz — gosto muito desta citação, que parece não ter nada a ver, mas que, na realidade, convém perfeitamente: "O entendimento e a vontade divina diferem tanto do entendimento e da vontade humana quanto diferem entre eles o Cão, signo celeste, e o cão, animal que ladra". Pois bem, eu diria que essa inadequação entre duas coisas que efetivamente nada têm em comum, exceto o nome, "Cão, constelação celeste", e "cão, animal que ladra", pode ser transposta à questão da diferença dos sexos: a diferença perceptível de sexo, como signo ou como significante, não tem praticamente nada a ver com a diferença biológica e fisiológica entre macho e fêmea.

Essa contingência não é um *destino extraordinário*? A posição ereta deixa os órgãos femininos perceptivamente inacessíveis. Ora, essa contingência foi erigida, por muitas civilizações, e pela nossa sem dúvida, à posição de significante maior, universal, de presença/ausência.

A diferença anatômica perceptiva é uma linguagem, um código? Certamente não um código completo, mas, no mínimo, é o que estrutura um código, um código dos mais rígidos, estruturado justamente pela lei do terceiro excluído, pela presença/ausência. É antes o esqueleto de um código, mas de um código lógico, que eu tenho designado, há muito tempo, como "lógica fálica"[133]. Lógica da presença/ausência, do zero e do um, que teve um impulso impressionante no universo moderno das ciências da computação.

Então, a questão da diferença de sexo pode dificilmente não estar implicada no complexo de castração.

Estudos como os de Roiphe e Galenson, observações de longa duração sobre toda uma população de crianças observadas de perto — uma vez os estudos desvencilhados de certos pressupostos ideológicos — parecem reforçar a ideia de uma imensa generalidade, se não de uma universalidade do complexo de castração. Mas, diferentemente de Freud, trata-se de um complexo de castração que não está ligado ao Édipo num primeiro momento. Roiphe e Galenson falam de uma "fase genital precoce", de uma "reação de castração" que seria antes uma reação *pelo* complexo de castração.

Podemos aqui levantar múltiplas questões. Questões que eu já abordava, há muito tempo, numa de minhas *Problemáticas* intitulada "Castração — simbolizações", em que eu indagava se a universalidade do complexo de castração em sua forma rígida, em sua oposição lógica "fálico/castrado", é incontornável, se não existem modelos de simbolização mais flexíveis, mais múltiplos, mais ambivalentes.

O caráter incontornável da lógica do terceiro excluído na formação de nossa civilização ocidental anda necessariamente de mãos dadas com o reinado do complexo de castração no nível do indivíduo ou do pequeno grupo, ou seja, como *ideologia*? Afinal, nas análises, são muitas vezes em formas atenuadas que se encontram as lembranças ligadas ao complexo de castração.

---

[133] Cf. *Problématiques II — Castration, symbolisation*, Paris, PUF, 1980 [*Problemáticas II — Castração e simbolizações* (Martins Fontes, 1988)].

Atenuadas quer dizer que elas mesmas são comprometidas por aquilo que querem recalcar.

Ora, o que elas querem recalcar é justamente o Sexual. O que o sexo e seu braço secular, poder-se-ia dizer, o complexo de castração, tendem a recalcar é o sexual infantil. Recalcá-lo quer dizer, precisamente, criá-lo recalcando-o.

Eu não poderia deixar de retomar aqui o que se destacou recentemente de um diálogo com Daniel Widlöcher acerca do "apego e da sexualidade infantil"[134]. O sexual infantil, o Sexual, é o próprio objeto da psicanálise. Pulsional e não instintual, funcionando de acordo com um regime econômico particular, que é a busca da tensão e não a busca da redução de tensão, tendo em sua fonte e não em seu destino o objeto fantasístico, invertendo, portanto, a "relação de objeto", ele vai tomar todo o lugar, tentando organizar-se de maneira sempre precária, até a revolução da puberdade, em que o genital instintual terá de conciliar-se com ele.

Aproximo-me do final desta apresentação para dar espaço à discussão, ou seja, às incertezas.

Eu quis apresentar um quadro rigoroso, mas com a intenção de abrir espaço para hipóteses e incertezas.

Hipóteses entre as quais algumas são perturbadoras em relação ao que se costuma admitir.

• Precedência do gênero em relação ao sexo, que revoluciona os hábitos de pensamento, as dobras rotineiras de pensamento que põem o "biológico" antes do "social".

• Precedência da designação em relação à simbolização.

• Identificação primária, a respeito da qual eu proponho que, longe de ser uma identificação primária "com" (o adulto), é uma identificação primária "por" (pelo adulto).

• Caráter contingente, perceptivo, *ilusório* da diferença anatômica de sexo, verdadeiro destino da civilização moderna.

As *incertezas* são numerosas, e creio que elas serão suscitadas. Cito a questão de como se conjugam essas duas correntes de mensagens enigmáticas, como estou tentando definir agora: ou

---

[134] No presente volume, artigo correspondente ao capítulo II: D. Widlöcher et J. Laplanche, "Sexualidade e apego na metapsicologia".

seja, é preciso colocar esta segunda corrente da designação social ao lado da corrente do apego. Como se situam, em relação a essa dupla corrente, os problemas da feminilidade e da "bissexualidade"? Qual é a relação daquilo que eu propus sobre a "identificação por" com a noção de ideal do eu? E outras ainda, é claro. Todas as incertezas, as questões e as objeções que queiram levantar. Muito obrigado.

Suplemento I: o gênero e Stoller

Eu gostaria, em primeiro lugar, de *destacar algumas impressões* que se depreendem da leitura de Stoller; Stoller como pesquisador e pensador[135].

Stoller demonstra uma liberdade de ritmo absolutamente impressionante, quiçá estampada.

Ele não hesita em criticar e reconsiderar suas próprias observações (por exemplo, em *Masculin ou féminin?*, capítulo 5, Contribuição da biologia à identidade de gênero). *Às vezes, ele zomba de si mesmo, ou das explicações excessivamente completas.* Pode-se ler, entre várias outras, nas páginas 91 e 92 de *La perversion, forme érotique de la haine*, onde ele coloca no mesmo saco tanto as teorias psicológicas ou fisiológicas não analíticas quanto as teorias analíticas, concluindo (nota p. 92): "A teoria psicanalítica é o sistema mais sincrético desde o Panteão dos romanos".

Ou ainda, em *Masculin ou féminin?* (p. 17-18), onde ele critica o jargão psicanalítico, não sem manifestar também sua desconfiança em relação aos "relatos de casos" (*ibid*, p. 15 e 26), uma desconfiança em relação à teoria, que, no entanto, pode levar a um curioso ceticismo: "Por fim, sem argumentos, podemos nos perguntar qual pode ser a importância prática de classificar as perversão como neuroses ou como outra coisa" (*La perversion, forme érotique de la haine*, p. 111, nota).

As explicações biológicas simplistas demais também não são poupadas, especialmente aquelas extraídas de experiências com animais (*La perversion, forme érotique de la haine*, p. 35-36,

---

[135] Obras de referência: *Sex and Gender*, 1968. Tradução em francês sob o título: *Recherches sur l'identité sexuelle*, Paris, Gallimard, 1978. *Perversion*, 1975. Tradução em francês: *La perversion, forme érotique de la haine*, Paris, Payot, 1978. *Presentations of gender*, 1985. Tradução em francês: *Masculin ou féminin?*, Paris, PUF, 1989.

a respeito do centro da ereção no macaco. Stoller remete às explicações que levam em conta a fantasia, ressaltando, ao mesmo tempo, que a fantasia não é menos neurofisiológica que o resto). Do mesmo modo, no capítulo 5 de *Masculin ou féminin?*, citado anteriormente, é, por fim, à aquisição individual do gênero que ele dará a primazia em relação a um determinismo hormonal.

As posições de Stoller em relação à biologia, no entanto, permanecem ambíguas. Tem-se a impressão de que ele salpica suas obras de alusões à fisiologia sexual, para não tratar o problema a fundo. Encontramos um dos trechos mais patentes em *La perversion, forme érotique de la haine* (p. 30 e seguintes), mas, no fim das contas, a confusão só se multiplica. Stoller parte aí do trecho de Freud em que este fala da "rocha biológica" ("Análise terminável e interminável"), sem perceber que Freud mesmo faz um jogo de ilusionista ao assimilar a diferença anatômica dos *órgãos genitais externos percebidos* a uma diferença biológica.

Stoller refere-se, em seguida, à noção de série complementar freudiana, que opõe "constitucional" (inato, endógeno, atávico) e acidental (adquirido, exógeno).

Ora, por um deslizamento indevido, essa oposição acaba por recobrir aquela entre biológico e psicossocial.

| inato | adquirido |
| biológico | psicológico-social |

Tal recobrimento é indevido e vicioso: induz um retorno à velha problemática alma-corpo, negligenciando:

1) O fato de que o biológico pode ter uma expressão psíquica (a fome) e de que o psíquico tem necessariamente uma contrapartida neurofisiológica.

2) O fato de que podem ocorrer aquisições biológicas, mesmo individuais, e de que há "psicossocial" dado, pré-dado (categorias sociais — sistemas simbólicos, etc.).

Esta crítica do simplismo ou da complicação inútil das explicações perde seu propósito quando confrontada com o próprio simplismo de certos desenvolvimentos stollerianos. Por exemplo, os resumos apresentados por Stoller da teoria freudiana são tão cursivos e superficiais que podemos nos perguntar se, e onde, ele realmente leu Freud.

Por exemplo, no capítulo 8 de *La perversion, forme érotique de la haine* (p. 141), lê-se: "segundo ele [Freud], a homossexualidade, principalmente no homem, era o resultado patológico da resolução do conflito edípico entre o menino e seu pai" (p. 149). Este pretenso resumo ignora totalmente a etiologia materna (cf. *Uma recordação de infância de Leonardo da Vinci*), a qual, ademais, é atribuída pelo autor a outros que não Freud:

> outros assinalaram que a homossexualidade masculina, que, para Freud, parecia provir antes de tudo de uma perturbação da relação entre o filho e o pai, podia ter sua origem em perturbações pré-edípicas da relação entre a mãe e o filho *(ibid*, p. 149. Stoller remete aos "modernos", sem mencionar a teoria "leonardiana", constante em Freud).

O desdém e o ritmo rápido, que podem então seduzir, remetem com muita frequência a uma verdadeira ausência de seriedade. Não somente no que diz respeito às referências a Freud, mas também no próprio pensamento do autor. É o caso da explicação da "perversão". O título tentador "A perversão, forma erótica do ódio" não cumpre suas promessas. Pois o "ódio" em questão nada tem a ver com a pulsão de morte, nem com o desligamento; ele é relacionado, de forma unívoca e em todas as perversões, a um desejo de vingança no menino em decorrência de uma humilhação ("traumatismo") sofrida na infância.

Outra explicação, reduzida ao mínimo necessário, é aquela que refere o transexualismo a "excesso de mãe, insuficiência de pai" (*Masculin ou féminin?*, p. 74), uma formulação tão geral e abstrata que poderia ser encontrada em inúmeras tentativas de psicogênese das neuroses, psicoses e perversões, até mesmo e inclusive na forclusão lacaniana (ainda que Lacan tenha criticado de antemão esse tipo de "resposta mole", cf. *Ecrits*, p. 577).

Na mesma ordem de jogos de ilusionismo teóricos, destaca-se ainda a resposta à pergunta: por onde é transmitida a feminilidade? "E ignoro... mas, talvez, pelo olhar apaixonado, "os olhos nos olhos". "Pode ser por aí, em particular, que os meninos absorvem o estado de fêmea da mãe, fundem-se nele, sentem que fazem parte dele." (*Masculin ou féminin?*, p. 66).

Outro subterfúgio, usado principalmente à medida que se acumulam as críticas contra sua teoria, consiste em admitir que sua descrição (o "transexual primário", o menino "muito feminino") corresponde a um caso extremamente raro que talvez jamais tenha existido (p. 53-57) ou que é apenas um retrato falado.

Entremos na *questão do gênero*, não perdendo de vista o que serve de referência a Stoller: o discurso dos transexuais adultos e, em certa medida, o discurso e/ou o comportamento dos "meninos muito femininos".

Esse discurso afirma: "tenho uma alma de mulher num corpo de homem". Discurso este que, tomado ao pé da letra, confirma o *gênero* no psicológico, na crença, e afirma o *sexo* como uma realidade puramente somática. O gênero seria o aspecto subjetivo, a consciência do sexo.

A isso, a adesão de Stoller é apenas parcial, mesmo se ele mantém às vezes essa dicotomia alma-corpo.

Uma definição mais tautológica, mas talvez mais interessante, encontra-se em *Masculin ou féminin?* (p. 30). O gênero é ali definido como a crença ou o sentimento de pertencer a um dos dois sexos. Assim, o transexual não acredita ser do sexo feminino, e sim do *gênero* feminino. Percebe-se que somos puxados para várias ideias convergentes: "uma massa de crenças" e "convicções"; o sentimento de pertencer a um grupo (um dos dois grandes grupos humanos); e, por fim, um elemento que se situa do lado do sujeito ou do eu, e não do objeto ou da "escolha de objeto".

[Abro um parêntese para um comentário meu, não de Stoller. A "escolha" do gênero, mesmo em correlação com a "escolha" de objeto, é profundamente diferente desta. Lembremo-nos da fórmula de base de Freud no caso Schreber: "eu (um homem) o amo (a um homem); nesta fórmula, "eu" pode ser (ou considerar-se como) um homem ou uma mulher: esta é a questão do gênero. Assim, também, na fórmula da homossexualidade segundo o caso de Leonardo da Vinci, Freud estabelece a filiação:

Mãe — ama — Leonardo

Leonardo — ama — um menino à imagem de Leonardo criança.

Leonardo, no entanto, não é identificado ao gênero da mãe, mesmo tomando seu lugar.

Percebe-se que a gênese do *gênero* é claramente independente da gênese da escolha de objeto.]

Passemos à etiologia que Stoller supõe estar na origem da identidade de gênero.

Em *Masculino ou feminino?* (p. 31), Stoller resume essa etiologia em cinco fatores:

1. Uma força biológica.
2. A designação do sexo.
3. Atitudes parentais (a forma pela qual a criança é percebida e criada).
4. "Fenômenos biopsíquicos".
5. O eu corporal em desenvolvimento.

Alguns desses fatores eliminam-se ou agrupam-se.

O "eu corporal em desenvolvimento" corresponde às diferentes autopercepções pela criança de seu corpo sexuado (p. 32). Ora, Stoller elimina este último fator como secundário na criança pequena (p. 35): "mesmo quando a anatomia é defeituosa [...] o indivíduo desenvolve um sentimento inequívoco do estado de macho ou fêmea se a designação do sexo e a educação forem inequívocas" (p. 35). Os fatores 2 e 3, por outro lado, são agrupados muitas vezes por Stoller (designação + atitudes parentais). Resta discutir três fatores.

A) A força biológica

A influência genética e hormonal sobre a escolha do gênero é discutida passo a passo: pode-se, de fato, conceber essa influência de duas maneiras. A ideia (mais ou menos discutível experimentalmente) de uma determinação hormonal do "cérebro" pode teoricamente traduzir-se: diretamente, por um "psiquismo" macho ou fêmea — nada o prova (cf. as duas notas da página 50); ou por intermédio do determinismo, pelo "cérebro", da aparência anatômica. Chegamos então ao nosso fator: designação + atitudes parentais. Esta segunda opção é manifestamente a de Stoller. Não posso deixar de me reportar ao longo relato clínico e, depois, ao pós-relato clínico, apresentado no capítulo 5 (Contribuição da biologia à identidade de gênero).

Restam juntos, pois, os fatores B (fenômenos biopsíquicos) e C (designação + atitudes parentais). Como a teoria própria de Stoller é essencialmente a do fator B, começo por este.

B) Sob o termo "fenômenos biopsíquicos"

Na verdade, é toda uma teoria baseada na *simbiose* que retorna constantemente. Podemos encontrá-la nas páginas 38 e seguintes e 53 e seguintes (capítulo 3, "Ênfase nas mães"); mas também, por exemplo, em *La perversion, forme érotique de la haine*, no capítulo 8 ("Angústia de simbiose e desenvolvimento da masculinidade").

A referência essencial é a teoria de Margaret Mahler, e, na França, é difícil para nós imaginarmos o domínio que esse pensamento exerceu sobre o pensamento anglo-saxônico desde 1952 e exerce quase até hoje.

Para resumir em poucas palavras, Margaret Mahler infere da observação de crianças *autísticas* e *simbióticas* o postulado de que toda criança, em seu desenvolvimento, passaria necessariamente por essas duas fases, às quais o sujeito poderia regredir mais tarde. Um desenvolvimento normal pressuporia, em contrapartida, uma "separação-individuação" da criança em relação à mãe, evolução esta que M. Mahler subdivide em quatro subfases.

Por certo, essa teoria teve certos prolongamentos na França. Mas logo foi fortemente criticada, tanto em si mesma como em seu parentesco com a tese freudiana de um narcisismo originário a ser tomado no sentido literal, isto é, que existiria desde os primeiros dias de vida. Contento-me em mencionar aqui, em nota, algumas etapas dessa crítica[136].

Para uma crítica muito mais recente e embasada na observação de crianças, referimo-nos a Martin Dornes e ao leque de argumentos que ele apresenta[137].

---

[136] Laplanche e Pontalis. *Vocabulário da psicanálise*, verbete: "narcisismo primário" (Martins Fontes, 1998). Laplanche. *Problemáticas I a V*. Laplanche. *Novos fundamentos para a psicanálise* (Martins Fontes, 1992) (ver o índice das matérias no fim do *Nouveaux fondements*, p. 187). Ver também as críticas contra a ideia de Winnicott de uma "primeira posse não eu", a qual pressupõe uma indiferenciação primitiva mãe-filho (Index, in nf, p. 172). Ver o artigo sintético de J. Gortais: "Le concept de symbiose en psychanalyse", abril de 1987, in *Psa Univ.* 12, 46, p. 201-238.

[137] "La théorie de Margaret Mahler reconsidérée", in *Psychanalyse et psychologie du 1er âge*, Paris, PUF, 2002.

Este último artigo reduz a pó a ideia de uma *fase* primitiva de simbiose na criança, admitindo no máximo *momentos* simbióticos em *certas* crianças.

A forma como Stoller adere ao mahlerismo é, contudo, bem particular:

1. Ele não se preocupa absolutamente com a "fase autística".

2. Postula que, no processo que vai da simbiose à separação-individuação, há uma simbiose particular, relativa ao gênero, e *diferente da simbiose geral.* Em outras palavras, em se tratando dos "transexuais primários", o menino poderia *separar-se da mãe* e tornar-se totalmente independente dela em todos os pontos de vista, *sem, contudo,* conseguir *separar-se da feminilidade da mãe* (*Masculin ou féminin?*, p. 38-40).

Quanto ao modo fusional como essa feminilidade passa da mãe ao filho (p. 66): "eu o ignoro [...]. Talvez pelo olhar olhos nos olhos, como entre os apaixonados".

Quanto à etiologia, como vimos, ela sempre se resume a "mãe demais, pai pouco demais", numa generalidade em que Stoller, bom "cientista", gostaria de encontrar elementos de previsibilidade (Se uma mãe é assim, um filho será assim. Se um filho é assim, então é porque a mãe foi assim. p. 67). Ora, essa previsibilidade esbarra, entre outros aspectos, no fato de que não se encontra praticamente nunca o caso exemplar do filho que seja "assim", isto é, um puro "transexual primário". Na página 80, Stoller confessa que: 1) os casos de "meninos muito femininos" são uma minoria, a não confundir com os homossexuais; 2) ele nunca conseguiu acompanhar um desses "meninos muito femininos" até vê-lo transformar-se em "transexual primário"; 3) nenhum dos casos acompanhados por Richard Green transformou-se em "transexual primário" (nota 12, p. 70).

E quando Stoller tenta demonstrar, em um caso, a "previsibilidade" (p. 68 e seguintes), trata-se de um menino que só começa a vestir-se como menina aos três anos e nove meses e cuja descrição contradiz profundamente o "padrão" (ou retrato falado) descrito anteriormente (p. 59 e seguintes).

Para concluir

A explicação stolleriana da identidade de gênero desmorona por todos os lados.

1. A base mahleriana é contestada. Já no debate com Stern (*Masculin ou féminin?*, p. 76, nota 9, e p. 76-77), veremos todas as "hipóteses complementares" que Stoller é forçado a pedir que o leitor aceite para tentar "salvar" uma teoria contradita pelos fatos. A partir do momento em que essa base desmorona (um debate do qual não tratarei aqui), toda a etiologia stolleriana desmorona.

2. A ideia latente segundo a qual simbiose = identificação é, ademais, totalmente contestável. Em todo caso, o modelo biológico da simbiose implica complementaridade, e não assimilação. Por que seria diferente numa "simbiose" psíquica?

3. Supondo-se que haja uma identificação primária com a *mãe* (por simbiose ou não), por que seria uma identificação primária com a *mulher*? E ainda mais com a *feminilidade*, a qual é um traço muito elaborado?

4. Por que haveria uma "desidentificação" (termo de Greenson), ou uma separação-individuação (termos de Mahler), que funcionaria em todos os planos, *exceto* no plano do gênero? Como conceber tal clivagem (cf. p. 77-78)?

5. Os traços masculinos e femininos surgem no momento em que a criança começa a socializar-se (fim do primeiro ano e início do segundo ano de vida). Do recém-nascido, quem dirá que é mais um ser masculino que feminino (mesmo que *nós* projetemos: "é mesmo um menino!")?

Resta reconhecer a Stoller imensos méritos.

1. Ter apontado a manifestação precoce da identidade de gênero.

2. Ter atribuído, em seus momento de maior lucidez[138], a identidade de gênero à unidade complexa formada pela "designação" e pelas "mensagens infinitas que refletem as atitudes dos pais e são dirigidas ao corpo e à psique da criança" (percebe-se a porta entreaberta para a teoria da sedução generalizada). Por fim, dos pontos A, B e C, resta apenas o C (fatores 2 e 3 de sua série etiológica).

---

[138] P. 135 et seq.

No fim muito importante do capítulo 5[139], Stoller refuta vigorosamente o *determinismo hormonal direto do gênero*: mesmo em doses maciças, a administração de hormônios produz geralmente apenas mudanças leves ou moderadas no comportamento de gênero[140]. Mesmo querendo muitas vezes parecer cético, Stoller termina com um *non liquet*, inclinando-se para a hipótese psíquica e relacional[141].

Suplemento II: o gênero linguístico

Designaremos a seguir o *gênero*, tema de discussão entre analistas, psicólogos e, de modo mais geral, especialistas em ciências humanas, como o gênero (S). S posto aqui como "sexológico". Fazemos esta observação para distinguir o "gênero (S)" do gênero linguístico ou gênero (L), em todos os casos em que possa haver confusão.

Sabemos que, ao introduzir esse (S), recolocamos parcialmente em questão a distinção gênero-sexo-Sexual. Mas nunca pretendemos fazer dela uma categorização cortada à faca (é bem oportuno dizê-lo!). É próprio do gênero — repetimos a propósito da designação — veicular conteúdos conceitualmente "impuros", ou seja, em grande parte inconscientes, que dizem respeito ao sexo e à sexualidade.

1. Cá estamos nós, então, numa incursão importante pela linguística. Por que entrar no que pode parecer uma digressão?

A) A batalha feminista (e antifeminista) cristalizou-se, em parte, em torno do gênero (L). Para além dos aspectos anedóticos e um pouco ridículos, notadamente o de querer modificar as atitudes mentais modificando artificialmente a linguagem[142], convém levar a sério aqui a noção de "sistemas simbólicos", que

---

[139] P. 135-138.

[140] P. 128.

[141] P. 137-138.

[142] Em outra área, a tentativa de Roy Schafer para criar uma "nova linguagem para a psicanálise" seguia no mesmo rumo. A partir do momento em que o analista e o analisando concordassem em substituir o substantivo ou o adjetivo "inconsciente" pelo advérbio "inconscientemente", mais da metade do caminho para uma desalienação estaria percorrido. Ver Agnés Oppenheimer, "Le meilleur des mondes possibles. A respeito do projeto de R.Schafer", Psa. Univ. 9, 35, p. 467.

impõem sua dominação, principalmente a "dominação masculina" (Bourdieu).

B) O gênero (L) provém eminentemente da linguagem ou, mais exatamente, da *língua*. Na medida em que tendemos a ver na designação do gênero (S) um fato de *palavra* (uma mensagem) e na assunção do gênero um processo que pode ser compreendido como tradução de mensagem, torna-se mais urgente estabelecer a *distinção* desses dois tipos de gênero (S e L), cujas semelhanças podem nos levar a falsas pistas.

2. Por fim, o gênero (L), através das inúmeras variedades e das evoluções históricas complexas (que não poderíamos de modo algum tentar abranger), parece-nos comportar uma tendência a uma lógica do terceiro excluído, que evoca irresistivelmente a lógica binária, exclusiva, do complexo de castração (fálico-castrado; ou fálico — e todo o resto). Nesta medida, o que vemos despontar é o fato de que a problemática do gênero (L), longe de se situar no mesmo nível do gênero (S), corresponderia mais, pelo menos tendencialmente, ao que eu chamo de "sexo", ou seja, o que vem traduzir e pôr em ordem o gênero (S).

3. Nossos dois autores de referência (com o risco de ampliar nossa documentação) são: Corbett (Greville), *Gender* (Cambridge University Press 1991)[143]; La Grasserie (Raoul), "La catégorie psychologique de la classification, révélée par le langage" (*Revue philosophique*, 1898).

Não há dúvida de que o período de cerca de cem anos que separa os dois autores dá a Corbett uma superioridade na informação, na "cientificidade" linguística, etc. Mas não deixa de nos espantar o caráter estreitamente tecnicista e limitado da abordagem de Corbett, apesar da amplitude de sua documentação.

Isso logo se traduz numa restrição da problemática dos gêneros, estreitamente definidos (de acordo com Hockett) como "classes de nomes repercutindo no comportamento das palavras que lhes são associadas". O gênero é uma *propriedade do substantivo* que tem *efeito* na concordância (concordância do artigo, do adjetivo, do pronome, do verbo eventualmente, etc.).

---

[143] A obra de Corbett foi longamente analisada em meu seminário por Christophe Déjours.

Essa restrição voluntária, técnica, do gênero mutila, na dimensão antropológica, o livro de Corbett.

A) Corbett recusa-se a relacionar (o que faz amplamente La Grasserie) esse "gênero" no sentido estreito com a presença de classes de nomes em *línguas que não comportam concordância (línguas sem flexão)*. Nessas línguas, o gênero — na ampla acepção que lhe atribui La Grasserie em "Les familles de choses qu'on appelle les genres" (p. 624) — traduz-se, por exemplo, na presença de palavras classificatórias, afixos.

Assim, em chinês, todos os nomes de árvores são seguidos do nome genérico: árvore = *chou* (p. 598)[144].

Um pinheiro será pinheiro-árvore (*song chou*), uma pereira, pereira-árvore (*ly chou*). Por vezes, o afixo mantém sua significação, mesmo separado (*chou*, sozinho, quer dizer árvore), outras vezes, ele só tem valor de classificador quando estiver em posição de afixo (em algonquino), "cada uma das segundas palavras, que se torna uma palavra vazia, serve para formar classes de substantivos" (p. 600). (Isto é um pouco comparável à desinência *e* em francês, que marca o feminino: *e*, separado, não significa nada.)

Todo esse campo é excluído da investigação de Corbett.

B) Corbett levanta problemas artificialmente complexos a respeito do que ele chama de "designação do gênero", ou seja, "a maneira como os falantes nativos atribuem gênero aos nomes [...] como os falantes sabem que "casa" é masculino em russo, feminino em francês e neutro em tâmul"[145].

Isso funcionaria bem enquanto o sujeito dispusesse de um critério semântico. Assim, "casa, em tâmul, é neutro porque o nome não denota nada de humano".

Mas o problema se complicaria quando não houvesse mais critérios semânticos: por que "casa" é masculino em russo?

Corbett contenta-se, então, com critérios "fonéticos e morfológicos".

---

[144] Pode-se notar logo que a noção de classe ou de gênero, em linguística, não implica absolutamente a diferenciação pelo sexo. Como lembra Christophe Dejours, o número de gêneros (L) pode ir de dois a vinte ou mais, dentre os quais a distinção sexuada é possível, mas nem sempre está presente. Em nosso exemplo, "árvore" é um gênero, como podem ser "inseto", "alimento sem carne", etc.

[145] Apenas resumo aqui, de acordo com Dejours.

Seu raciocínio é o seguinte: seria complicado demais que cada falante tivesse de *aprender*, para cada nome, o gênero, quando este não é determinado pelo sentido. Deveria haver, então, regras formais (fonológicas e morfológicas) mais ou menos ocultas, não formuladas pelos linguistas. Aqui, Corbett apoia-se em certas regularidades (em francês, as palavras terminadas em "son" são do gênero feminino) e em estudos experimentais em que se apresentam aos falantes palavras tomadas emprestadas a uma língua estrangeira ou palavras forjadas artificialmente, para ver como se dão as designações.

Percebe-se aqui que a palavra "designação" tomou dois sentidos: de uma designação espontânea pelo falante, passou-se a uma designação pelo linguista ou pelo sujeito em posição experimental. Provavelmente, são mesmo encontradas certas regularidades, mas elas não são suficientes para explicar que o falante nativo praticamente nunca se engane (C, p. 7). Daí o recurso quase místico a "regras ocultas".

O erro de Corbett, em relação ao sujeito falante e aprendiz de uma língua, me parece simples. Consiste em fazer do gênero uma propriedade intrínseca ao nome, "repercutindo no comportamento das palavras associadas". Ora, tem-se justamente aí, de fato, a situação *experiemental*: apresenta-se ao sujeito um substantivo isolado: *copo* [em francês: *verre*]. Mas, na aprendizagem da linguagem (seja na criança ou no adulto), nunca se apresenta "copo", mas sempre "o copo" [*le verre*]. A palavra associada, o artigo, faz parte de um único e mesmo sintagma, que o sujeito aprende de uma só vez (é tão fácil aprender "o copo" quanto aprender "copo"). Poder-se-ia até mesmo dizer que o artigo, em francês, desempenha exatamente o papel de "classificador de gênero", como definido anteriormente a partir de La Grasserie: "o copo" relaciona "copo" ao gênero masculino assim como "pinheiro-árvore" relaciona "pinheiro" ao gênero árvore.

4. Mais uma observação sobre o termo *designação*, empregado tanto pelos linguistas a propósito do gênero (L) quanto pelos psicólogos a respeito do gênero (S).

O gênero (L) define *classes de nomes*.

O gênero (S) aplica-se a *classes de seres* vivos ou seres humanos, classes que têm certa relação (a ser determinada) com a reprodução sexuada.

A *designação do gênero (L)* é um *fenômeno de língua*, que inclui um nome (ele mesmo, em geral, já um coletivo) numa classe de nomes que apresentam certas propriedades.

A *designação do gênero (S)* é um *fato de comunicação* (ou mesmo de mensagem) que declara que um indivíduo pertence a uma classe de ser[146].

Eis, então, duas razões para não nos deixarmos levar pelas palavras: o gênero (S) não é o gênero (L); a designação (S) não é a designação (L).

5. Uma vez limpo o terreno, tentemos tirar conclusões positivas da noção de gênero (L), tomando-a no sentido estendido das classes linguísticas, como em La Grasserie.

As conclusões serão provisórias, podendo ser enriquecidas por informação mais ampla. Notadamente, deveríamos levar em conta um segundo artigo de La Grasserie, de setembro de 1904, "De l'expression de l'idée de sexualité dans le langage" (*Revue philosophique*, LVIII). Foi uma surpresa redescobrir esse autor e ver como, entre seus dois artigos, ele passou do problema geral da classificação a um artigo específico sobre a sexualidade (Freud: os *Três ensaios* são de 1905!)[147].

De minha parte, empregarei o termo gênero (L) no sentido geral de "categoria de classificação revelada pela linguagem", incluindo, portanto, todas as classes de substantivos a que La Grasserie se refere, a língua em questão comportando ou não uma "concordância".

---

[146] Note-se que o registro de nascimento pode ser feito, em certos países, em função de outras categorias além do gênero (S). A designação racial: "raça branca"; a designação religiosa: católico, muçulmano, sem religião, etc.; designação raciorreligiosa, etc.

[147] Raoul de la Grasserie, nascido em 1839 e falecido em 1914. Doutor em Direito, juiz em diversos tribunais da região da Bretanha. Membro da Sociedade de Linguística de Paris e de múltiplas sociedades científicas. Autor de muitos livros e artigos (mais de duzentos títulos) de Direito, Sociologia, Linguística, Psicologia, Filosofia, unanimemente apreciado em sua época: "Convém classificá-lo entre aqueles que tentam fundar uma filosofia nova, não geral, mas dentro de cada ciência particular, e extrair as leis acima da constatação dos fatos, constituindo assim uma síntese rigorosa." (Carroy H., *Dictionnaire biographique international des écrivains*, 4 t., 1903-1909). Os *Três ensaios* datam de 1905.

A) La Grasserie e Corbett concordam quanto a dizer que os gêneros (L):

• Não se limitam ao sexual; a classificação sexuada pode, inclusive, estar ausente.

• Podem ser múltiplos.

• Compreendem muitas vezes uma categoria "resíduo": "o resto".

B) La Grasserie remete o gênero a um "instinto de classificação". Ele analisa esse instinto como uma transposição do "parentesco entre os homens" a um "parentesco entre os objetos".

A linguagem seria, então, um revelador ou um "reativo" desse instinto:

"A necessidade psíquica torna-se necessidade gramatical"[148].

"A gramática traduz a ideia, como a ideia traduz o objeto" (p. 597).

(Já, com esta ideia de *parentesco* entre as coisas, de uma passagem das famílias de pessoas às famílias de coisas, encontramos algo que prefigura o Lévi-Strauss de *O pensamento selvagem*.)

C) La Grasserie, no meio dessa multiplicidade de classificações muitas vezes densas, tenta pôr as coisas em ordem, distinguindo:

• Classificações concretas.

• Classificações abstratas.

Sua definição das *classificações "concretas"*, se tomada ao pé da letra, poderia parecer absurda. Como certos povos poderiam "restringir-se estritamente ao individual"? Como poderia haver "línguas desprovidas de qualquer classificação"? O próprio substantivo não seria uma classificação? Sem dispor da palavra "irmão" (p. 598), o chinês dispõe unicamente de "primogênito" e "caçula", mas dispõe, mesmo assim, destas duas classes!

O que La Grasserie parece querer dizer com esta distinção é o seguinte:

• Que certas línguas não vão além do substantivo, ou seja, não chegam até a "classe de classes"; são línguas ditas "sem classificação".

• Que (num nível já superior à "ausência de classificação") a *classificação concreta* procede, por assim dizer, de próximo em próximo, por analogia entre os membros da classe (talvez por

---

[148] *De l'expression de l'idée de sexualité*, p. 596.

contiguidade também), mas sem oposição lógica, sem pensar a exclusão entre as classes.

A classificação concreta seria "terra a terra" (p. 610). Em nossas palavras, seria uma classificação da *diversidade*, e não uma classificação pela *diferença*. A meu ver, esta seria uma nova razão para uma aproximação com Lévi-Strauss, tanto com a noção de "pensamento selvagem" quanto com sua concepção renovada do "totemismo".

Segundo La Grasserie, as classificações concretas poderiam ser:

• "Objetivas", visando identificar "parentescos" entre os objetos ou as ações (diremos nós, "metafóricas"?).

• "Subjetivas", isto é, que "se relacionam com uma parte do corpo humano, seja como objeto, seja como instrumento, ou com um movimento do corpo" (p. 608) (diremos nós, "metonímicas"?).

D) A parte II (p. 610 e seguintes) trata da *classificação abstrata*. Logo aparece (p. 611) o termo *diferença*, o que confirma justamente nossa hipótese: a *classificação abstrata* é aquela que se formula, mais ou menos, em termos de diferenças ou, pelo menos, que visa à diferença.

La Grasserie propõe uma tipologia das classificações abstratas (p. 614) em:

• *Vitalista,* entre animado e inanimado.

• *Racionalista,* entre seres providos e seres desprovidos de razão.

• *Hominista,* entre ser humano e não humano.

• *Virilista,* entre ser humano macho e os outros seres.

• *Intensivista,* entre ser forte e ser fraco.

• *Gradualista,* entre ser diminutivo e ser aumentativo.

• *Masculinista,* entre o ser macho e todos os outros seres.

• *Sexualista,* entre o masculino, o feminino e o assexuado.

Corbett, que faz referência a La Grasserie, faz a essa classificação apenas objeções secundárias.

E) Um dos interesses de La Grasserie é mostrar que existem um tipo de *evolução* e uma tendência histórica das classificações. A classificação *vitalista* (animado/inanimado) seria uma das mais primitivas.

Inversamente, a classificação *sexualista* seria aquela para a qual tende o movimento civilizacional:

Essa distinção *vitalista* é a mais solidamente assentada; vamos encontrá-la, combinada com outras, na maior parte das línguas do Cáucaso; baseia-se, na verdade, no movimento, um dos fatores físicos mais gerais e mais importantes. Por sua clareza, ela parece preferível à classificação sexualista; abarca todos os seres, que ela divide de forma mais igual e por uma classificação positiva, enquanto que a outra, para englobar todos, precisa instituir uma categoria negativa, o neutro ou o assexuado; poderia, pois, ter sido adotada por povos mais civilizados e com maior vantagem. No entanto, aconteceu o inverso, a classificação *vitalista* ficou restrita a povos de civilização inferior, enquanto os de civilização superior adotaram a *sexualista*.

F) A classificação *sexualista* comporta muitas vezes três gêneros (p. 618): masculino, feminino e neutro. O neutro sendo o assexuado, e não o inanimado.

G) Haveria, pois, segundo La Grasserie, sempre:

• Uma evolução geral do "vitalismo" para o "sexualismo".

• Sobreposições de sistemas e de sobrevivências. Notadamente, dentro do sexualismo, uma sobrevivência de um inanimado.

• "*Usurpações ou ainda expansões*" (p. 614), ou "*invasões*" (p. 618).

Notadamente, "na classificação sexualista, tenta-se atribuir um gênero gramatical a muitos objetos que não possuem um natural". Isto ocorre de acordo com dois mecanismos:

• "Psicológico": analogias semânticas (tal objeto aparenta-se ao masculino ou ao feminino);

• "Morfológico": as palavras terminadas em *a*, em latim, são femininas.

H) De minha parte, proponho a seguinte ideia:

• De que o *sistema sexualista* é aquele que melhor se presta a uma classificação rigorosa pela *diferença*: a dos sexos; isso, provavelmente, em virtude da lógica binária fálico/castrado a que se presta esta diferença.

• De que, paradoxalmente, ele também é o que melhor se presta às *usurpações* de território entre os gêneros. Seja uma usurpação pela diferença masculino/feminino, que, em francês, por exemplo, invadiu quase todo o território do neutro. Seja uma invasão de um gênero pelo outro. Essa usurpação, na maioria das vezes, mas nem sempre, é ação do gênero masculino sobre o feminino, com a pretensão de que o masculino é o gênero "não marcado" (*Madame le ministre*[149], por exemplo).

Inversamente, a palavra feminina *personne*, em francês, se diz não ser marcada — ou ainda, *Mädchen*, em alemão, é neutro (L), mas feminino (S).

Voltando aqui à designação (S), os pais que registram o nascimento de *ein Mädchen* não pensam registrar um *ser* neutro ou assexuado!

É, então, com infinita cautela que suspeitaremos das relações entre essa "guerra dos gêneros (L)" e uma "guerra dos sexos (S)"! No melhor dos casos, poderíamos afirmar que, na "guerra dos gêneros (L)", certo "masculinismo" (classificação: o masculino contra "o resto") torna-se "aliado objetivo" de certo "sexualismo" (a única diferença lógica, por ser claramente simbolizável em termos de falo, é a diferença sexuada) e "aliado objetivo" do binarismo ou sistema "digital" (1-0), cujo sucesso contemporâneo conhecemos.

Não deixa de ser notável, no entanto, que, prestes a ser "adquirida", a diferença masculino/feminino logo se vê fadada a perturbar-se, a contaminar-se. Promessa de uma precariedade da lógica binária? Vitória de certo "transtorno de gênero" (J. Butlher)?

---

[149] N.T.: Em francês, usa-se o pronome de tratamento feminino *Madame*, mas mantém-se o sintagma nominal no masculino com o artigo *le*; *ministre* é uma palavra invariável.

Três acepções da palavra "inconsciente" no âmbito da teoria da sedução generalizada

´ Paris, 2003.

1 A teoria da sedução generalizada origina-se na teoria da sedução de Freud, ao mesmo tempo em que a generaliza. A teoria freudiana dos anos 1896-1897 explicava bem a noção de recalque, mas dentro dos limites de uma situação contingente, restrita: limitava-se ao domínio da psicopatologia. Para empregar uma fórmula rápida: "a filha neurótica, pai perverso". Para reformá-la generalizando-a, em vez de abandoná-la na famosa carta de 21 de setembro de 1897, faltavam a Freud diversos elementos. Faltavam-lhe as noções de perversidade polimorfa e de *sexualidade generalizada,* tal como vai descrevê-la nos *Três ensaios* de 1905. Faltava-lhe ainda ter teorizado a fundo a noção de *tradução* como motor do recalque. A noção de tradução é coerente com a concepção do ser humano como ser de linguagem e de comunicação e vem proveitosamente substituir os esquemas mecânicos utilizados na teoria clássica do recalque.

2. A teoria da sedução generalizada quer explicar a gênese do aparelho psíquico sexual do ser humano a partir da relação inter-humana e não a partir de origens biológicas. O aparelho psíquico do ser humano é, antes de tudo, consagrado à *pulsão*, à pulsão sexual (de vida e de morte). As montagens *instintuais* somáticas não são recusadas, mas não encontram seu lugar nas origens da sexualidade *infantil*, nem na gênese do inconsciente recalcado.

3. A sedução não é uma relação contingente, patológica (mesmo se, por vezes, pode sê-lo), episódica. Funda-se sobre a situação à qual nenhum ser humano pode escapar, a que chamo de situação antropológica fundamental. Esta situação é a relação adulto-criancinha, adulto-*infans*[150]. Adulto que possui um

---

[150] N.T.: Criança que ainda não fala.

inconsciente tal qual a psicanálise o descobriu, um inconsciente sexual, essencialmente feito de resíduos infantis, um inconsciente perverso, no sentido dos *Três ensaios*. E criança que não tem ativadores hormonais da sexualidade e que, no início, não tem fantasias [*fantasmes*] sexuais. A ideia de uma sexualidade infantil endógena foi criticada em profundidade e não somente por mim, mas tal crítica não pode terminar por negar a sexualidade infantil em geral, ou por englobá-la numa teoria de vagos contornos.

4. Como situar aqui as contribuições da psicologia moderna da primeira infância? Graças à observação recente, há muito a acrescentar. Sobretudo o desenvolvimento considerável do que Freud chamava, em outros tempos, de *autoconservação*. Ora, a autoconservação freudiana nos reaparece com o "apego" e com todos os desenvolvimentos e observações em torno deste tema. Sobre uma base genética instintual, evidente, desenvolve-se bem cedo, e mesmo imediatamente, um diálogo, uma comunicação adulto-*infans*. A velha teoria da "simbiose" (um estado do qual se sairia não se sabe como) esvanece-se graças à observação das relações precoces organizadas, diferenciadas, imediatamente recíprocas, nas quais o não eu é imediatamente distinguido do que é da alçada pessoal.

Mas o que falta à teoria e às observações do apego é levar em conta a *dissimetria* no plano sexual. Falta-lhe a insistência sobre o fato de que o diálogo adulto-*infans*, por mais recíproco que seja, é imediatamente *parasitado por outra coisa*. A mensagem é perturbada. Existe, da parte do adulto, num sentido unilateral, intervenção do inconsciente. Digamos mesmo do inconsciente *infantil* do adulto, na medida em que a situação adulto-*infans* é uma situação que reativa suas pulsões inconscientes infantis.

5. Para enfatizar, coloquemos a questão: por que falar do adulto e de situação antropológica fundamental? Por que não falar de situação familiar, ou até mesmo de situação edipiana fundamental? Porque a relação adulto-*infans* ultrapassa, em sua generalidade, em sua universalidade, a relação pais-criança. Pode haver situação antropológica fundamental entre uma criança sem família e um meio de criação absolutamente não

familiar. Nesta situação antropológica fundamental, os termos importantes são "comunicação" e "mensagem" — com esta ideia, sobre a qual gostaria de insistir: falando de mensagens adultas, não queremos dizer mensagens inconscientes. Toda mensagem é uma mensagem que se produz no plano consciente-pré-consciente. Quando falo de mensagem enigmática, falo de mensagem "comprometida" pelo inconsciente. Caráter, então, comprometido da mensagem, e isto num sentido único no início, mesmo se uma reciprocidade se estabelece rapidamente em seguida, mesmo no plano sexual. Finalmente, o que conta nesta situação é o que faz o receptor, isto é, precisamente a tentativa de tradução e o necessário fracasso desta tentativa.

6. Acrescentemos a isto uma observação sobre a questão da **opção biológica**. A teoria da sedução generalizada e a situação antropológica fundamental não implicam de modo algum uma tomada de posição contra a biologia. A nosso ver, todo processo humano é indissociavelmente biológico e psíquico. Mesmo o raciocínio matemático mais abstrato não pode se conceber sem correlato corporal biológico. Quando Freud abandona a teoria da sedução, na famosa carta do equinócio de 1897, ele não diz: "eu retorno ao biológico", mas sim "eu retorno ao inato, ao hereditário". Não diz de modo nenhum: "o fator biológico reconquista seu lugar", porque este não tem nada a reconquistar. O biológico permanece sempre presente como o outro face ao psicológico. Em compensação, esta reconquista pelo hereditário anunciada por Freud, o retorno do fator inato, percorre toda a história do freudismo com algumas etapas dentre as quais só quero mencionar três: *as fantasias originárias*[151], *Totem e tabu, Moisés e o monoteísmo*.

Para voltar ao "biológico", este pode ser tanto adquirido quanto inato. É, portanto, o primado do hereditário que contestamos, no que concerne à sexualidade infantil. Digo precisamente *sexualidade* e *infantil*, entendendo por isso que há algo de hereditário e de inato *no que não é sexual* (autoconservação) e igualmente na sexualidade *que não é infantil* (a sexualidade gonádica adolescente). Existe, a meu ver, uma diferença fun-

---

[151] N.T.: No original, *fantasmes originaires*. Em português, também traduzido como protofantasias, fantasias primitivas ou fantasias originárias. Em alemão, *urphantasien*.

damental entre a pulsão sexual da infância e o que ressurge no momento da *adolescência,* isto é, o aparecimento, efetivamente, do *instinto* sexual. O instinto sexual, neste momento, alcança a pulsão de origem intersubjetiva que se desenvolveu de maneira autônoma durante longos anos, e então surge entre os dois um grave problema de coerência, de coesão.

Contestamos igualmente a noção de um *isso primordial* na origem da vida psíquica, ideia que vai no sentido diretamente oposto ao da novidade implicada na noção de pulsão, como processo sexual não adaptado (no homem) a uma finalidade preestabelecida. Se a noção de *isso* conserva um sentido, é o de caracterizar o inconsciente recalcado que, por sua alteridade, *se torna* verdadeiramente "alguma coisa em nós", "um corpo estranho interno", um *"isso".*

Recalque originário, tradução, constituição do inconsciente e do aparelho psíquico em seu aspecto normal e neurótico[152]

1. A situação antropológica fundamental confronta, num diálogo simétrico/dissimétrico, um adulto que possui um inconsciente sexual (essencialmente pré-genital) e um *infans* que ainda não constituiu um inconsciente, nem a oposição in-consciente/pré-consciente. O inconsciente sexual do adulto é reativado na relação com a criança pequena, com o *infans.* As mensagens do adulto são mensagens pré-conscientes-conscientes, elas são necessariamente *"comprometidas"* (no sentido do retorno do recalcado) pela presença da "interferência" inconsciente. Estas mensagens são, então, *enigmáticas,* ao mesmo tempo para o emissor adulto e para o receptor, o *infans.*

Enquanto que, num diálogo normal (verbal ou não verbal), existe um código comum e não há necessidade de tradução (ou que, então, esta é instantânea), na comunicação original, a mensagem adulta não pode ser captada em sua totalidade contraditória. Nela se misturam, por exemplo, no modelo típico da amamentação, amor e ódio, alívio e excitação, leite e seio, seio "continente" e seio excitado sexualmente, etc.

---

[152] Para toda esta parte, ver meu "Court traité de l'inconscient" (1993). In: *Entre séduction et inspiration: l'homme,* p. 67-114 ["Curto tratado do inconsciente", publicado no *Jornal de Psicanálise da SBPSP,* vol. 32, 1999, n°58/59].

Os "códigos" inatos ou adquiridos de que o *infans* dispõe são, então, insuficientes para fazer frente a esta mensagem enigmática. A criança deve recorrer a um novo código, ao mesmo tempo improvisado por ela e buscado nos esquemas fornecidos pelo meio cultural.

2. A tradução da mensagem enigmática adulta não se faz em uma só vez, mas *em dois tempos*. O esquema em dois tempos é o mesmo do traumatismo. No primeiro tempo a mensagem é simplesmente inscrita, ou implantada, sem ser compreendida. Como se fosse mantida sob a camada fina da consciência ou "sob a pele". Num segundo tempo a mensagem é revivificada do interior. Ela age como um corpo estranho interno que é preciso a todo preço integrar, controlar.

Trata-se, diz Freud, "de um tipo particular de experiências vividas, extremamente importantes, que se situam nos primeiros tempos da infância e que, em seu tempo, foram vividas sem compreensão, mas que reencontraram a posteriori[153] compreensão e interpretação"[154].

3. A tradução ou tentativa de tradução tem por função fundar, no aparelho psíquico, um nível *pré-consciente*. O pré--consciente — essencialmente o eu — corresponde à maneira pela qual o sujeito se constitui, representa-se sua história. A tradução das mensagens do outro adulto é essencialmente uma historização mais ou menos coerente.

Mas, sendo a mensagem comprometida e incoerente, situada em dois planos incompatíveis, sua tradução é sempre imperfeita, deixando de lado *restos*. São estes restos que constituem, por oposição ao eu pré-consciente, *o inconsciente* no sentido *próprio,* no sentido freudiano do termo. É evidente que o inconsciente é marcado pelo *sexual,* já que tem sua origem no comprometimento da mensagem adulta pelo sexual. Mas não é de maneira alguma a cópia do inconsciente adulto, por cau-

---

[153] N.T.: *Nachtraglich (après coup)*.

[154] S .Freud (1914): *Erinnern, Wiederholen und Durcharbeiten.* GW, X, p. 129; S.E. XII, p. 149; (tradução brasileira de P. C. de Souza, Recordar, repetir e elaborar. *Jornal de Psicanálise da SBPSP*, vol. 27, n° 51, 1994).

sa do duplo "metabolismo" que o sexual sofreu neste percurso: deformação na mensagem comprometida no adulto e depois, na criança receptora, trabalho da tradução que remaneja completamente a mensagem implantada.

4. As características típicas, indicadas pelo próprio Freud, para o inconsciente são as consequências diretas de sua origem no recalque:

• *Ausência de temporalidade,* já que ele é o que escapa, no processo do recalque, à constituição deste domínio do temporal que é o surgimento e o enriquecimento da personalidade pré-consciente.

• *Ausência de coordenação e de negação,* já que, precisamente, ele é aquilo que escapa à coordenação indispensável ao processo de tradução.

• *O realismo* do Inconsciente — correspondendo à "realidade psíquica" de Freud — é repudiado como escandaloso por um grande número de interpretações modernas. Este realismo é uma réplica à ideia de que o inconsciente é *um segundo sentido* subjacente ao sentido pré-consciente e "oficial" proposto pelo sujeito. Ao contrário, o inconsciente é aquilo que escapou a esse dar sentido que designo como tradução. Ele não é do domínio do sentido, mas constituído de significantes privados de seus contextos originais, logo, largamente privados de sentido e muito pouco coordenados entre si.

Para dizê-lo numa palavra, o inconsciente recalcado está na origem das *pulsões,* pulsões sexuais de vida e de morte, pulsões que podemos considerar (invertendo a famosa formulação de Freud) como uma "exigência de trabalho" imposta ao corpo por sua ligação com os significantes inconscientes recalcados.

O aspecto psicótico e borderline, o fracasso radical da tradução, o não traduzido encravado
1. O fracasso parcial da tradução explica o inconsciente "clássico", neurótico-normal. A seu lado, convém conferir todo o seu lugar a um fracasso radical. Nada é traduzido, a mensagem original permanece tal qual no aparelho psíquico, implan-

tada ou intrometida[155] (Laplanche, 1990). Ele constitui, então, o que se poderia denominar de "inconsciente encravado"[156].
Quais são as características e as causas de tal inconsciente?

2. O inconsciente encravado não é correlativo de um pré-consciente. No psicótico, há pouca ou nenhuma historização. O inconsciente encravado permanece, se podemos dizer, "à flor da consciência". Ele é mantido por uma fina camada de defesa consciente, funcionando segundo um modo aparentemente lógico, "operatório". A modalidade principal desta defesa não é o recalque/tradução, mas a recusa (*Verleugnung*). Constata-se frequentemente que a defesa (o raciocínio consciente) é como que o reflexo invertido do que é recusado. Apenas o "sinal da negação" os separa.

3. Dentre as mensagens não traduzidas que constituem este inconsciente, destacamos particularmente mensagens superegoicas. Assinalei frequentemente que o "imperativo categórico" é, por natureza, intraduzível em outra coisa que ele mesmo, impossível de metabolizar: "você deve porque deve" (Kant) e é impossível explicar isso por meio de uma justificação qualquer.

4. Quais são as condições, as causas de um tal fracasso radical da tradução?
Estas condições são provavelmente múltiplas. Abri, neste ponto, uma pista de investigação que não posso ser o único a explorar, confiando a outros o cuidado de continuá-la, caso se mostre viável.
O fracasso da tradução pode ter por resultado especialmente uma transmissão tal qual, intergeracional, sem nenhuma metabolização. A questão do "intergeracional" seria a retomar perguntando-se quais são suas condições do ponto de vista da comunicação, do ponto de vista da estrutura mesma da mensa-

---

[155] Cf. "Implantation — intromission", in *La révolution copernicienne inachevée*, Aubier, 1992.

[156] Christophe Dejours propõe o termo de "inconsciente amencial" que me é difícil aceitar, pois supõe que o recalque-tradução é um processo de mentalização a que não é submetido o inconsciente psicótico. Supõe também que as mensagens do outro não são "mentais", mas que devem tornar-se "mentais". Tenho dificuldade em fazer minha uma oposição ou mesmo uma dialética alma/corpo, mens/soma.

gem ou do ponto de vista do receptor desta transmissão. Muitos já se debruçaram sobre a questão: a pista e o marco teórico foram propostos especialmente para psiquiatras confrontados, parece-me, cada vez mais, a estes problemas. Existe mensagem quando esta não é mais comprometida, mas habitada, sem distância, pelo inconsciente? É isso mesmo possível? Existe mensagem quando esta veicula e impõe seu código, quando, então, impõe uma tradução que não é outra coisa senão a própria mensagem? Talvez, também, quando a mensagem é paradoxal? Qual é o uso possível da noção de paradoxo, se esta é utilizada com rigor?

Um livro como o de Tarelho (1999), *Paranoïa et théorie de la séduction généralisée*[157], abre vias interessantes neste sentido. Como o homem pode ser "possuído" por mensagens que não consegue traduzir? Para mim aí está uma interrogação de primeira importância colocada à psicopatologia psicanalítica.

Em direção a uma teoria unificada da alma

1. O modelo freudiano do aparelho da alma é um modelo neurótico-normal. Confrontados cada vez mais, em sua prática, a casos que se afastam largamente deste modelo (casos-limite, psicoses, psicopatias, perversões), um grande número de teóricos pôs *de lado* a concepção freudiana, fundada no recalque e no inconsciente, como reservada a um pequeníssimo número de casos. Construíram, então, *ao lado* do edifício freudiano, outros modelos, sem procurar guardar a unidade com o pensamento freudiano. Além disso, na maior parte do tempo, estes modelos são dessexualizados e não recorrem mais à noção de inconsciente. É como se, num outro registro, diante de dois aspectos diferentes do mundo, fossem propostas duas cosmologias perfeitamente distintas e sem comunicação nenhuma entre elas.

2. Em que a teoria da sedução generalizada permite propor uma visão unitária, englobando os modelos ditos separados, neurótico/normal e psicótico/*borderline*?

A) Referindo-os a uma mesma base comum: a situação antropológica fundamental e a hipótese tradutiva.

B) Lembrando-se de que o estado não traduzido, o incons-

---

[157] Paris, PUF.

ciente encravado, não é apanágio exclusivamente do fracasso radical da tradução. Efetivamente, é preciso lembrar-se, no modelo neurótico, que o processo tradutivo se produz sempre em *dois tempos*, o primeiro sendo o de uma latência da mensagem do outro, num estado não traduzido, em espera, verdadeiro estado de inscrição "subconsciente", sem ter ainda "encontrado compreensão e interpretação" (Freud, 1914). Existiria, então, não somente na criança, mas em todo ser humano, uma espécie de *estoque de mensagens não traduzidas:* algumas praticamente impossíveis de traduzir, outras na espera provisória de tradução. Tradução que só pode ser provocada por uma reatualização, por uma reativação. O inconsciente dito encravado pode, então, ser um lugar de estagnação, mas também um lugar de espera, uma espécie de "purgatório" das mensagens que esperam.

3. É aqui que convém lembrar-se do que descreve Freud em seu artigo sobre a clivagem do eu: a existência lado a lado, no mesmo indivíduo, de dois mecanismos, o mecanismo neurótico do recalque e o mecanismo perverso ou psicótico da recusa.

O que Freud descreve como estando presente somente em certos indivíduos, nós nos propomos, após Christophe Dejours, a generalizar a todos os seres humanos[158].

O psiquismo de todo ser humano compreenderia, então, duas partes, ignorantes uma da outra, mas não sem passagens de uma a outra. Entre as duas partes, o limite é flutuante, de um indivíduo a outro, e, segundo os momentos da vida, num mesmo indivíduo. O limite da clivagem, limite vertical em relação à barreira "horizontal" do recalque, não é uma barreira de conflito, mas, como em Freud, a separação de dois "processos de defesa". Além disso, este limite pode ser atravessado, por exemplo, quando se engaja um novo processo de tradução.

No caso do neurótico-normal, a parte A é muito mais larga do que a B. E isso se inverte no não neurótico. Mas, como sublinha Dejours, em certas circunstâncias, a parte direita pode prevalecer: "nenhum sujeito está totalmente ao abrigo da somatização, nem do delírio, mesmo se certas estruturas são mais protegidas do que outras" (p. 95).

---

[158] Cf. Dejours. *Le corps d'abord*. Paris, Payot, 2001, p. 39-117.

4. No recalque, e especificamente no recalque originário, as mensagens do outro, provenientes da única realidade para o humano, *a realidade do outro,* vêm a) inscrever-se, num primeiro momento, no inconsciente encravado ou subconsciente; b) são em seguida retomadas, retraduzidas, e desde então repartidas entre uma tradução pré-consciente e restos inconscientes.

5. Uma vez constituídas as duas partes A e B, como conciliar a ideia de um "desconhecimento recíproco" (Dejours, 2001, p. 98) entre as duas partes separadas pela linha de clivagem e a possibilidade de um fenômeno de comunicação, de vasos comunicantes entre as duas partes? Remetemos aqui aos ricos desenvolvimentos de Christophe Dejours, que recorre ao que denomina de "zona de sensibilidade do inconsciente" (p. 97) e, sobretudo, aos mecanismos de perlaboração pelo sonho[159].

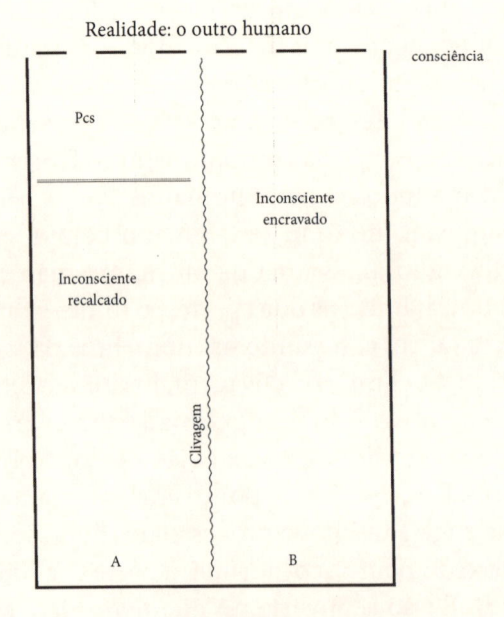

Esquema 1

---

[159] De minha parte, com e depois de outros, eu já havia tentado destacar essa função criadora do sonho, referindo-me ao sonho não somente como expressão, mas como "crisol" do inconsciente. Crisol de perlaboração e de neocriação do inconsciente sexual (*Problématiques V,* p. 197-210) [*Problemáticas V — A tina. A transcendência da transferência* (Martins Fontes, 1993)]. A mesma finalidade encontra-se em meu artigo "Sonho e comunicação: é preciso reescrever o capítulo VII?", capítulo III deste volume.

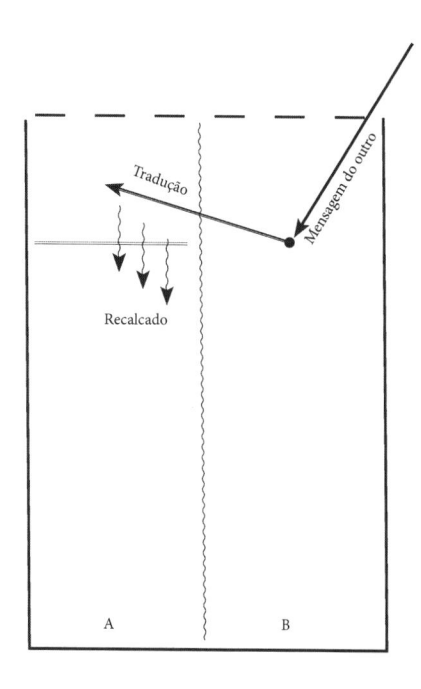

Esquema 2

Para voltar a nosso modelo tópico comum à neurose e à psicose, podemos afirmar que este possui o grande mérito de propor um marco de referência para situar o duplo problema: a possibilidade de uma nova tradução de mensagens encravadas, particularmente na psicoterapia dos casos *borderline* ou psicóticos, e, inversamente, a possibilidade (mesmo se fraca) de uma descompensação delirante em qualquer ser humano.

Notemos ainda, num outro domínio, que o tratamento analítico clássico dos neuróticos, por sua ação maior de *destradução,* tem por efeito o enriquecimento temporário do estoque de mensagens a retraduzir, a ressimbolizar. O que é interpretado deveria, então, repassar pela parte B do esquema, antes de ser integrado a um pré-consciente mais rico.

Tradução e neocódigo; o mito-simbólico

1. Confrontado às mensagens do adulto comprometidas pelo inconsciente, logo, enigmáticas, intraduzíveis somente pelos meios dos códigos relacionais que tem à sua disposição

(códigos autoconservativos), o *infans* deve recorrer a novos códigos. Mas ele não os inventa a partir de nada. Possui ao seu alcance, muito cedo, por seu meio cultural geral (e não unicamente familiar), códigos, esquemas narrativos pré-formados. Poder-se-ia falar aqui de uma verdadeira "ajuda à tradução"[160] proposta pela cultura ambiente.

2. É aqui que intervém o que denominaremos o universo do "mito-simbólico", nele incluindo tanto códigos (clássicos) como "complexo de Édipo", "assassinato do pai" ou "complexo de castração", quanto esquemas narrativos mais modernos, em parte aparentados aos precedentes, mas em parte inovadores.

O erro da psicanálise, em relação ao "mito-simbólico", é duplo:

• Querer incluir em meio às verdades que ela efetivamente descobriu (concernentes ao aparelho da alma e à situação intersubjetiva adulto-criança) e que são verdades "metapsicológicas", os esquemas de narração, mais ou menos contingentes, que servem ao homem, numa situação cultural dada, para ordenar, para historizar seu destino. É o caso antes de tudo do "complexo de Édipo" que, por mais geral que seja (com numerosas variantes), não é uma característica do homem universal, não estando obrigatoriamente presente na situação antropológica fundamental.

• Ter querido, mais ou menos explicitamente, indexar os mitos sobre a evolução "psicossexual" do *indivíduo*. Geralmente enumeram-se de um só fôlego as "formações do inconsciente": sintoma, ato falho, chiste, etc., e o mito.

Ora, os mitos não são uma produção, nem mesmo um decalque da evolução individual. Fazem parte do universo cultural, onde podem ser observados, descritos e eventualmente explicados.

Mas, em compensação, a psicanálise não deve baixar os braços quando se trata de dar conta da intervenção do "mito--simbólico" na constituição do aparelho psíquico humano, e mais precisamente no que dele é um motor fundamental, o modelo "tradutivo".

---

[160] A ideia de "ajuda à tradução" foi proposta e desenvolvida por Francis Martens (Lanzarote, agosto de 2003).

3. Entre os etnólogos, a descrição e a teorização dos mitos desdobraram-se há décadas, principalmente a partir do pensamento de Claude Lévi-Strauss. A noção de código se torna cada vez mais pregnante. O mito age propondo um código ou, talvez, uma pluralidade de códigos. Eles são conversíveis uns nos outros, a partir de esquemas lógicos simples[161]. Cada um deles pode ser considerado como legível a partir dos outros, mas em si, sem esta leitura, permanece opaco. O sentido é latente, sem que se possa dizer, finalmente, que algum mito revele o sentido final, último.

Pode-se fazer, aos etnólogos, particularmente àqueles que estudam os mitos, duas objeções maiores:

• Eles anunciam a ambição de se denominarem "antropólogos" quando, mais frequentemente, se restringem a setores bem particulares da condição *humana* — particularmente as "sociedades ditas primitivas" —, deixando de lado as sociedades contemporâneas e seus próprios mitos bem específicos[162].

• Outra limitação, restringem-se ao universo adulto, sem jamais se interrogarem sobre a maneira pela qual o pensamento mito-simbólico é comunicado ou proposto à criança e mesmo ao *infans*.

4. Os etnólogos mais próximos da psicanálise frequentemente dela só retêm os aspectos que lhes convêm. Não o método associativo-dissociativo, que tem por campo de aplicação o tratamento psicanalítico individual, mas os aspectos mais próximos do simbolismo, sendo este concebido como de natureza finalmente universal. É nesse sentido restrito que estão prontos a falar de "inconsciente", logo que descobrem uma legibilidade própria aos mitos, utilizando eventualmente "chaves" psicanalíticas, mas numa "leitura" que é reconhecida sem ter de vencer uma censura, nem um recalque, e sem recorrer a outros meios que não os intelectuais.

Nisso se aproximam da maneira pela qual o próprio Freud descreve o domínio do simbolismo e do mito. Um domínio

---

[161] Cf. Claude Lévi-Strauss, *La pensée suavage* (1962) e *La potière jalouse* (1985).

[162] Mitos modernos, como o do "proletariado" ou, mais próximo de nós, o da "star" não têm nada a invejar em complexidade e em eficácia à Gesta de Asdruval.

onde é legítimo ler "a livro aberto", já que não há nenhuma necessidade do método *analítico* para a ele ter acesso.

Tal concepção da psicanálise não está tão distante assim da *Vulgata* atualmente em curso no que concerne ao "inconsciente": tratar-se-ia de um *sentido oculto*, universal ou transindividual, ao qual se pode ter acesso sem esforços, desde que se seja um pouco informado. O Édipo e a castração fazem sucesso nos escritos, seja na "mídia" ou em trabalhos ditos mais especializados. O "realismo do inconsciente", tal qual pensamos encontrá-lo em Freud, cedeu lugar à universal legibilidade de alguns grandes esquemas míticos de compreensão.

No entanto, em Freud, o "método simbólico" não vem jamais substituir o método associativo individual: ele é um complemento deste. Que esta "complementaridade" pessoalmente não nos satisfaça e que possamos propor outro modo de articulação entre os dois é o que vamos desenvolver.

5. Longe de nós a ideia de recusar a noção de implícito (que outros chamariam talvez de "inconsciente") no domínio do mito-simbólico. Os mitos se interpretam uns em relação aos outros, assim como os símbolos[163]. Trata-se de uma reversibilidade universal, como por vezes parece pensar Lévi-Strauss — caso em que não haveria interpretação última —, ou bem o conjunto dos mitos permite pôr a descoberto estruturas gerais, estruturas de ordenação com referência, por exemplo, à oposição continente/conteúdo *(La potière jalouse)*, à noção de "terceiridade", etc.

Assim a concepção do inconsciente recalcado individual, tal como a mantenho, não exclui de modo algum a necessidade de levar em consideração, ao seu lado, a noção de *implícito*, pela qual o inconsciente freudiano é indevidamente substituído por muitos autores. Qualquer que seja a concepção que nos façamos da superposição de diferentes códigos num enredo mítico, que se admita ou não uma hierarquia destes níveis, resta que convém dar lugar, não a um *outro* inconsciente, mas a uma

---

[163] Lacan nota que nada se opõe, num sonho, a que um pênis do conteúdo manifesto remeta a um guarda-chuva no conteúdo latente, tanto quanto o inverso (*Ecrits*. Seuil, p. 709, tradução brasileira In: *Escritos*. J. Zahar, 1998, p. 716).

outra espécie de latência, a que existe notadamente nas produções culturais coletivas. Esta latência é da ordem do implícito: o movimento de sua leitura é o da explicitação *(Auslegung)*, um trabalho que não exige vencer resistências.

6. O que, em todo caso, é decisivo para nós é a maneira pela qual estas estruturas narrativas coletivas — quaisquer que sejam seus níveis de generalidade ou, inversamente, seus aspectos concretos e mesmo episódicos — se *inscrevem no esquema* do aparelho psíquico.

Contra a opinião geralmente admitida por muitos, e mesmo por Freud, que vê na relação edipiana o próprio "núcleo" do inconsciente, é preciso situar tais estruturas *não do lado do recalcado, mas do lado do recalcante;* não do lado do sexual primário, mas do lado do que vem ordená-lo e, finalmente, dessexualizá-lo, em nome da aliança, da procriação, etc. Nada de menos sexual (no sentido originário dos *Três ensaios*) que o mito de Édipo e a tragédia de Sófocles. Nada que nos fale menos do gozo sexual, para não falar da busca de excitação.

Os grandes esquemas narrativos transmitidos e depois modificados pela cultura vêm ajudar o pequeno sujeito humano a tratar, isto é, a ligar e simbolizar, ou ainda, a traduzir as mensagens enigmáticas traumatizantes que lhe vêm do adulto. Uma ligação evidentemente indispensável ao tornar-se humano do homem.

Para concluir

Referir-se à situação antropológica fundamental é levar em consideração ao mais alto grau a mensagem enigmática do outro e sua tradução.

A partir daí, a palavra "inconsciente" pode encontrar três acepções que correspondem a três elementos referidos a um mesmo esquema do aparelho da alma.

• O inconsciente, no sentido próprio, freudiano, só pode ser o *recalcado,* isto é, em nossos termos, o resíduo da tradução, sempre imperfeita, da mensagem. A ele se opõe um eu pré-consciente que é o domínio onde se constitui, historizando-se, uma personalidade que mantém o inconsciente sob pressão, ainda que infiltrada por ele.

• O *inconsciente encravado* pode ainda ser chamado de subconsciente, na medida em que só é mantido latente pela fina camada da consciência. Constituído de mensagens não traduzidas, ele pode — mas sem razão — ser considerado como coextensivo a uma parte psicótica do ser humano. Um exame mais completo nos permite aí distinguir — ao lado do que verdadeiramente sofreu um fracasso da tradução, e que seria verdadeiramente inassimilado, pré-psicótico — elementos de mensagem ainda não traduzidos, aguardando tradução, e talvez também mensagens destraduzidas à espera de uma nova tradução. Tanto quanto uma zona de estagnação, ele seria, então, uma zona de passagem, de trânsito.

• Enfim, não encontra seu lugar no *interior do aparelho* o pseudoinconsciente do mito-simbólico. Podemos dizê-lo implícito, mais estrutural do que propriamente coletivo. Sua *função psíquica* deve ser distinguida de seu ser e de sua gênese histórico-social. Esta função, capital para o pequeno ser humano, é de lhe fornecer precocemente uma "ajuda à tradução", não o deixando no desamparo face à tarefa de conter, de simbolizar, de "tratar" as mensagens adultas que não cessam de atacá-lo, à tarefa de se historizar graças a elas e contra elas.

A favor da psicanálise na universidade

In *La recherche psychanalytique*, revista do Laboratório de Psicanálise da Universidade Paris VII, 2004, nº 1.

Em outubro de 1994, depois de dezenove anos, a revista *Psychanalyse à l'Université* encerrou sua publicação, não por uma decisão interna, mas pelo simples fato da decisão de nosso editor. Escrevi então:

> Temos orgulho de ter mantido esta experiência durante dezenove anos, com o apoio de um leitorado limitado, mas fiel, e organizado num comitê de leitura, cujas escolhas sempre foram marcadas pelo rigor na apreciação da seriedade, da inovação e — o que não é uma virtude menor — da legibilidade do estilo e do pensamento. Todas estas qualidades provêm prioritariamente — sem nenhuma exclusividade — do que simplesmente designamos como o espírito universitário. Reivindicando o exemplo freudiano, sempre soubemos que "acadêmico" e "universitário" são termos profundamente opostos, que só uma escrita absorvida pela maldade e pela inveja se compraz em confundir.

Numa página curta, anunciei para este "fim", inclusive, uma "continuação" e, fato notável, com o título previsto de *La recherche psychanalytique*.

Foram necessários dez anos para que esse projeto renascesse, dentro da mesma Paris VII. O título em si da antiga revista soava como um desafio, ou pelo menos, como a afirmação de que a psicanálise, na universidade, precisava resgatar e manter o lugar que lhe cabe, como uma verdadeira disciplina. A história da revista foi marcada, paralelamente, pela presença e pela aventura da psicanálise na Paris VII.

Aventura do Centro de Estudos e Pesquisa em Ciências Humanas Clínicas, criado no élan de 1968 e com a emancipação (a ser constantemente reconquistada) de uma psicologia clínica inspirada na psicanálise, em relação a uma psicologia então dita "experimental" (só mudou o epíteto). Aventura também de um Laboratório de Psicanálise, logo criado, não com a intenção de unir, mas de fecundar pontos de vista, graças à confrontação apaixonada, mas serena. Aventura, enfim, de um doutorado em psicanálise, violentamente atacado, por vezes com má-fé, por aqueles que acreditavam ver ali uma "instituição" que ameaçava a deles, mas que sobreviveu contra ventos e marés. Mais além das vicissitudes institucionais especificamente, entraram em jogo problemáticas maiores, que continuam presentes nos dias de hoje. Citarei apenas algumas delas que foram tema de muitos debates.

1. A psicanálise é uma disciplina científica? Um ramo do saber? Ou, para formular a pergunta de forma menos abrupta: ela se presta à discussão, à refutação, assim como outras disciplinas universitárias? É bem verdade que a questão pode, hoje, parecer ultrapassada para alguns, na medida em que a moda "pós-modernista" chegaria a recusar o título de "saber" a disciplinas aparentemente muito mais rigorosas. Já que se chegou ao ponto de fazer pouco caso do "racionalmente correto", de que modo a redução — tão frequente — da psicanálise a um esquema narrativo dentre outros escaparia da onda hermenêutica, que, por sua vez, não é tão distante do "everything goes" caro a alguém como Feyerabend?

Pessoalmente, eu sempre sustentei a presença da psicanálise na universidade como uma garantia, entre outras, da confrontação rigorosa de posições, da argumentação, do posicionamento esclarecido, ou mesmo da refutação.

Tudo isso não se faz sem dificuldades, das quais uma delas, central, é a relação da psicanálise com a psicologia. Problema teórico, se é que há um — aquele dito da "unidade da psicologia" (Lagache) —, mas que muitas vezes foi resolvido apoiado em bases simplesmente pragmáticas: a inclusão da Psicanálise em departamentos universitários intitulados Psicologia.

Explicar em detalhes por que a psicanálise, mesmo sob o nome de "Psicologia do Inconsciente", não poderia ser considerada um ramo da psicologia ultrapassaria o espaço desta curta introdução. Darei apenas a força do argumento: por uma espécie de inversão "em dedo de luva", é a psicanálise — ou mais exatamente o que está em seu cerne, a sexualidade ampliada — que reinveste o conjunto dos processos psíquicos, ou psicológicos. Aquilo a que se chamou de "pansexualismo" de Freud (o fato de que a sexualidade se encontra *por toda parte*, mesmo que *não* seja *tudo*) corresponde a um "panpsicanalitismo" legítimo: os processos primários, inconscientes, sexuais operam dissimuladamente na psicologia, de modo que o pretenso "inclusivo" (a psicologia) é invadido, no ser humano, pelo que ele diz incluir. Esse é também o motor e a própria legitimação da empreitada do tratamento psicanalítico.

Outra forma de "relativizar" a psicanálise estaria nos títulos que a justapõem à "psicopatologia". Mistura-se assim com a maior tranquilidade o que é um modo de abordagem específica (ou mesmo uma "doutrina", dizia Freud) e um campo de exploração entre outros. Bom artifício para uma suavização. Já a primeira publicação da época de Freud (o *Jahrbuch*, revista de publicação anual) chamou-se, por uma concessão feita a Jung, "Jahrbuch de pesquisas em psicanálise e psicopatologia". Assim que Freud assume a revista, depois de separar-se de Jung, ela passa a ser um "Jahrbuch de psicanálise".

2. Ainda mais insidiosa é a questão de saber se as pesquisas na universidade, não só os doutorados, mas também os cursos, seminários, etc., podem versar sobre temas clínicos. A objeção, muito simplista, é de que a universidade, não sendo um espaço de clínica, deveria restringir-se às pesquisas "teóricas", "aplicadas", etc. Nesta medida, em qual lugar do mundo a reflexão e a pesquisa sobre a prática se realizam nos espaços próprios da prática? Sociedades ou grupos de analistas são, enquanto tais, espaços de prática? E, no entanto, com razão, os casos clínicos são ali amplamente expostos, comentados, discutidos! Podemos também nos perguntar se a ideia em si mesma de um lugar que conjugasse estreitamente pesquisa e prática (são raros os que existem, como a Tavistock Clinic) não implicaria em que a prática se reorientasse para alguma forma de experimento, bem oposta ao espírito do método psicanalítico. A pesquisa psicanalítica mantém e sempre manterá distância da experiência clínica que a ela se relaciona, e é bom que seja assim. Tanto neste ponto como em outros, a pesquisa na universidade não tem de aceitar nenhuma restrição nem inferioridade. De qualquer maneira, o(s) espaço(s) em que se realizam os tratamentos nunca serão os mesmos lugares onde se reflete sobre eles e sobre a clínica em geral.

Toda reflexão analítica válida comporta, em combinações variáveis, a referência a quatro coordenadas indispensáveis: teórica, clínica, extratratamento[164] e histórica. Não é necessário colocar um divã ou realizar consulta na universidade para que a observação e a experiência estejam ali presentes com plena legitimidade.

3. Essa objeção vem acompanhada, às vezes, por uma outra que, de certa forma, remonta aos primórdios da análise, para não dizer a Freud mesmo. É possível ensinar, e principalmente discutir, elaborar em conjunto, com participantes que não estão "em análise"? Uma objeção que eu tentei relativizar, ou mesmo refutar, desde a abertura de meus seminários, especialmente no de 14 de dezembro de 1971[165]. Desenvolvi nessa ocasião o seguinte argumento: "Postulamos necessariamente que há virtualmente uma comunicação possível entre nós porque, virtualmente, há comunicação possível de si mesmo consigo mesmo, ou seja, com seu próprio inconsciente"[166].

Um argumento que não se apoiava principalmente na extensão social da análise, mas

> em certas estruturas temporais da relação de si consigo mesmo, categorias temporais iluminadas justamente pelo freudismo. Enumero algumas delas: "repetição", "já existente [déjà-là]", "après-coup"; sobretudo, esta última categoria do après-coup que fundamenta a própria possibilidade do tratamento analítico, uma vez que algo pode ser remanejado, tomar sentido *a posteriori*, reexistir, adquirir verdade de outra maneira. Mas, se um *après-coup* do tratamento analítico é possível, o que o fundamenta é o fato de que há outros *après-coup* já ali, na existência de cada um. Neste sentido limitado, mas bem específico e sem demagogia, todos vocês estão "tendo estado" e "devendo estar" em análise.

Eu acrescentaria, não sem malícia:

> Talvez a única categoria que eu excluiria é o fato de *estar ali* atualmente [...]. Quanto ao fato de estar ali, de ir algumas vezes por semana deitar num divã, direi que a exigência freudiana de estar em análise para ouvir o que quer que seja de

---

[164] *Hors-traitement* no original. Termo empregado por Laplanche como sinônimo de *hors-murs*, que foi traduzido por extramuros em *Novos fundamentos para a psicanálise* (Martins Fontes, 1992, p. 11).

[165] Em *Problématiques I*, p. 153 e seguintes [*Problemáticas I — A angústia* (Martins Fontes, 1987)].

[166] N.T.: tradução livre a partir do original.

um discurso sobre a análise, se a tomarmos como estipulação concreta, volta-se diretamente contra ela mesma e contra a análise. A exigência de estar em análise surge de todos os lados: para ocupar um cargo num posto de saúde, para realizar psicoterapias, para assistir a um seminário fechado, por que não para assistir a esse curso? Você está em análise? Você está numa "lista de espera"? — o que já vale quase como estar em análise. Com quem? É uma análise 'didática', ou não?

Outro problema desponta aqui: por detrás do enigma de "estar em análise" para poder ouvir falar e discutir sobre ela, mostra-se sob outro aspecto a exigência de ter de fazer uma "análise didática" num divã reconhecido. Em suma, entre o ensino, a pesquisa, a psicanálise pessoal e... o endoutrinamento, a corrente de ar não para de circular. A multiplicação de sociedades, associações, escolas não mudou em nada a situação: corresponde meramente a minha multiplicação das submissões. A esta constituem um antídoto *a universalidade e a liberdade de pensamento* da universidade, mesmo que este antídoto não seja infalível.

4. A peripécia seguinte — mas em que estavam em jogo os mesmos desafios e com os mesmos atores — foi a criação de um "doutorado em psicanálise". Houve quem se melindrou, alegando que a universidade pretendia emitir um diploma de prática da psicanálise. Ora, tais críticas emanavam justamente do *board* (de todos os *boards*, da IPA ou lacaniano), em que se considerava que a peça-chave da formação — a análise pessoal — deve ser institucionalmente enquadrada, desde seu início até seu percurso e seu reconhecimento por instituições que, por não serem oficiais, são ainda mais insidiosamente subjugantes. Essas questões são antigas, mas encontram novidade em debates recentes em que vêm germinar.

Para concluir em poucas palavras, a pesquisa psicanalítica na universidade, longe de constituir um enclave institucional e oficial, é capaz de oferecer uma dupla garantia: o rigor e a ousadia do debate e o reconhecimento de um *campo epistemológico* independente e plenamente legítimo. Constituindo, ao mesmo tempo, num certo paradoxo, uma garantia da *extraterritorialidade da prática* analítica em relação a *qualquer* instituição.

XII

Intervenção num debate

* In *Le Carnet psy*, n° 96, fevereiro de 2005.

Entre Daniel Widlöcher e Jacques-Alain Miller: "O futuro da psicanálise"

Este debate foi tema de uma publicação pela editora Le Cavalier Bleu, em 2000, e de um artigo muito detalhado e preciso de Bernard Golse (*Le Carnet psy*, n° 94, novembro de 2004). Tomo a liberdade de me pronunciar a respeito, pois os temas nele abordados não podem deixar indiferente quem quer que se interesse pela psicanálise.

As psicoterapias

Golse salienta, com razão, que o debate não levou o tema a fundo. Daniel Widlöcher toca nesse assunto ao tratar da demanda social e Jacques-Alain Miller, se o compreendo bem, do perigo cultural dessa demanda. Mas nem um nem o outro se aventuram a estabelecer uma distinção nítida entre psicoterapia e psicanálise. A distinção, contudo, é simples, se nos referirmos àquilo que é próprio da invenção freudiana: a *análise*. A psicanálise adota meios para desfazer, *desligar* as ligações que sustentam nosso discurso consciente, nossa personalidade (nosso eu), nossos sintomas, as ideologias que orientam nossa maneira de contarmos a nós mesmos nossa própria história, para que possa manifestar-se algo que recalcamos e que nos governa em grande parte: o inconsciente sexual recalcado.

Inversamente, a psicoterapia, *as psicoterapias que existem desde que o homem é homem* propõem-se a *religar*, reunir, sintetizar aquilo que, surgindo de nossas fantasias inconscientes, tenderia a fazer imperar em nós o desligamento, cujo extremo é a pulsão de morte.

Portanto:

• Sempre existiram e existem ainda hoje as *psicoterapias* mais diversas: xamanísticas, de apoio, de continência, de persuasão, de aconselhamento, cognitivas, etc., caminhos diversos para a coesão que nada mais fazem que corroborar a tendência natural do eu à síntese.

• Existe, desde Freud, uma *psicanálise* que segue o eixo inverso: o *desligamento*, que visa liberar algo do inconsciente mais profundo. Mas a prática psicanalítica não se resume à análise. Nela sempre coexistem, lado a lado, o movimento de desligamento e a tendência inelutável à religação (Freud toma a imagem de um corpo químico, que sempre tende a se recombinar quando seus elementos foram separados). A tendência à ligação é própria do analisando, e, normalmente, o analista não tem de deixar suas escolhas (suas ideologias) intervirem nesse trabalho. Esta é a parte da psicoterapia, que está presente, nas mais variadas proporções, em qualquer psicanálise. Na verdade, porém, a situação é ainda mais complexa, pois há casos em que o analista não poderia prescindir de uma intervenção ligante: se, como se diz, o paciente for "louco de atar"[167].

Nossa distinção, que é das mais simples, não visa, portanto, a duas técnicas que possam ser categorizadas, mas a duas dimensões que podem coexistir numa mesma prática. Veremos mais adiante como isso permite caracterizar a prática lacaniana.

A instrumentalização da contratransferência

Há uma mistificação a respeito disso que data exatamente de 1951, com o artigo inicial de uma psicanalista mal inspirada, Paula Heimann.

Essa ilusão está relacionada com o crescente esquecimento de que é objeto o *inconsciente* freudiano. De fato, como preconizar o "uso" da contratransferência pelo analista no tratamento se for mantida inabalável a ideia de que a contratransferência pertence ao registro do inconsciente, um registro ao qual o analista só tem acesso com tantas dificuldades? Mas a partir do momento em que se atribui ao inconsciente (talvez o que há de menos "subjetivo" em nós) todas as reações subjetivas do analista durante o

---

[167] N.T.: Note-se que, em francês, a expressão *fou à lier* (louco de atar) permite um jogo de palavras em torno do verbo *lier* (= ligar, atar).

tratamento (afeto, pensamentos, atos), o campo está aberto para o que chamamos tão comumente de dinâmica "transferência-contratransferência". Para romper essa *falsa reciprocidade*, basta observar que um paciente realiza *uma* transferência (inconsciente para o seu analista), enquanto se poderia afirmar sem pestanejar que um psicanalista tem cinco, dez ou quinze contratransferências para os seus pacientes, trocando de contratransferência — como um cirurgião trocaria de jaleco — a cada nova sessão do dia. Quinze dinâmicas "transferência-contratransferência" é muita coisa para um único homem ou uma única mulher!

A confusão transferência-contratransferência implica uma mão estendida às práticas ditas intersubjetivas, que são marteladas em nossos ouvidos (reciprocidade, *self-disclosure*, etc.). Ferenczi abordou essa questão, não sem se queimar — mas, pelo menos, com seriedade — na "análise mútua", sobre a qual afirmou, por fim, que sua ocorrência só era possível entre *duas* pessoas.

Constata-se também que, em várias comissões ou cenáculos destinados a avaliar um futuro colega, a rápida "pincelada" contratransferêncial sempre será bem-vinda. Um fará alusão à morte de sua mãe durante a análise de determinado paciente, outro, a um acidente de trânsito a que assistiu pouco antes da sessão. As "comissões" sempre se deixam cair na armadilha. Mas são apenas alusões leves a fatos ou afetos conscientes ou pré-conscientes vividos pelo analista durante o tratamento. Onde está o inconsciente em tudo isso? Aliás, o candidato evitará ir mais longe na comunicação de suas associações e investigações.

Só resta lamentar que o "manejo da contratransferência" tenha se tornado quase um "xibolete" nos círculos mais amplos, nos mesmos em que menos se pronuncia a palavra "inconsciente".

O debate sobre a contratransferência
Vamos excluir deste debate sobre a contratransferência o que Golse chama de "natureza da escuta analítica" e D. Widlöcher, de "copensamento". Este nos diz que o "copensamento", "associatividade compartilhada", *implica a contratransferência*, e estamos dispostos a acreditar nisso. Longe de mim fazer pouco caso dessa exploração de um movimento — paralelo ou complementar — das associações entre o analisando e o ana-

lista. Mas a regra da "atenção igualmente suspensa", que, nestes mesmos termos, remete à escala musical "temperada" (*gleichschwebende*), isto é, "compensada", nem sempre parece tomar o sentido de tal acompanhamento pré-consciente. Ela destaca e acentua muitas vezes, ao contrário, o que o paciente tenderia a manter à sombra, estando também, em suma, a serviço do desligamento e nem sempre correspondendo a dois processos de pensamento bem sintonizados.

A sessão curta, encurtada ou escandida

Minha posição aqui é clara, embora minhas considerações não sejam as mesmas de D. Widlöcher. Em resumo: a sessão curta é uma prática psicoterápica.

A) A sessão curta, cuja duração é submetida apenas à vontade do "analista", não possibilita o desenvolvimento livre das associações, logo, da *análise*. Ela submete o paciente a uma pressão que não vai deixar de agir no curso de seus pensamentos: o que vou dizer de importante e que meu "analista" considerará como tal? Temos poucos relatos de sessões curtas. Em compensação, temos muitos relatos de sessões com duração normal e contratual: nestas, podemos seguir o movimento, os diferentes movimentos libidinais, as defesas, a inflexão provocada por uma intervenção do analista, em suma, toda uma dinâmica em que, às vezes, aflora o inconsciente.

B) Lacan introduziu a belíssima expressão do "sujeito suposto saber" para caracterizar o analista. Infelizmente! Desde então, as coisas mudaram muito para nós, pois o "analista" é "aquele que sabe", e ponto final! Pouco importa que ele saiba pelo "matema" ou não. De qualquer modo, basta espichar o ouvido para tomar conhecimento de que, em certos serviços psiquiátricos, o diagnóstico de "forclusão do nome do pai" é anunciado na prática corrente e implica em que o paciente seja encaminhado para a via medicamentosa sem qualquer preocupação com a escuta, o diálogo ou a psicoterapia.

Na prática individual lacaniana, o "saber" não está menos implicado, como assinala Jacques-Alain Miller, e, aí também, inapelavelmente: a decisão de interromper a sessão e a palavra na qual é interrompida.

C) "O analista de sessão curta" não só *sabe* a estrutura e o inconsciente, mas também *sabe* a Lei e o Simbólico. A força abrupta renovada da interrupção da sessão (corta! — diz o cineasta) não pode ser entendida de outro modo que não seja como reforço da Castração, a partir da imposição de uma lei do Pai arbitrária e tirânica. Haveria instrumento de ligação mais violento — senão mais eficaz — do que a Lei e seu texto privilegiado: "tu serás castrado"? É neste sentido que a prática da sessão curta, escandida, arbitrária, parece-me reforçar o *normativo*, sendo, como tal, uma modalidade de psicoterapia: visa impor ao paciente uma determinada ideologia.

Em resumo

- Contra *certa* concepção, invasora na IPA, é preciso desconfiar do "transferencial-contratransferencial", que renega a assimetria essencial no tratamento analítico.
- Contra os (*ou alguns?*) lacanianos, é preciso mostrar que a sessão curta é um instrumento de reforço da "Lei" para fins normativos e psicoterápicos.

XIII

Níveis da prova

Conferência pronunciada no VI Congresso, intitulado *Débat en Psychanalyse*, organizado pela APEP (Association Psychanalyse et Psychothérapies), pelo CHU (Centre Hospitalier Univesitaire) Pitié-Salpêtrière e pela Association de Santé Mentale, em 10 de março de 2005. A abertura da discussão ficou ao encargo do professor Daniel Widlöcher.

Propus um título um pouco austero, "níveis da prova", porque Hanin me solicitou um. Permitam-me imprimir a esta exposição uma forma de bate-papo mais livre, em vez de me concentrar no tema restrito, que, mesmo assim, será tratado em dado momento. Isto, em primeiro lugar, para prestar uma homenagem a Daniel Widlöcher por ele ter aprofundado, desde vários anos, o tema do "debate em psicanálise", que é essencial. Antes de ouvir as apresentações introdutórias, eu ainda me perguntava se não éramos dinossauros, falando ainda em debates. Recebemos diariamente, pelos correios, uma enxurrada de programas de congressos, jornadas, conferências, sobre temas dos mais atraentes, clássicos ou novos, e percebemos que, na maioria das vezes, não se trata de debates; e mesmo quando se fala de mesas-redondas, não são verdadeiras mesas-redondas. As falas são paralelas, nunca se encontram; por fim, o tempo de discussão é curto, mas isso pouco importa. As pessoas não tentam convencer-se, vêm apenas expor seu montinho ou seu montão de coisas e depois vão embora.

É a isso que chamamos de pós-modernidade? Concordo com a ideia de que a verdade sempre está fora do alcance da vista, mas isto não quer dizer o contrário, como afirmava Feyerabend, numa triste expressão, que "qualquer coisa convém".

Será que devo dizer algo sobre a verdade? Não preciso de um V maiúsculo para falar dela, mas ela encontra-se, mesmo assim, no âmago do debate. Digamos a verdade ou simplesmente a razão, certa coerência do discurso. Esta exigência de coerência não é unicamente aplicável às ciências duras, mas também, se quisermos realmente debater, às ciências humanas. As ciências "duras" foram seguidamente invocadas a respeito do "princípio de incerteza". No entanto, seria um erro querermos fazer delas uma arma para defender o irracionalismo ou o relativismo, pois esse princípio de incerteza, ele mesmo, é matematizado, arrazoado e refutável enquanto princípio. Mesmo sendo afirmada uma incerteza no objeto (ou na percepção do objeto, debate este que permanece aberto), a *afirmação do princípio de incerteza* é racional, não se apresentando como incerta.

É aí que a psicanálise se enleia numa transposição imoderada do relativismo em nossa própria área. "Tua transferência contra a minha", diz-se, "tua mãe contra a minha", disse-se. Eis o movimento que eu chamo de "pós-moderno" e que, aliás, se exaure em seu horror do "teoricamente correto".

Não significa que não haja mais debate hoje, mas é preciso dizer que o debate está em larga medida submetido à midiatização. É claro que temos nossos cenáculos, nossos seminários, nossas reuniões privadas, mas, no fundo, o grande debate é midiático. E, neste aspecto, dois pontos são recorrentes: de um lado, o ponto técnico, e do outro, o ponto normativo. Técnico: nossos predecessores são, a meu ver, os grandes responsáveis por isso. A partir do momento em que as instâncias oficiais — refiro-me especialmente à Associação Psicanalítica Internacional — aceitaram modificar a própria posição de Freud, que definia a psicanálise como método e como ciência acima de tudo, antes de defini-la como uma terapêutica. Ora, a finalidade terapêutica é agora posta em primeiro plano. Somos, por direito, uma associação de profissionais. Há aí um distanciamento da finalidade científica de verdade, que é constantemente a de Freud. Com minha experiência de tradutor, já que estou mergulhado nessa terminologia original de Freud, basta reportar-me ao termo alemão *Erfolg*, que significa indissociavelmente sucesso ou resultado. Ou seja, um *Erfolg* pode ser um resultado desfavorável. Pode-se dizer que "tal ou qual aventura teve um sucesso deplorável". Isto quer dizer que Freud — como ele mesmo afirma — é alheio a qualquer "tendência", para não dizer à "tendência" de pretender que esse é o procedimento certo do ponto de vista terapêutico. De qualquer maneira, essa não é sua maior preocupação. Se a psicanálise quiser inserir-se *na comunidade científica*, onde, a meu ver, ela tem plenamente seu lugar, ela tem de aceitar a existência de enunciados sem nenhum efeito prático.

Existem resultados, em nossa ação, que são também fracassos do ponto de vista de determinada norma de cura, de felicidade ou mesmo de vida. A lei da gravitação universal, para fazer uma referência a Newton, pode ser verificada tanto com uma ponte que desmorona quanto com uma ponte que se sustenta. Nenhum de nós, contudo, escapa a esse fascínio técnico. Nem os que conseguiram, na França, inserir a psicanálise no corpo das psicoterapias, não fazendo nada além de estender a finalidade geral da Associação Psicanalítica Internacional, nem aqueles que, inversamente, reivindicam para si o saber absoluto e o matema. Eis que se conseguiu — refiro-me a um fato da atualidade que todo mundo pôde constatar — fazer com que um ministro e as aclamações censurassem o texto de um relatório sobre a avaliação das psicoterapias publicado na internet. Desconheço esse texto, não posso julgar seu valor, mas, afinal, é estarrecedor o fato de que o problema da verdade se resolva por aclamações, por uma assembleia de mil psicanalistas, como se diz. Censurar simplesmente, em vez de argumentar e debater.

O outro desvio do debate atualmente, do "debate" midiático certamente (se é que ainda seja um debate), é a *normatividade*. Limito-me a dizer as seguintes palavras: atualmente, os psicanalistas são convocados (aliás, quais psicanalistas?) para opinar sobre todos os fatos de sociedade. Tornam-se membros de direito de todos os comitês de ética, violência, pactos de união estável, clonagem, homofobia, etc. Eles intervêm sempre em nome de uma norma, e diga-se que a norma recorrente é uma norma lacaniana tida como psicanalítica. O Simbólico, o Nome do Pai, a Lei. A psicanálise reduz-se não aos dez mandamentos, mas a dois ou três. A psicanálise se torna uma espécie de Lei do social.

Freud reitera: "Mantenho-me alheio a tomar qualquer partido". Mantém-se alheio a qualquer "tendência", eis a palavra que ele emprega.

Depois dessas incursões pela tecnicidade e pela normatividade, volto ao que, para mim, é central nos dias de hoje, um problema um pouco anacrônico em relação ao *debate*, o problema da *cientificidade*, ou da verificação, da prova: "a psicanálise na comunidade científica". Faço alusão aqui — sem ter tempo de entrar em detalhes — à trajetória paralela, pode-se dizer, entre

Freud e Popper. Há, entre esses dois homens geniais — embora não se tome a medida da genialidade de um pela genialidade do outro —, um incrível vaivém. Há, de um lado, um desconhecimento da parte de Freud, que, creio eu, nunca citou Popper, e, de outro lado, uma incompreensão da parte de Popper. Uma das obras centrais de Popper é *Conjecturas e refutações*. Uma *conjectura* é um modelo imaginado para dar conta dos fatos observados, eles mesmos já parcialmente construídos a partir de outros modelos prévios. Relacionada a isso, segundo Popper, a ciência nunca é extraída dos fatos, *nunca é indutiva*. Popper retoma aí a velha argumentação de Hume sobre o hábito: saio de meu gabinete, abro a porta; vou para a peça adiante. Posso abrir a porta cem vezes, mil vezes, dez na potência dez, ou sei lá quantas vezes, sempre vou encontrar um chão. O que acontecerá se, certo dia, a porta abrir para o vazio? Nada permite afirmar que a porta não abrirá, um dia, para o vazio. É isso que defendem enfaticamente Hume e Popper. A *indução não pode levar* a uma certeza. Pode-se falar de estatísticas, mas nenhuma lei é "estatisticamente verdadeira". Não se pode dizer: isto é 95% verdadeiro. Deve-se dizer: é 100% verdadeiro que determinado fenômeno acontecerá em 95% dos casos. O que é muito diferente. Não há verdade estatística, e a tentativa de fundar a indução com base na estatística é um erro lógico.

Popper, no entanto, não é adepto de uma verdade absoluta, no sentido platônico ou em qualquer outro sentido. Ao contrário, para ele, a única verdade é provisória, até mesmo imaginativa. Ele parte da ideia de "conjectura", que, desde então, foi retomada sob as designações de "modelo" ou de "paradigma"; provisória, até o momento em que será refutada, falsificada. Estaria ele tão distante de Freud? Encontram-se, em Freud, alguns fragmentos de epistemologia. Conhece-se um fragmento em *Pulsões e suas vicissitudes*, em que Freud talvez se concentre mais nos conceitos do que nas relações e em que os conceitos são considerados provisórios. Quando inadaptados, diz ele, são modificados. Mas, com relação a Popper, ele formula as coisas mais em termos de inadequação que de refutação. A ideia de que, mais cedo ou mais tarde, a teoria seja contradita pelo que se constata é um aspecto às vezes presente em Freud. É interessante depreender em Freud rudimentos de um pensamento popperiano. Refiro-me, por exemplo, ao título de um texto que, em si só, é um programa popperiano por inteiro, "Um caso de paranoia que contradiz a teoria psicanalítica". Quaisquer que sejam o destino e a verdade desse texto, ele tem por objetivo testar uma falsificação, no sentido de Popper, num caso de paranoia. Um caso de paranoia feminina em que não se encontraria a homossexualidade subjacente.

Aliás, cabe aqui a seguinte pergunta: se o caso fosse realmente contradito, tudo desmoronaria? Toda a metapsicologia seria derrubada? É neste ponto que encontramos a questão dos níveis de enunciado e coerência das teorias. Mesmo se em Popper e em Freud verificamos, por vezes, um mesmo absolutismo que faz crer que, afinal, "o trono e o altar" dependem de certo número de xiboletes, ou seja, que a refutação de um ponto muito pequeno de metapsicologia poderia pôr em perigo todo o conjunto. Em Popper, isso é evidente, na medida em que ele tomou como modelo a revolução einsteiniana. Trata-se, de fato, de um caso muito particular, em que uma única experiência, a experiência de Michelson e Morlay, esteve na origem da falsificação da teoria newtoniana. Mas será que podemos dizer que é sempre assim? Penso que não, e admito, concordando com muitos epistemólogos que deram continuidade ao pensamento de Popper para completá-lo e maleá-lo, que existem níveis intermediários entre o que poderíamos chamar de "doutrina psicanalítica", para empregar o termo de Freud, ou metapsicologia geral, e o que chamarei já de mito-simbólico. Entre os dois, existem níveis intermediários, que são os níveis das teorias do conflito, da psicopatologia, do sintoma, do *Witz*, até mesmo da teoria do sonho. Uma modificação da teoria do sonho provocaria necessariamente uma falsificação do conjunto da metapsicologia? Não creio.

Vejam que a ideia de uma teoria flexível, deformável, compreendendo, de um lado, um núcleo relativamente denso e, de outro, enunciados que não estabelecem uma relação dedutiva com a teoria geral, não vale apenas para a psicanálise, mas para qualquer ciência. Um núcleo rígido, uma periferia mais flexível. Qual seria o núcleo rígido da psicanálise, aquele para o qual se poderia reivindicar a criação (seria possível?) de procedimentos à maneira de Popper? Não seria um grande engano dizer que, hoje, o que escandaliza, o que é constantemente deixado de lado, esse núcleo rígido, é a sexualidade infantil, o inconsciente e suas vias de acesso, o recalque. Talvez sejam objetos, mas são, sobretudo, modelos construídos, tendo um centro, a sexualidade infantil, o que Freud formula já nos *Três ensaios*. Cito um trecho dos *Três ensaios* que é um enunciado de epistemologia, simples, em suma:

> A observação da infância tem a desvantagem de trabalhar com objetos que podem facilmente ser mal compreendidos. A psicanálise torna-se difícil pelo fato de só poder alcançar seus objetos e suas conclusões por grandes desvios; cooperando, os dois métodos chegam, no entanto, a um grau suficiente de certeza no conhecimento.

Vejam que se tem a imagem do túnel escavado pelas duas pontas, e pela via do entendimento. Insisto nisso porque não se trata somente da "observação"; é a observação que convém *compreender*, tanto a observação do pequeno *infans* quanto a experiência psicanalítica.

Isso parece simples. No entanto, que nó de discórdias foi assim criado! Não constituem um ponto menor as posições radicais a favor ou contra a *observação psicanalítica de crianças*, isto é, a favor ou contra uma das pontas do túnel. Green, em 1979 (mas não creio que ele tenha mudado tanto de opinião a esse respeito), num artigo intitulado "L'enfant modèle" e publicado na *Revue française de psychanalyse*, opõe diretamente dois tipos de ciências: as "ciências da observação" e as "ciências da interpretação". As coisas já se iniciam com um dilema epistemológico muito radical. A sequência epistemológica popperiana, que seria *observação, conjectura, refutação*, é deslocada para uma oposição entre "observação" e "interpretação". Oposição que, por sua vez, corresponde a dois modos e campos de conhecimento: o conhecimento psicológico da criança, observação que seria fadada ao puro "sensível", e o conhecimento psicanalítico do adulto, que constituiria o campo da representação e da interpretação.

Volto a essa questão porque é importante recusar essa oposição entre ciência da observação e ciência da interpretação, tida como uma oposição geral para qualquer conhecimento, não especialmente para a psicanálise. Do lado da *observação*, em primeiro lugar, pois *não há* ciência da observação, nem mesmo a dos astros. Toda e qualquer observação só funciona se for guiada por conjecturas. A ideia de observação direta é uma falsa ideia, tanto para o bebê quanto para as galáxias. Não há observação que não seja orientada por hipóteses: não existe o campo da observação pura. Mesmo a observação dos astros pelos Antigos supunha referências, ábacos, suposições, conjecturas.

Green, portanto, pôs no mesmo saco a psicologia, a psicologia infantil e um empirismo sem princípios. Enquanto que a psicologia moderna, como a de Stern ou a de Dornes, só funciona se apoiada por conjecturas muitas vezes muito elaboradas. E o que Green opõe são as ciências da *interpretação*. Porém, aqui, a ambiguidade é total, uma vez que "interpretação" é uma palavra que, além disso, conhecemos em psicanálise. Trata-se da interpretação psicanalítica? Os psicanalistas interpretam sua prática; no entanto, nunca quiseram fazer dessa interpretação — a interpretação psicanalítica — o caminho da ciência. Não se pode dizer, por exemplo, que a metapsicologia de Freud, a primeira ou a segunda tópica, seja o resultado de uma "interpretação" no sentido psicanalítico do termo. É uma *conjectura* no sentido de Popper. Ora, por um deslizamento de sentido, Green chega até mesmo a sustentar que os psicanalistas de adultos constituiriam um modelo para a ciência, uma vez que pensam por interpretação: conjectura, construção, hipótese científica.

Esse debate é importante. Foi um pouco deturpado, inclusive por Freud, por todos aqueles que falaram em certos momentos, talvez com certa imprudência, da observação *direta* da criança como uma constatação científica.

Os problemas centrais da psicanálise, a meu ver, são o inconsciente e suas vias de acesso (é a própria definição da psicanálise dada por Freud), o lugar e a gênese da sexualidade infantil ou, se preferirmos, da pulsão sexual. Refiro-me à sexualidade infantil no sentido dos *Três ensaios*, ou seja, no sentido do que eu denomino o "Sexual"[168], mais além do "sexuado", mais além da diferença dos sexos e mais além também da diversidade de gêneros.

---

[168] Ver o artigo IX deste volume.

É interessante ler os *Três ensaios* de 1905. Uma vez decantados de seus acréscimos posteriores, eles são uma espécie de ser compósito ou de esfinge enigmática, muitas vezes ambígua e por vezes contraditória. Eles afirmam, de qualquer modo, com constância, a noção de *sexual ampliado*. Trata-se do problema central mais negado, mais recalcado, mesmo que jornadas de estudos lhe sejam dedicadas. Freud começa seu "Segundo ensaio" com dois subcapítulos, o primeiro intitulado "Negligência com o infantil" e o segundo, "A amnésia infantil". Ele já assinala que não só a criança, mas também os adultos, os pais e o observador recalcam sua própria sexualidade. Se considerarmos essa negligência com o infantil e a amnésia infantil, encontramos a raiz não da teoria do apego, mas de sua hipertrofia e de sua tendência a ocupar todo o campo do infantil. Não que essa teoria não tenha seu lugar, mas ela ocupa todo o lugar. A sexualidade infantil, por sua vez, é apenas aí mencionada, de forma branda. Se, por um lado, o especialista da infância, ou da perinatalidade, invade assim todo o campo, ainda que seja com certos conceitos de expressão psicanalítica, como, por exemplo, "pulsão", "pulsão de apego", certos psicanalistas, por outro lado, estariam dispostos a deixar todo o campo livre para os teóricos do apego, uma vez que, de acordo com certa concepção, o infantil não seria nada além de uma retroprojeção, um *après-coup* do adulto (uma ressignificação, como se diz às vezes).

Não poderei me deter nessa concepção deturpada do *après-coup* entendido como pura retroprojeção. A noção de *après-coup*[169] muda completamente quando nos situamos de um ponto de vista que parece ter sido sempre descurado, inclusive por Freud. Tanto Freud como todos aqueles que estudam a criança e a relação criança-adulto sempre concebem a criança e o adulto primeira e primariamente numa *sucessão*. A criança é o antepassado do adulto, a sua pré-história. O adulto reencontra em si, regressivamente, a criança e os traços da criança. O que insisto em afirmar é que criança e adulto — antes de a primeira ser o antepassado do segundo, ou o segundo ser aquele que encontra em si mesmo os traços da primeira — devem ser concebidos pela psicanálise, em primeiro lugar, numa *simultaneidade*, num *diálogo*, numa *troca*

---

[169] Cf. *Problématiques VI — l'après-coup*, Paris, PUF, 2006.

de mensagens. O adulto *na presença da* criança, um adulto que, nesta situação, vê rebrotar nele toda a sexualidade pré-genital, parcial, que visa às excitações e aos prazeres parciais. Freud resume essa sexualidade infantil em 1908, a partir do modo como é evidenciada nos *Três ensaios*, nos seguintes termos: "A pulsão sexual dos seres humanos não se destina originariamente a servir à reprodução, sua meta são certas formas de obter prazer"[170].

Não desenvolverei aqui minha própria "conjectura", a teoria das mensagens comprometidas pelo sexual adulto, mensagens estas traduzidas, em seguida, pela criança. Teoria da gênese do inconsciente e da gênese do aparelho da alma, que, para mim, está no cerne da metapsicologia.

Qual a verdade em relação ao que cabe chamar aqui de teoria da sedução generalizada, qual a falsificação possível? Seguramente, estamos bem longe de ter encontrado um meio de falsificar a primeira ou a segunda tópica, ou ainda a teoria da sedução do modo como a proponho. Mas é *justamente porque não adotamos a posição de considerar o adulto e a criança como um par simultâneo e assimétrico.* Não se trata de uma interação, mas de uma assimetria de comunicação. Em outras palavras, considera-se principalmente a análise do adulto parental (ou daquele responsável pela criação) como tão pertinente à situação quanto as conjecturas atinentes à gênese do psiquismo da criança. Esta consideração do inconsciente do adulto na situação adulto/criança é o que falta e sempre faltará nos infindáveis desenvolvimentos sobre a "experiência de satisfação" (amamentação), sempre reduzida a uma única personagem, isto é, a criança.

Como demonstrar e, eventualmente, refutar, falsificar, um processo que diz respeito às mensagens (principalmente não verbais), a sua recepção, a sua tradução, ou mesmo ao fracasso dessa tradução?

Observações tanto individuais quanto coletivas, como as de Roiphe e Galenson em *Infantile origins of sexual identity,* nos mostram, em certo sentido, um caminho. Elas provam, em todo caso, que, numa situação determinada, como a do adulto--criança, é preciso pôr à prova as conjecturas, e não alinhar "observações" desprovidas de sentido. Porém, é no momento de

---

[170] "La morale sexuelle civilisée...", in *La vie sexuelle*, p. 34 [tradução livre].

conjeturar o impacto e o porvir das mensagens parentais que os autores fracassam, por pouco, aliás. Fracassam justamente na observação dos adultos, responsáveis pela criação ou pais dessas crianças, quero dizer, na observação psicanalítica.

Antes de prosseguir na questão da observação e da conjectura nos processos que levam à formação do "aparelho da alma", voltarei à questão dos níveis.

Popper mostrava-nos o caminho opondo de uma maneira um pouco simplificada o científico e o metafísico. O *científico* é suscetível de ser falsificado, o que pode indicar as vias de sua eventual falsificação. O *metafísico* é o que não pode encontrar falsificação. Não pensem que, com isso, Popper desvaloriza o metafísico tanto assim, uma vez que, por exemplo, ele considera o darwinismo um sistema metafísico fecundo, posto que as consequências deste podem ser falsificadas, mas o sistema enquanto tal não pode sê-lo. Desde Popper, o popperismo foi retificado e melhorado. O tudo-ou-nada de uma grande mudança de sistema, Newton eliminado por Einstein, tornou-se caso excepcional. Na verdade, como apontei antes, toda teoria tem geralmente um núcleo rígido — é o mais difícil de ser abalado — e uma série de hipóteses que podem se prestar à prova e à falsificação, mas sua refutação não compromete diretamente o centro.

Em psicanálise, isso pode ser encontrado no que eu chamo de níveis de verdade ou de prova. Falei do nível intermediário. Já citei o exemplo do "caso de paranoia", mas eu poderia dar outro exemplo desse mesmo nível. É interessante observar que Freud emprega o termo "caso negativo". A descoberta de um único "caso negativo" poderia derrubar uma hipótese. Verifica-se o uso do termo em relação à neurastenia. Em seus primeiros textos, Freud diz: "A neurastenia sempre se deve a uma disfunção genital" (ele se refere essencialmente à masturbação); e "até o presente momento, nunca me trouxeram o caso negativo". Estamos aí no que eu chamo de nível intermediário: uma teoria psicanalítica que, evidentemente, não põe em xeque a hipótese do inconsciente. Encontramos aqui algo muito próximo de Popper e, principalmente, de seus sucessores.

Percebemos, então, a existência de um ou vários níveis intermediários, mas a grande oposição é entre os dois níveis extremos, oposição esta baseada na própria teoria. Tem-se, *de um lado*, a Teoria Sexual ou a Metapsicologia, teoria do inconsciente e de sua gênese, centrada na sexualidade infantil, e, *de outro lado*, as "teorias sexuais" infantis ou adultas. Todavia, Freud manteve certa ambiguidade — com que alguns se deleitam — entre a teoria sexual dos *Três ensaios*, que é a teoria do cientista, e as teorias sexuais de cada indivíduo, as teorias que o indivíduo forja para si mesmo de sua própria existência e de sua própria sexualidade. Há, então, num extremo, a teoria psicanalítica e, no outro, o modo como o ser humano "se autoteoriza", a partir das mensagens do outro que lhe cabe traduzir e integrar, assimilando-as. O exemplo mais notório do artigo "As teorias sexuais infantis" é o complexo de castração, um modo pelo qual a criança representa para si mesma, numa "história" ou numa narração, a diferença dos gêneros, conforme a mensagem que os adultos lhe enviam acerca dessa diferença, como designação de gênero (ver "O gênero, o sexo e o Sexual", artigo IX deste volume).

O complexo de castração e o complexo de Édipo são teorias míticas que não precisam ser provadas. Pertencem ao nível do metafísico, para falar como Popper; o mito-simbólico é em grande parte proposto ao ser humano pelo seu entorno cultural. Mas, infelizmente, Freud acabou considerando como núcleo do inconsciente aquele que é o aparelho mais apropriado para recalcar o inconsciente, a teoria sexual infantil.

A teoria da sedução tem sua força no fato de dar conta da função não científica dos mitos psicanalíticos. É preciso, pois, bem situar os dois níveis popperianos: o *científico*, no sentido de Popper, a metapsicologia; e o *narrativo*, o mito-simbólico, que tem sua função capital como recalcante, como aquilo que ajuda a dar forma a uma história, o que é certamente capital para o ser humano.

Não se podem ignorar as dificuldades da observação em questão aqui: a observação daquilo a que chamo de situação antropológica fundamental. Observação conjunta e não sucessiva, observação psicanalítica, investigação psicanalítica do conjunto dialógico adulto-criança e do ressurgimento do sexual infantil no adulto em situação. De fato, é importante assinalar que o adulto em situação de relação com o *infans* vê ressurgir em si mesmo o seu próprio sexual infantil, como Freud destacou em várias ocasiões, e como todo mundo percebe.

Prestemos bem atenção, então, nas duas advertências de Freud no início do "Segundo ensaio" sobre a teoria sexual: "Negligência do infantil" e "Amnésia infantil". Trata-se de uma única e mesma coisa: o recalque do sexual.

Encontrar uma metodologia conjunta para a observação e a interpretação da comunicação entre adulto e criança e seus resultados seria então uma forma de renovar a questão da "negligência do infantil": isso seria próprio do recalque ou de uma ausência? Penso que grande parte da psicologia dita "psicanalítica" da criança, que existe há algumas décadas, mas que ganhou novo impulso com a teoria do "apego", por mais científica que seja, deve começar por questionar (e tentar eliminar) o recalque do sexual infantil no adulto e, obviamente, no "observador" antes de tudo.

XIV

Os Três ensaios e a teoria da sedução

* Pronunciado no Congresso da DPG, Sarrebruck, em 5 de junho de 2005.

Os títulos que inicialmente propus para esta conferência foram finalmente abandonados em favor deste, mais clássico: "Os *Três ensaios* e a teoria da sedução". As fórmulas que me vieram espontaneamente à mente foram "Os *Três ensaios* como mensagem enigmática" ou "Os *Três ensaios* como traumatismo". Vê-se, assim, que incluo este escrito de Freud, este episódio do pensamento freudiano, como um acontecimento no próprio seio da *teoria da sedução* e na maneira com que Freud se debate com e contra ela.

Para sentir melhor este aspecto *enigmático* ou *traumatizante,* convém referir-se ao acontecimento de 1905, isto é, à primeira edição dos *Três ensaios.* Na edição francesa (*Œuvres complètes de Freud: Psychanalyse,* PUF) da qual sou o diretor científico, decidimos marcar com um traço contínuo, na margem, todas as passagens datando das edições ulteriores: 1910, 1915, 1920, 1924. Aconselho a vocês que façam da mesma maneira com os volumes das *Gesammelte Werlce* e *Studienausgabe* para, em seguida, ler de modo contínuo unicamente a versão de 1905. O efeito é surpreendente, desconcertante. Tudo o que parecia bem conhecido, os "estágios" do desenvolvimento libidinal, o narcisismo, a evolução progressiva para o primado genital, tudo isto desaparece. Resta então um texto estranho, quase barroco, mas, no entanto, sustentado por sólidas linhas de força.

Trata-se antes de tudo da afirmação incessante da sexualidade infantil com suas especificidades: pulsões parciais, zonas erógenas, apoio (*Anlehnung*), etc., e com seu problema econômico misterioso, senão insolúvel: a diferença entre o prazer de excitação e o prazer por redução de tensão. Trata-se também da afirmação da *perversidade polimorfa* originária e de sua integração eventual no prazer genital sob forma de prazer preliminar.

Paro aqui para sublinhar que estes temas são frequentemente retomados ao longo do texto de maneira um pouco contraditória.

Voltarei a este ponto: estamos em presença de uma espécie de ser um pouco heteróclito, de uma esfinge enigmática e sedutora. Mas não acreditem que as partes acrescentadas nas edições seguintes esclarecerão as coisas. Apenas forçarão a entrada de um esquema histórico-genético no conjunto, ligando a sexualidade do bebê àquela do adolescente por uma série de estágios ou *organizações*. Freud (1904-1905c) não assume, então, a tarefa insuperável de remodelar todo o conjunto, como por exemplo, o início do terceiro capítulo, em que está descrita uma oposição marcada entre a puberdade e toda a vida sexual anterior na qual: "A pulsão sexual era até aqui principalmente autoerótica [...] as pulsões e zonas erógenas isoladas buscavam, independentemente umas das outras, o prazer como meta sexual" (*GW*, V, p. 108).

Poderíamos dissertar longamente sobre esta visão de 1905, tão distante da simples observação da criança, colocando com insistência uma barreira nítida entre uma infância autoerótica e a puberdade, esboçando uma espécie de modelo de uma criança vivendo muito tempo sem fantasias, já que estas só são mencionadas explicitamente em torno da puberdade e em relação com o onanismo. Não poderíamos oferecer um melhor resumo destes *Três ensaios* de 1905 do que estas poucas linhas em que Freud os sintetiza em 1908:

> Originariamente, a pulsão sexual dos seres humanos não visa de modo algum servir à reprodução, mas tem por meta algumas formas de obter prazer. É assim que ela se manifesta na infância do homem, onde atinge sua meta, a obtenção de prazer, não somente sobre os órgãos genitais, mas sobre outros pontos do corpo (zonas erógenas) e pode assim renunciar a tudo o que não são esses objetos agradáveis. Chamamos este estágio de *autoerotismo* e atribuímos à educação a tarefa de limitá-lo *(GW, VII, p. 151)*[171] [o grifo é meu].

Uma vez esboçado em grandes traços este quadro geral, é o momento de indicar as duas linhas de pensamento que ligam os *Três ensaios* à teoria da sedução: 1) em que medida este texto,

---

[171] N.T.: No original: FREUD, S. (1906-1909). Die "kulturelle" sexualmoral und die moderne nervosität In: *Gesammelte werke*. v. 7. Frankfurt: S. Fischer Verlag, 1972, p. 151.

produzido oito anos mais tarde, traz dados que poderiam ter permitido reconsiderar *o abandono da teoria da sedução*?; 2) o que pensar do papel da sedução neste texto?

1. Sobre o primeiro ponto, é conveniente lembrar que a teoria freudiana da sedução (1895-1897) tinha essencialmente por finalidade explicar fenômenos *patológicos:* a etiologia da histeria e a constituição do inconsciente nesta afecção. A teoria da sedução se resume nesta fórmula: *a filha histérica, pais perversos.* A partir daí, o abandono da teoria por Freud ganha o sentido de uma verdadeira *falsificação,* no sentido de K. Popper. Sem entrar no detalhe do duvidar das *neuróticas,* sublinharemos um único argumento, que é de tipo estatístico e quase inevitável: para gerar um paciente histérico, diz Freud, é necessário pelo menos um dos pais perverso (sedutor). Seria mesmo preciso uma maior proporção de perversos na geração anterior, se é verdade que a perversão parental deve se aliar a outros fatores patogênicos para produzir uma histeria (Freud, 1897-1902, carta de 21/9/1897):

> Em seguida, a surpresa de constatar que, no conjunto dos casos, era preciso incriminar o *pai* como perverso, sem excluir o meu, e a noção da frequência inesperada da histeria, onde, a cada vez, esta mesma condição encontra-se mantida, muito embora uma tal extensão da perversão em relação às crianças seja, apesar de tudo, pouco verossímil [o grifo é meu]

Ora, contra esta objeção, os *Três ensaios* (1905) vêm trazer *a posteriori* um argumento decisivo: todos os filhos dos homens trazem com eles, desde a infância, uma potencialidade perversa polimorfa. Além disso, esta perversão polimorfa não se apaga com a infância; recalcada ou sublimada, ela persiste a título de potencialidade em todo adulto: "Em nenhum indivíduo saudável pode faltar um acréscimo, que qualificaremos de perverso, à meta sexual normal" (GW, V, p. 60). Ou ainda "é definitivamente impossível não reconhecer, na igual predisposição a todas as perversões, o humano e o original em sua universalidade" (*GW,* V, p. 92).

Além disso, esta potencialidade sexual infantil é despertada no adulto cuidador, ao longo de sua relação com a criança:

a pessoa que cuida da criança – em regra geral, a mãe – considera a própria criança com sentimentos provenientes de sua própria vida sexual, a acaricia, beija e embala, tomando-a de maneira absolutamente nítida por substituto de um objeto sexual legítimo (*GW*, V, p. 124).

O argumento *estatístico* contra a teoria da sedução cai então: *todos* os pais, *todas* as Pflegenpersonen, *todos* os adultos são potencialmente perversos sedutores. O que obriga a reconsiderar os termos da carta de 21 de setembro de 1897: a sedução tem todas as chances de se produzir em *qualquer* "relação de cuidados" *(Pflege)*.

E isto não é para afirmar que os *Três ensaios* (1905) constituíam o único elo perdido para restaurar a teoria da sedução. Restariam numerosos passos para admitir que o recalque e o inconsciente não são fenômenos raros, patológicos, mas o quinhão de toda a humanidade. Nesta progressão rumo à teoria da sedução generalizada, outros elementos teóricos estão ausentes: a generalidade da *situação antropológica fundamental* adulto--criança, mesmo fora da situação familiar ou edipiana; a noção de mensagem e de mensagem enigmática proveniente do adulto; a tentativa de aplicar ao recalque um modelo mais afastado de um puro jogo mecânico de forças e mais próximo de uma teoria da comunicação: mensagem — tradução — fracasso da tradução.

2. A teoria sexual chega então tarde demais para salvar, em toda sua amplitude, a teoria da sedução. Mas *o que acontece, no texto, com a sedução ela mesma?* Este segundo ponto necessitaria um desenvolvimento muito mais longo.

Sublinhemos, inicialmente, que a *sedução está onipresente* nos *Ensaios* dois e três. O texto mais importante de Freud, ao qual ele mesmo se refere nos *Três ensaios,* é, aliás, *Zur Ätiologie der Hysterie* (1896) (texto onde é desenvolvida mais explicitamente a teoria da sedução), não somente no que concerne à importância da sexualidade infantil:

Sublinhei desde 1896 a significação dos anos da infância para o surgimento de certos fenômenos importantes da alçada da vida sexual e não cessei desde então de colocar no primeiro plano o fator infantil da sexualidade (*GW*, V, p. 77).

Mas também a da sedução:

> não posso admitir [...] ter superestimado, em meu ensaio de 1896, "Sobre a etiologia da histeria", a frequência ou a importância [da sedução], embora naquela época ainda não soubesse que indivíduos que permaneceram normais podem ter passado pelas mesmas experiências em seus anos de infância (*GW, V,* p. 91).

O argumento merece que nos detenhamos um instante: a sedução, segundo os *Três ensaios,* não é mais rara, mas, sim, *mais frequente* do que Freud acreditava em 1896. Ela se apresenta também nos normais... Disso Freud poderia ter concluído que ela explica tanto o inconsciente normal quanto os fatos patológicos. Mas ele não o faz, pois não chegou, ao que parece, à ideia de um inconsciente *normal.*

Neste texto muito complicado, no qual as argumentações se cruzam e nem sempre concordam, tentemos destacar *algumas linhas de discussão.*

A) A *linha biológica.* A origem da pulsão está incontestavelmente relacionada a fatores biológicos inatos: "Parece certo que o recém-nascido traz com ele os germes de moções sexuais que continuam a se desenvolver durante certo tempo, mas que sofrem em seguida uma repressão progressiva" (*GW*, V, p. 77).

Conhecemos bem o tema geral: a sexualidade infantil está ligada a zonas erógenas e se subdivide em pulsões parciais que buscam o prazer, cada uma por sua própria conta. Mas estas zonas erógenas são, por sua vez, apenas elementos que se ligam a uma erogeneidade potencial do corpo em sua totalidade. Todo o revestimento corporal, toda a pele é dotada de uma erogeneidade potencial:

> Na investigação das zonas erógenas, já descobrimos que estes locais da pele mostram somente um aumento particular de um modo de estimulabilidade que encontramos, em certo grau, em toda a superfície cutânea (*GW*, V, p. 102).

Seria a mesma coisa (trata-se de um acréscimo ulterior) para os órgãos internos. Todos são capazes de excitação sexual. O que coloca múltiplos problemas. Em primeiro lugar, o da excitação em sua relação com o prazer. Freud deixa em aberto, como misterioso e não elucidado, o fato de que a excitação (isto é, o aumento da tensão) seja ela mesma um prazer, o que contradiz a ideia geral do prazer. Ele volta várias vezes a este paradoxo da excitação-prazer: "tem-se, numa certa medida, uma impressão desconcertante, dado que um dos estímulos parece exigir, para sua supressão, um segundo, aplicado no mesmo local" (*GW*, V, p. 86).

Por outro lado, a noção de *fonte* somática da pulsão, se ela é fecunda, traz também — em sua extensão — muitas dificuldades. Pode parecer evidente para certas zonas, oral, anal ou genital, mas é preciso sublinhar algumas insuficiências. A *zona erógena do seio é* omitida na mulher. Desde que nos afastamos dos casos mais simples, o esquema inicial se aplica mal. É assim que Freud se obstina a considerar o *olho* como a fonte, a zona erógena do *Schaulust* (voyeurismo/exibicionismo). Ora, a concepção de uma turgescência orgânica do órgão da visão é totalmente inverossímil. Por outro lado, e não sem fecundidade, Freud sublinha que certos acontecimentos ou processos gerais podem estar na origem, na *fonte da sexualidade infantil* (e da sexualidade adulta): viagens de trem, processos afetivos, trabalho intelectual ... .Ora, em numerosos destes casos, a passagem pela erogeneidade cutânea parece mal assegurada.

B) Indo além dessas dificuldades, as quais nos conduzirão mais tarde à questão geral da fantasia, lembremos agora a *função ou o papel fundamental atribuído à sedução no nascimento da sexualidade*. Freud (1904-1905b) é claro, e mesmo categórico: a sedução é muito frequente e seu significado nunca será superestimado. Mas, inversamente:

> É evidente que a sedução não é necessária para despertar a vida sexual da criança, pois tal despertar pode também se efetuar espontaneamente a partir de causas internas (*GW*, V, p. 91).

O limite a uma psicogênese ou a uma gênese intersubjetiva da pulsão (nossa própria tese) se acha então nitidamente estabelecido, e desde então, Freud poderá permitir-se descrever largamente as modalidades da influência dos gestos sedutores do adulto. É interessante constatar a ligação da sedução com a noção de perversidade polimorfa: a criança só traz com ela, ao nascer, uma disposição inata: "É instrutivo constatar que a criança, sob a influência da sedução, pode tornar-se perversa polimorfa" (*GW*, V, p. 91).

Freud vai até mesmo ao ponto de afirmar que o mesmo processo pode se produzir em numerosas mulheres que não conheceram o processo cultural:

> nisso a criança não se comporta de maneira diferente, por exemplo, da mulher comum que não foi tocada pela cultura, em quem subsiste a mesma predisposição perversa polimorfa (*GW*, V, p. 92).

Voltaremos a este tema mais à frente, a partir da questão do objeto.

Concluamos esta primeira revisão de textos com algumas reflexões pessoais.

Inicialmente, convém estabelecer a diferença entre os fatos de sedução e a *teoria da sedução*. Esta última tem por finalidade explicar o caráter propriamente sexual da excitação. Na antiga teoria, principalmente centrada na histeria, esta teoria estava associada a uma explicação do recalque e da gênese do inconsciente histérico.

Aparentemente, este aspecto explicativo desapareceu completamente em 1905. A sedução está onipresente no texto, mas seu papel é estritamente limitado:

• Ela se produz sobre a base de uma teoria fisiológica (por vir), da erogeneidade geral do corpo.

• Ela se limita a contatos somáticos sem função de *comunicação* entre o adulto e a criança; trata-se de simples excitações das zonas erógenas, sem contribuição da fantasia do adulto. Por várias vezes, Freud parece mesmo querer insistir no aspecto mecânico das ações excitantes, negligenciando completamente o aspecto relacional:

> Dados a situação anatômica, o transbordamento das secreções, as lavagens e fricções dos cuidados corporais e certas excitações acidentais (como as migrações dos vermes intestinais nas meninas), é inevitável que a sensação de prazer que este lugar do corpo é capaz de produzir se faça observar pela criança desde a idade de bebê e que desperte uma necessidade de ser repetida (*GW*, *V*, p. 88-89).

Permitam-me aqui intervir com uma *colocação pessoal,* já que eu mesmo desenvolvi o que denomino *teoria da sedução generalizada.* Não se trata, para mim, de negar uma excitabilidade *(Reizbarkeit)* geral de todo ser vivo, especialmente no nível do envelope cutâneo e particularmente no que concerne aos locais de entrada e de saída do corpo. Aquilo que existe para todo organismo, mesmo uma bolha protoplasmática monocelular, como negá-lo na criança? Mas a assimilação desta *Reizbarkeit* geral a uma *Verfiihrbarkeit* (sedutibilidade) corre o risco de ser enganosa, na medida em que implica a presença prévia da sexualidade do organismo. Ora, sabemos que precisamente no *infans,* no pequeno ser humano, as condições hormonais da sexualidade que encontraremos na puberdade estão praticamente ausentes.

Segundo nosso ponto de vista, o caráter propriamente *sexual* da "vida sexual da criança" permanece impossível de definir num plano unicamente fisiológico. Ele é inseparável do aparecimento da fantasia sexual, ela própria correlativa da intervenção de um outro (o adulto sexual).

C) *Outra linha* que concerne à sedução não é menos estranha e interessante: *a que está relacionada com o objeto.*

Sabemos o quanto as noções de objeto e de relação de objeto se tornaram pregnantes numa certa psicanálise. Aqui, nos *Três ensaios,* estamos, por assim dizer, no ponto inicial desta evolução, e as coisas não são sempre esclarecidas. É sem dúvida evidente que o objeto em questão é o objeto da *pulsão sexual* e unicamente este. Jamais este problema será confundido com o do objeto perceptivo em geral, seja ele o de Piaget ou mesmo o de Winnicott.

No entanto, a *questão objeto total/objeto parcial* permanece aberta e imprecisa. No primeiro dos *Três ensaios, objeto é* empregado no sentido de uma pessoa total, e Freud estuda longamente sob esta acepção as "aberrações quanto ao objeto", particularmente a escolha de objeto homossexual. No que concerne a este primeiro aparecimento do problema da escolha do objeto como pessoa, Freud manifesta muito cedo reservas quanto ao que poderia ser uma ligação intrínseca entre a pulsão e o sexo do objeto; a seguinte nota, que data, por certo, de 1915, é característica desta concepção:

> Para a psicanálise, são, na realidade, mais a independência da escolha de objeto em relação ao sexo do objeto, a liberdade de dispor igualmente de objetos masculinos e femininos — tal como se pode observar na idade da criança, nos estados primitivos e nos primeiros tempos da história — que aparecem como sendo o elemento original, a partir do qual se desenvolve, por restrição de um lado ou do outro, tanto o tipo normal como o tipo da inversão (*GW, V,* p. 44).

Esta verdadeira indiferença originária da pulsão em relação ao sexo do objeto total deve ser sublinhada. Ela remete, sem dúvida, à noção de bissexualidade, mas a questão vai mais longe e encontra uma verdadeira separação de natureza, que Freud entende manter entre *pulsão* e *objeto.*

Mas voltemos primeiramente *à questão mais simples* de saber se Freud entende por objeto sexual *o objeto total (uma pessoa) ou um objeto parcial,* uma parte do corpo. Percebemos então que a perspectiva mudará completamente entre o primeiro *Ensaio* (objeto total) e o terceiro. Neste último, de repente, o objeto se tornou o objeto parcial da pulsão parcial: o seio, por excelência, para o bebê.

Na verdade, teríamos muita dificuldade em sintetizar os dois pontos de vista total/parcial. E isto pela razão que Freud *centra pouco a teoria da pulsão infantil na relação com o objeto.* Pode-se mesmo dizer que considera inicialmente o objeto *como dispensável* em relação à busca da excitação e do prazer vinculados às zonas erógenas. A síntese genital, a vinculação com a procriação são essencialmente contribuições pubertárias. Da pulsão sexual em si, Freud extrai uma concepção misteriosa, quase mística; o autoerotismo é um estado quase primeiro, sem objeto exterior, no qual outra parte do corpo pode ser tomada como parceiro, numa espécie de relação espelhada.

A passagem mais surpreendente se encontra no primeiro *Ensaio,* no fim do capítulo sobre os "desvios que concernem ao objeto sexual":

> O que retiraríamos, no entanto, como resultado mais geral destas discussões é a ideia de que, na multidão de condições e num número surpreendentemente grande de indivíduos, a natureza e o valor do objeto sexual passam a um segundo plano. Alguma outra coisa é essencial e constante na pulsão sexual (*GW,* V, p. 48).

Esta passagem é completada por uma nota não menos surpreendente, datada de 1910, mas na mesma linha desta ideia, em que Freud opõe a alta estima dos Antigos pela pulsão em si mesma à nossa centralização demasiado exclusiva no objeto:

> A diferença mais fundamental entre a vida amorosa do mundo antigo e a nossa reside, sem dúvida, no fato que os Antigos enfatizam a pulsão em si mesma, enquanto nós enfatizamos seu objeto. Os Antigos celebravam a pulsão e estavam mesmo prontos a enaltecer um objeto de pouco valor em seu nome, enquanto que nós fazemos pouco caso da atividade pulsional em si mesma e que só lhe encontramos escusas nas vantagens do objeto (*GW*, V, p. 48, nota 1 [1910]).

Não é das coisas mais simples imaginar o que Freud entende por "a pulsão em si mesma" ou ainda "o que é essencial e constante na pulsão sexual". Uma pulsão, tendo o prazer como única meta, autoerótica, significa que ela não tem nenhum objeto fora do próprio corpo. (Infelizmente a questão da fantasia e do objeto fantasístico "interno" não é de forma alguma evocada, notadamente na reviravolta que leva da sucção do seio à sucção do polegar)

Para levar a surpresa ao máximo, convém relacionar esta oposição pulsão/objeto com a passagem que segue. Trata-se dos efeitos da sedução sobre a própria pulsão:

> Não obstante, a influência da sedução não ajuda a desvelar o que acontece inicialmente com a pulsão sexuada, mas, ao contrário, confunde nossa maneira de ver pelo fato de conduzir prematuramente a criança ao objeto sexual, pelo qual a pulsão sexual infantil não mostra inicialmente nenhuma necessidade (GW, V, p. 92).

O ponto mais importante nesta surpreendente observação é de natureza epistemológica: *a sedução confundiria nossa maneira de ver (verwirrt unsere Einsicht)* e nos impediria de compreender o que é verdadeiramente a pulsão, isto, ao introduzir falsamente o objeto num processo no qual ele não teria o que fazer.

Como fazer para melhor sentir o quanto Freud está, ao mesmo tempo, próximo e longe da *solução tal qual nós a concebemos?* Pensamos, nós também, que é pela sedução que o outro intervém na sexualidade infantil. Mas, longe de colocar Freud na via de uma gênese da sexualidade, esta constatação é assimilada a um tipo de artefato infeliz. Se considerarmos que já a pulsão deve ser considerada como um instinto desviado, a sedução introduziria um desvio epistemológico ainda mais grave.

D) Mas tudo isso vai ainda sofrer uma modificação, dificilmente compatível com o que precede. Trata-se do terceiro *Ensaio*, "Os remanejamentos da puberdade", no qual Freud retoma novamente a questão do objeto.

Freud começa, por certo, na linha direta das ideias que precedem — com seu caráter paradoxal:

> A pulsão sexual era até aqui (antes da puberdade) principalmente autoerótica; agora ela encontra o objeto sexual. Até aqui ela se exercia a partir de pulsões e de zonas erógenas isoladas que, independentemente umas das outras, buscavam certo prazer como única meta sexual (*GW*, V, p. 108).

Mas, após algumas páginas, surge o capítulo *die Objektfindung* (a descoberta do objeto), que *inverte toda a perspectiva*. Falo do primeiro parágrafo deste capítulo, que se conclui pela famosa fórmula *die Objektfindung ist eigentlich eine Wiederfindung* (a descoberta do objeto é, na verdade, uma redescoberta).

Em algumas linhas, em aparente contradição com as passagens do segundo *Ensaio*, Freud afirma que:

• A pulsão sexual em geral possui um objeto primeiro, fora do próprio corpo: o seio da mãe.

• O autoerotismo não é um estado originário que viria *confundir* a influência da sedução, mas um estado secundário que aparece com a perda do seio: "A pulsão sexuada torna-se então, em regra geral, autoerótica" (*GW*, V, p. 123).

O capítulo que se segue retoma novamente, durante duas longas páginas, o tema da sedução, sedução pela babá, pelas pessoas que cuidam e, é claro, em primeiro lugar, pela mãe. Desta sedução Freud faz o maior elogio, atribuindo-lhe o despertar e a potência da pulsão sexual no futuro adulto:

> A mãe ficaria muito provavelmente horrorizada se lhe explicássemos o fato de que é ela que, com todos os seus carinhos, desperta a pulsão sexual de sua criança, preparando sua intensidade ulterior (*GW*, V, p. 124).

Neste novo contexto, sublinhemos vários pontos.

Por um lado, esta sedução aparece aqui como um fenômeno frequente, ou seja, universal, já que não depende somente da excitação direta das zonas genitais, que é "inevitável nos cuidados corporais", mas também da simples relação de ternura:

> a pulsão sexuada não é somente despertada pela excitação da zona genital; aquilo a que chamamos de ternura manifestará, um dia, inevitavelmente, seu efeito também sobre as zonas genitais[172] (*GW,* V, p. 124).

Por outro lado, esta sedução tem um duplo efeito: ela "prepara a intensidade ulterior da pulsão sexual", mas está também na origem de numerosas relações de amor sexual com as diversas "pessoas que cuidam da criança", em particular a mãe. Esta passagem é difícil de conciliar com uma ideia já mencionada: a afirmação de que a vida sexual do indivíduo não conhece nenhum objeto antes da puberdade.

Mas ainda há mais, se voltarmos ao tema mais importante deste capítulo que é a "descoberta do objeto". Esta, afirma Freud, apenas sucede a uma "descoberta" originária, a descoberta do seio materno. O objeto é, então, "introduzido", diríamos, com a amamentação. Mas em nenhum momento Freud admite *se perguntar se não se trata de uma primeira sedução.*

De início, considera o *Saugen* (sugar, mamar) apenas como uma *atividade* exclusivamente da criança; será apenas bem mais tarde, com *Uma recordação de infância de Leonardo da Vinci* e com a interrogação sobre a passividade inerente à fantasia do abutre, que ele se perguntará se o *Saugen,* na realidade, não corresponde a um *Säugen* (dar a sugar), introduzindo por aí a questão da atividade da mãe.

Por outro lado, Freud é constantemente rebelde à ideia de que *o seio,* na mulher, seja *uma zona erógena importante.* Introduzir esta ideia lhe faria colocar em jogo toda a relação de sedução naquilo que convencionalmente chamou de *experiência de satisfação.*

---

[172] Não deixaremos de ver aqui a prefiguração de uma ideia que desenvolvemos longamente no nosso artigo "Sexualidade e apego na metapsicologia", capítulo II deste volume: a relação de apego (com as mensagens que a ela se referem) constitui a "onda transmissora" que vem "comprometer" o inconsciente sexual vindo do adulto. A "ternura" freudiana é o primeiro nome para designar o "apego" moderno.

A nosso ver, o inconsciente materno é posto em jogo no ato do *Säugen*. Um passo a mais e poderemos nos perguntar, com a introdução do seio, o que *passa* como mensagem parcialmente inconsciente da mãe à criança. Ora, somos obrigados a constatar que esta primeira página sobre a *descoberta do objeto* permanece muda sobre a sedução pela amamentação, mesmo no momento em que a sedução em geral está tão largamente presente ao longo do segundo e terceiro *Ensaios*.

Para concluir

Em nossa primeira parte, mostramos que a noção de sexualidade generalizada, bem como a de uma perversão polimorfa infantil que permanece presente, de forma latente e inconsciente no adulto, vinham responder a uma das objeções mais importantes que Freud se coloca para "falsificar" a teoria da sedução. Todo adulto, especialmente em presença da criancinha, vê despertar em si mesmo esta sexualidade "perversa" (no sentido mais geral do termo), que não pode deixar de passar nas mensagens mais precoces enviadas à criança pelo adulto.

Em nossa segunda parte, ficamos ainda na primeira versão, a de 1905. O segundo e terceiro *Ensaios* são literalmente invadidos pela noção de sedução. Enquanto que a pulsão é dita, em sua essência, como indiferente à questão do objeto, e isto até a puberdade, o objeto vai ser *introduzido,* e — diria Freud — de maneira ilegítima, pelas seduções quase inevitáveis, provenientes do adulto, e que introduzem uma perturbação, ao mesmo tempo real e epistemológica, numa visão clara da pulsão. Mas ainda que tenha reconhecido — e como que contra sua vontade — o papel intersubjetivo da sedução, Freud não aproveita a ocasião de utilizar esta ideia para analisar a primeira introdução de um objeto, a do *seio*, como o protótipo mesmo de uma sedução pelo outro materno. Nesta experiência, segundo ele, aquele que permanece ativo é unicamente o bebê e não a mãe.

Finalmente, ao mesmo tempo *em que generaliza os fatos de sedução* à infância normal, sublinhando, então, a enorme importância dos mesmos, Freud *não chega a uma teoria metapsicológica* que atribuiria à sedução um papel fundamental na teoria do recalque normal, na gênese do inconsciente e no surgimento da pulsão sexual.

Faltam ainda muitos elementos: a ideia de uma comunicação precoce entre o adulto e a criança; a ideia de que as mensagens do outro adulto estão numa posição de dissimetria em relação às mensagens da criança, estando as mensagens dos adultos infiltradas pelo inconsciente sexual infantil do emissor. Faltaria também uma tentativa de descrição do tratamento, pela criança, destas mensagens enigmáticas vindas do adulto (tradução-recalque).

Por mais geral que seja a presença da sedução nos *Três ensaios* de 1905, constata-se que a ocasião não foi aproveitada para desenvolver uma *teoria* da sedução generalizada normal, que se situaria no prolongamento da *teoria* restrita, psicopatológica, esboçada no período de 1895-1897.

XV

Freud e a filosofia

* Fala introdutória a uma discussão organizada pela rádio France Culture, em 25 de fevereiro de 2006, na Biblioteca Nacional da França.

A questão, em sua generalidade, pode nos remeter pura e simplesmente a aporias.

Qual Freud, na verdade?

E *qual* filosofia?

Qual Freud? Recusamo-nos, obviamente, a colocar Freud no divã, como se diz... coisa que, aliás, nunca ninguém tentou. Mas talvez exista um nível intermediário que tentarei definir mais adiante como o da *exigência*. Uma exigência incoercível que caracteriza toda a originalidade de um percurso intelectual constantemente imprevisível. Esse Freud da *exigência* não é puramente subjetivo. Ele está presente, como poderíamos mostrar, no Freud da obra escrita e seu equilíbrio.

Quanto ao *dizer* de Freud e ao seu *fazer* em relação à filosofia, eles não deixam de nos causar perplexidade.

Acerca disso, um pequeno livro de P.-L. Assoun, *Freud, la philosophie et les philosophes* (1976), nos fornece as referências necessárias. Podemos encontrar ali as duplas linguagens e práticas de Freud em relação à filosofia, notadamente o que Assoun chama de "duplo discurso". Basta extrair duas citações dentre uma dezena delas: "Nutro em meu foro íntimo a esperança de alcançar pelo mesmo caminho meu primeiro objetivo: a filosofia" (1º/1/1896). No entanto, vários anos depois, em 1925: "Evitei cuidadosamente aproximar-me da filosofia propriamente dita. Uma incapacidade constitucional facilitou-me muito essa abstenção" (*OCFP*, XII, p. 107).

Isso, no que diz respeito às declarações mais explícitas, faz parte de uma autobiografia intelectual que Freud não parou de elaborar e remanejar. Mas o que dizer de um ponto de vista mais argumentado? *O posicionamento sobre a filosofia* é claramente expresso no capítulo "Uma visão de mundo" de *Novas confe-*

rências introdutórias sobre psicanálise (1933). O ponto de vista unitário e universal característico de todo sistema de mundo é ali recusado, e sua ligação interna com o narcisismo e os fins de comodidade daqueles que a ele aderem são explicitamente referidos como argumento redibitório. Na verdade, contudo, a visão de mundo principalmente criticada é sempre a *religiosa,* a visão filosófica permanecendo relativamente inofensiva, reservada a uma elite restrita, influenciando pouco, então, no curso do mundo.

Embora volte a argumentar sobre sua "inaptidão para apreciar os diferentes sistemas" (XIX, p. 260), Freud não se priva de emitir opiniões sobre o marxismo e sua ramificação ativa, o bolchevismo. Além disso — algo que, para nós, é no mínimo interessante —, ele trava algumas batalhas contra o "niilismo" intelectual daqueles a quem chama de "anarquistas": "a teoria da relatividade da Física moderna parece lhes ter subido à cabeça". Estes afirmam que "nós encontramos perfeitamente aquilo de que precisamos, mas vemos apenas o que queremos ver". Sem fazer de Freud uma autoridade, observemos simplesmente que ele denuncia aí, à sua maneira, o que hoje denominamos "pós--modernidade". Uma pós-modernidade que se mantém vivaz, afirmando que "qualquer coisa convém". E há quem não se tenha privado de afirmar, para tomar a psicanálise pelo flanco, que se qualquer chave hermenêutica convém, a psicanálise passa a não ter nenhum privilégio em relação a qualquer outro "esquema narrativo", que ela é apenas uma narrativa entre outras.

Voltando às "visões de mundo", notemos que Freud não recusa todas elas, mas faz sua, explicitamente, a que ele denomina "visão científica do mundo", à qual ele associa a psicanálise. Ela se caracteriza *também* por sua ambição unitária, mas — diferença essencial — essa finalidade é apenas concebida como um programa cuja realização é incessantemente deslocada para o futuro. Sem querer desenvolver as características da ciência, destaquemos seus aspectos absolutistas, que Freud não recusa de modo algum: "a verdade não pode ser tolerante", ela "não admite nem compromisso nem restrição", procede por "rejeições e eliminações". Esta última visão nos remeteria a *Popper,* cujo pensamento — mais além de sua crítica desinformada do que ele pensa ser a psicanálise, reduzida a um adlerismo um tanto simplista — apresenta muitos pontos de contato com o pensamento de Freud.

A essa visão da ciência a que adere plenamente, Freud compara a visão da filosofia, que, segundo ele, não é "o oposto da ciência" (XIX, p. 244-245); ela "trabalha em parte com os mesmos métodos", mas erra em querer preencher por asserções positivas uma unidade, quando esta, na ciência, é sempre uma finalidade regulatória, programática.

Não poderíamos parar por aí, isto é, numa reflexão sobre o caráter absolutista, unitário, sistemático dos sistemas de mundo: de fato, *por um lado, no terreno da filosofia,* a pretensão unitária, totalizante, representa apenas um aspecto, cuja melhor ilustração é o hegelianismo, que, aliás, Freud detesta tanto quanto o ignora realmente em sua força dialética. Basta citar Kierkegaard, sem contar o maior número de filósofos modernos, para quem a "visão de mundo" é justamente a última das preocupações.

Por outro lado, da parte de Freud, outro termo vai destacar--se, constantemente renovado por ele, a "especulação", à qual ele admite dedicar-se com frequência, mesmo sem renunciar à "observação paciente". Apenas citarei alguns grandes textos que são, em parte, especulativos, como *Totem e tabu* e *O mal-estar na cultura,* além de vários outros, mas quero deter-me mais demoradamente naquele que representa seu paradigma, *Além do princípio de prazer,* em que a especulação é definida como "tentativa de explorar uma ideia de forma consequente, com a curiosidade de ver aonde isso levará" (XV, p. 295). Poder-se-ia ver nisso justamente um procedimento à maneira de Popper: "*conjectura*", em que a imaginação pode tomar livre curso, e, depois, *refutação ou falsificação* da conjuntura sobre um ou outro de seus resultados. Mas a especulação — metacosmológica no caso de *Além do princípio de prazer* — não desemboca essencialmente em refutações ou constatações fundadas. Ela levará, alguns anos mais tarde, a uma formulação que soa como um absoluto, mais além de qualquer prova: "Sustentei, no início, apenas a título experimental, as concepções desenvolvidas aqui, mas, com o passar do tempo, elas *adquiriram em mim tal poder,* que não consigo mais pensar de outro modo" (XVIII, p. 305).

Exigência é o termo que passo a destacar como aquilo que compele Freud numa direção, o que vem constantemente trabalhá-lo em todos os seus "desvios do caminho". No caso de *Além do princípio de prazer*, trata-se da exigência da "pulsão de morte" — noção, por certo, a ser elaborada mais adiante. Mas, primariamente, é a exigência do *inconsciente*, descoberta na prática da análise.

Falar da descoberta freudiana, de fato, não significa dizer que a análise seria apenas a atualização de um procedimento para abordar de uma forma nova fenômenos já reconhecidos, mas simplesmente mal explicados. Em suma, ela seria uma psicologia provida de instrumentos renovados. Trata-se da abertura simultânea de um *procedimento* e de um domínio *do ser* novos.

A psicanálise, dirá Freud — cujas palavras apenas comento —, é um procedimento específico que possibilita o acesso a seres até então inauditos, os seres inconscientes. Trata-se, portanto, tanto de um método como de um objeto novos. Assim sendo, a exigência a que eu me referia não é primariamente uma exigência do pesquisador: é a *própria pressão exercida pelo seu objeto*.

Esse é o sentido do *realismo* do inconsciente, contrariamente a qualquer concepção hermenêutica, e que características bem específicas expressam:

• O *estranho*, que pode também ser designado pelo termo bem conhecido de "corpo estranho interno".

• A a*temporalidade*, ou mais exatamente, a exclusão da temporalização.

• A *ausência de coordenação*.

• A *ausência de negação*.

• E, certamente, o *caráter sexual*, a ser entendido aqui como a sexualidade infantil polimorfa.

Para *sustentar sua teoria do inconsciente*, Freud refere-se, às vezes, aos filósofos, numa genealogia que não deixa de gerar confusões. A referência a Kant é, no mínimo, sumária. A referência a Schopenhauer reintroduz a ideia de um inconsciente primário, uma "vontade inconsciente", alicerce de nossa vida consciente. Aliás, não podemos negar que Freud mesmo enuncia mais de uma vez que "tudo o que é consciente foi antes inconsciente" e que "o primário precede o secundário". Todas essas são afirmações a que deveríamos nos contrapor.

Sei bem que, ao emitir tais reservas, defendo um Freud contra outro: o Freud da experiência e da exigência da alteridade, contra aquele de uma recentragem ipsocentrista, ptolemaica, que não cessa de oferecer-se e se resumiria numa frase do tipo: no fundo e na origem do homem, desvelar o isso pulsional. "Nada de estranho entrou em ti, é somente uma parte de ti que não queres ver", esta seria a frase que recuso.

Mais duas observações para concluir:

1. Não é à toa que a exigência da *pulsão de morte* vem impor-se no fim da obra. Relembro as palavras de Freud: "Não consigo mais pensar de outro modo". Ora, essa exigência não é uma pura vivência, uma coerção subjetiva. É, ao mesmo tempo, uma imposição que se lê na própria estrutura da obra freudiana e sua evolução. Tenho tentado, desde *Vida e morte em psicanálise*, perguntar: "por que a pulsão de morte?". Porém, o porquê compreende-se também no desvio do caminho na obra, em 1915, que tenderia a fazer esquecer o lado incoercível e inconciliável da pulsão sexual, esta que é denominada *Lucifer amor* nas cartas a Fliess (10/7/1900). Um desvio que, entre outras coisas, concretiza-se pelo lugar atribuído a uma sexualidade unificada sob a égide do "Eros do divino Platão", termo em que é bem difícil reconhecer a "sexualidade polimorfa" posta na origem de nossas existências e sintomas. Neste sentido, a pulsão de morte teria de ser decifrada como uma reafirmação da heterogeneidade do sexual em nós, o sexual infantil desligado e sofrendo da falta de ligação.

2. É também significativo o fato de que a descoberta do inconsciente, nos primeiros anos, seja acompanhada por uma tentativa clínica e teórica de detectar a fonte dessa alteridade na mensagem enigmática do adulto outro, mensagem esta infiltrada pelo inconsciente sexual do *adulto*. Designo aqui a *teoria da sedução*, inseparável da exigência do outro em nós, do inconsciente como *outro* em nós. Herdeiro da dissimetria adulto-*infans* do ponto de vista sexual, característica do que podemos chamar de "situação antropológica fundamental", o inconsciente nos lembra eternamente que não gravitamos em torno de nós mesmos, tampouco em torno de um isso pulsional de natureza genética.

Gravitamos desde o início em torno do outro enigmático, desse outro, adulto sexual de nossa infância, que, além disso, é enigmático para si mesmo.

Neste sentido, a psicanálise — que, por sua vez, é apenas uma ínfima parte de nosso saber, sempre inacabado, sobre o cosmos — é um saber que se poderia dizer "ferido", aberto de imediato pelo enigma da experiência do inconsciente.

Isso não quer dizer de maneira alguma que ela deva renunciar à opção racionalista. Um *racionalismo ferido*, esta seria uma das expressões possíveis para designar a filosofia de Freud, sabendo-se que a "ferida" em si mesma é um elemento de estímulo.

XVI

Freud, do modo como convivo com ele

* Artigo publicado na revista *Le Point*, de 20 de abril de 2006, n° 1753.

Freud, para mim, não é nem o nome ostentado como uma "credencial" por movimentos psicanalíticos dispersos, nem, ao contrário, o indivíduo Freud, por cuja biografia minha apreciação é muito moderada, principalmente diante de qualquer pretensão de que seja psicanalítica. Ele é, acima de tudo, quem ele mesmo quis ser: o Freud da obra escrita e publicada. Isto não quer dizer que eu queira transformar sua obra num texto sagrado.

Uma obra de debates, de revisões de si mesma, não só de certezas, mas também de dúvidas. Um texto escrito em alemão, cuja tradução em francês assumimos (com toda uma equipe: P. Cotet, J. Altounian, F. Robert), para a publicação nas *Œuvres complètes*, da maneira mais fiel ao original possível. A fidelidade do tradutor está em afastar o máximo possível o adágio segundo o qual "todo tradutor é um traidor" e "toda tradução, uma interpretação". Com base em tais princípios, torna-se muito fácil renunciar a realmente traduzir. A isto oponho uma tradução que, longe de impor uma interpretação, mantém-se aberta às interpretações mais diversas ou, até mesmo, às mais ofensivas por parte do leitor. "Fazer justiça" a um grande texto não é disfarçar, e sim restituir suas contradições, seus pontos fracos, seus momentos de hesitação ou até suas incoerências.

O pensador Freud é o homem de uma *descoberta*, aspecto no qual insistirei primeiramente. Eis um pesquisador entre trinta e quarenta anos de idade, dotado de grande cultura e sólida experiência científica, movido por um racionalismo positivista indefectível e uma ambição não menos indefectível — ele mesmo se vê, às vezes, como um "conquistador", um Cristovão Colombo da psicopatologia, que decide aplicar o método de investigação de seu colega mais velho, Joseph Breuer. Método este que consiste em levar o paciente a falar "livremente", aceitando entregar seus pensamentos mais disparatados.

Todavia, é nesse momento que a aplicação de um simples "método" mudará tudo: não se trata mais de melhorar a psicopatologia existente com um novo instrumento. O método dito das "livres associações" leva, de repente, a um *novo objeto*: ao que Freud designa por Inconsciente. Talvez essa *terra incógnita* jamais possa ser mapeada, do modo como foi a América dos conquistadores, mas ela deixa-se induzir, supor, reconstruir a partir de seus efeitos: sonhos, devaneios, atos falhos, lapsos, chistes... Para designá-la, Freud emprega termos estranhos, que atestam sua alteridade: o inconsciente age em nós como um "corpo estranho interno" (imagina-se um tipo de implante, colocado por um neurocirurgião). O inconsciente manifesta-se no neurótico como uma "reminiscência", ou seja, como uma lembrança isolada para sempre de suas fontes. Freud também tem certeza de que o inconsciente está ligado a nossa primeira infância e é indissociável da "sexualidade infantil". Uma sexualidade cujos traços ele encontra em cada um dos casos que analisa, uma sexualidade tão diferente da nossa sexualidade adulta (essa que, nos dias de hoje, dizemos ser liberada), que poderíamos até hesitar em empregar o mesmo termo para designá-la. Esse "sexual" infantil anárquico, polimorfo, que busca mais a excitação que a satisfação, é fadado ao recalque (de forma mais ou menos total) em cada um de nós.

Encontramos, nos textos de Freud, os mais variados gêneros e estilos, do mais elegante e quase romanceado ao peso do pensador "acadêmico", formado na disciplina das universidades germânicas. Todavia, mais além dessa diversidade, quero ressaltar que, desde os anos 1880-1890, Freud parece habitado por uma *exigência* que o conduz. Esta lhe é imposta não pelo seu próprio pensamento, mas pelo seu próprio objeto, como ela se impõe a qualquer psicanalista que se sujeita a usar o método freudiano.

Empreguei, em algumas ocasiões, a imagem de um alpinista que tenta alcançar o topo do Himalaia, quase inacessível e perdido por entre as nuvens. A busca do "caminho certo" é tudo, mas também é inevitável que nosso homem tome eventualmente um caminho errado, levando a um "despenhadeiro". Ele deveria dar meia-volta? Usar grampos de alpinismo?

Pessoalmente, o que me fascina na obra freudiana são essas bifurcações decisivas, esses pontos de "desvio do caminho", e assumi a tarefa de rediscutir o que está em jogo nesses momentos: o que é feito então da *exigência* que magnetiza todo o movimento desse estranho pensamento? Trata-se, para mim, de recolocar Freud em trabalho, de fazer "trabalhar" (provocar atrito eventualmente) sua obra, trabalhando com ela.

Citarei um único exemplo, de um momento decisivo: juntamente com a publicação de seus primeiros casos de análise (*Estudos sobre a histeria*), Freud constrói uma teoria peculiarmente audaciosa, visando nada menos que explicar a origem do inconsciente no "histérico" pelas particularidades e vicissitudes da relação interpessoal complexa entre a criança e o adulto, quem lhe dá acesso à vida, seu primeiro "outro", por assim dizer. Depois, de repente, em 21 de setembro de 1897, fazendo a si mesmo objeções extraídas da clínica, da teoria e também do simples bom senso (mas qual "bom senso" vale para a psicanálise?), Freud renuncia a essa teoria denominada "teoria da sedução". A maioria dos historiadores, com certo espírito de manada, vê nisso um anúncio favorável: o nascimento por vir da teoria da "fantasia" e do "complexo de Édipo". No entanto, não se observa o aspecto negativo dessa reviravolta: uma teoria *hereditária* das origens pré-históricas ou "filogenéticas" do psiquismo humano volta a campo. Trata-se de uma via que leva a impasses que não param de repetir-se ao longo da obra, afirmando a aquisição e a inscrição genética de cenas supostamente vividas na pré-história e que seriam transmitidas pelo inconsciente de todo ser humano. Esse seria o caso do famoso "assassinato do pai", conquanto nada prove que ele possa ter sido memorizado e *adquirido* ao longo da pré-história da espécie humana.

Vale a pena, então, reexaminar a fundo as dificuldades da "teoria da sedução" e observar se avanços mais recentes acerca da comunicação pré-verbal entre o bebê e o adulto não contribuiriam para ampliar as bases da teoria pretensamente ultrapassada.

São muitos os pontos em que a obra de Freud suscita reexames e um novo "trabalho". Cito apenas a ideia tão controversa de "pulsão de morte".

Sua obra vale a pena? Será que o fato de suscitar tais debates não seria uma prova de sua vitalidade? A obra de Freud é, pelo menos para mim, o espaço de uma *infiel fidelidade*: fidelidade na tradução primeiramente, única forma de possibilitar a infidelidade na discussão, pois não se pode discutir um autor sem tê-lo assimilado na maior proximidade do que ele efetivamente diz. Fidelidade também para com a *exigência* do objeto que nossa prática psicanalítica desvela: esse objeto que insiste em bater à porta, esse intruso, esse outro em nós que continuamos designando pela palavra de Freud: o Inconsciente.

XVII

Psicanálise e psicoterapia

`Publicado na revista *Le Carnet psy*, 108, em maio de 2006.
Resposta a uma pesquisa coordenada por D. Widlöcher.

Tentarei ser breve e claro, já que a questão foi tão embara-lhada por considerações importantes, apesar de extrínsecas (de *setting* notadamente).

1. Estabelecerei uma distinção entre o *ato* psicanalítico — o que o psicanalista faz *enquanto* psicanalista — e a *prática* cor-rente dos psicanalistas — o que eles fazem num tratamento ana-lítico e, de modo mais geral, na relação com qualquer paciente.

2. O ato psicanalítico pode ser comodamente dividido em *situação* e *método*, sendo ambos essenciais.

A *"situação"* é radicalmente assimétrica. Esta assimetria pode ter-se prestado a todos os mal-entendidos, inclusive àque-le formulado por Ferenczi como "hipocrisia profissional". Sabe--se que, nos dias de hoje, tal assimetria foi varrida pela ideia de que a posição do analista, tanto quanto a do observador em física, não goza de nenhum privilégio. Eis o famoso estribilho "transferência-contratransferência" que não deixa de estar pre-sente em toda e qualquer comunicação de congresso.

No entanto, a invenção genial da situação analítica só pode ser bem compreendida se casada com uma concepção da "si-tuação antropológica fundamental" (adulto-*infans*) como dissi-metria originária, que tem por outro nome a "sedução".

É somente pela dissimetria infantil que se explica e justifi-ca a "insuportável" dissimetria analítica. A "neutralidade" não é primeiramente recusa ao outro (ao paciente) de ajuda, con-selho, conhecimento, etc. Ela só se mantém pelo que se deve chamar de "renúncia"[173] interna do analista: talvez apreensão de

---

[173] N.T.: No original, Laplanche emprega *refusement*, neologismo em francês. Porém, no *Vocabulário da psicanálise*, Laplanche e Pontalis propõem *frustration* ou *refusement* para o termo

seus próprios mecanismos inconscientes, respeito à alteridade inconsciente e, também, senso de seus limites, o que implica uma destituição em relação a qualquer intenção de domínio, de afeiçoamento do outro, de *poïesis*.

A transferência, se quisermos atribuir-lhe uma especificidade analítica, só se concebe no âmbito dessa situação que recoloca fundamentalmente o sujeito no íntimo dos enigmas que lhe foram propostos em sua infância. Além dos enigmas do outro interno (o inconsciente), é o "tratamento" dos enigmas do outro externo (os adultos, os pais) que, nos casos mais favoráveis, é reformulado.

3. O *método*, como seu nome indica, é *analítico*. Ele tem por finalidade desvelar elementos ocultos, inconscientes ou que cercam o inconsciente, ou defensivos, nos dizeres, nos atos e na transferência do analisando. Nesta condição, o método psicanalítico tem uma finalidade de desestruturação. Busca elementos ocultos onde não eram esperados. Desestabiliza conjuntos coerentes sobre os quais uma vida inteira pode ter-se organizado (ideologias, visão de si mesmo e dos outros, esquemas narrativos, romance pessoal, etc.), para designar suas peças desconjuntadas.

O método da psicanálise baseia-se na *livre associação* (que pode ser melhor designado como método "associativo-dissociativo"), nas *interpretações* do analista — ou seja (no sentido do texto "Construções na análise"), o modo de assinalar, de "apontar" a presença de um elemento insólito, vizinho do inconsciente — e nas reconstruções de um processo de defesa. O ato psicanalítico deve-se, portanto, à ação conjunta do analisando e do analista, unidos no método.

4. *Propriamente falando*, nenhuma psicoterapia jamais curou, tampouco a psicanálise. Com mais forte razão a segunda, se aparentada a um verdadeiro terreno de escavações. Mas esse terreno de escavações é incessantemente reorganizado, reconstituído pelo paciente. O *único psicoterapeuta é o nosso "paciente"*

---

alemão *Versagung*. Em português, verifica-se o uso generalizado do vocábulo frustração para traduzir esse termo, mas, no presente contexto, optamos por renúncia" para não descuidarmos das noções de "privar-se de", "impedir-se de", "abdicar de ", ou mesmo "impor uma recusa a".

e, de modo geral, todo ser humano que se constitui, desde seus primeiros dias de vida, como *sujeito de uma história*, temporalizando-se, memorizando-se, "escrevendo" ou reescrevendo sua história de forma mais ou menos coerente. "Sujeito", portanto, de uma narração íntima, única ou ramificada. (Isto explica o fato de que o único "relato" de caso verídico é o do próprio paciente)

5. Freud não quis dizer outra coisa (o que quase não escutamos mais atualmente) quando enunciou que a "síntese" (com o que, segundo a crítica que lhe faziam, ele não se preocupava) — que hoje se designaria por "reconstrução", "estruturação", "subjetivação", etc. — não era a parte que lhe cabia e que, como na química, os elementos separados sempre tinham uma tendência espontânea a juntar-se novamente. A observação continua valendo, não como uma expressão de indiferença ou recusa de assistência, mas como teste de delimitação essencial entre psicanálise e psicoterapia.

6. Como aplicar esse critério às mil formas contemporâneas de prática que se referem ou não à psicanálise?

Na psicanálise das neuroses, do modo como a exercemos ainda hoje, psicoterapia e psicanálise convivem constantemente.

Uma pequena parte do tempo e dos esforços do paciente e do analista destina-se a "analisar". Incluo neste ato o "tratamento" das defesas, intimamente ligadas às fantasias inconscientes. A maior parte do tempo de uma psicanálise é dedicada a dar forma e história ao que foi descoberto pela análise, portanto, dedicada à "psicoterapia".

A essa historização o analista não é alheio, propondo eventualmente ligações, esquemas narrativos e parciais, "edípicos", "castrativos" ou outros, mas sempre com cautela. Cabe ressaltar, contudo, que, para Freud, o "vir a ser consciente" de um elemento inconsciente abre caminho, por si só, a uma nova síntese. Acredito que tomamos certo distanciamento em relação a essa visão "fisicalista", graças a noções como narratividade, historização, ou mesmo subjetivação, que dão à "perlaboração" freudiana um conteúdo bem mais rico, como sendo justamente o tempo "psicoterápico".

7. Resumidamente: *toda psicanálise é*, em grande parte, dedicada à psicoterapia, ou seja, à auto-historização do sujeito, com o auxílio mais ou menos ativo do analista.

Mas o *ato* psicanalítico — bastante raro, às vezes — é outra coisa. Obra de desligamento, ele tenta fazer surgir novos materiais para uma historização profundamente renovada. Afinal, não nos surpreende que o psicanalista seja tão cauteloso e parcimonioso: seu trabalho de desligamento não se aparentaria ao da pulsão sexual de morte?

8. As *psicoterapias* são múltiplas. O fato de serem ou não praticadas por analistas ou com uma referência analítica tem pouco a ver com sua natureza.

A) Há psicanálises que correm o risco de resvalar na psicoterapia pura e simples.

A autoestruturação, a auto-historização persistem, mas trabalham sobre um material gasto, "de reúso". O resultado não é desprezível, mas os fundamentos inconscientes raramente ressurgem. Para falar em termos de "tradução", traduz-se a partir de uma tradução já existente, com pouca referência ao texto original.

B) Muitas psicoterapias conduzidas por analistas situam-se nesse caso, pois não adotam de início os meios metodológicos que permitam sondar o inconsciente.

C) Penso que a maior parte das psicoterapias ditas não analíticas insere-se no mesmo caso. Escutar alguém com atenção e "continência" possibilita seguidamente alcançar progressos significativos em sua auto-historização. Os resultados em relação às psicoterapias "analíticas" (conduzidas por analistas) são comparáveis, como nos dizem as estatísticas, e isto deveria ser verificado sem preconceitos. Note-se que as "avaliações" em questão não levam em conta as psicanálises conduzidas de acordo com o método "analítico".

D) Deixo de lado, obviamente, as (psico?)terapias que se destinam a retificar um comportamento neurótico através de um verdadeiro adestramento (TCC).

E) A psicoterapia das psicoses e dos casos ditos *borderlines* graves traz outra premissa: o problema da indicação propriamente. Temos o direito de ajudar a "desligar" o que já tem dificuldade de ligação? Aqui, a perspectiva muda radicalmente: o psicoterapeuta é convidado, ao que parece, a participar "criativamente" da construção, fornecendo seus esquemas, ou mesmo seus próprios materiais. Sua "implicação" é máxima, a tal ponto que podemos nos perguntar se os casos relatados não são exemplares únicos, aos quais o terapeuta dedicou a maior parte de sua atenção e de seu tempo. A *multiplicidade* das abordagens e das teorizações nos casos expostos mostra que, na maioria das vezes, é a idiossincrasia do terapeuta-analista que está em primeiro plano, em seus fundamentos inconscientes, seus valores, sua própria existência. Têm-se tantos terapeutas de psicoses quanto indivíduos, e as teorias pesam pouco, pois apenas quase só revestem uma prática que é, acima de tudo, individual.

Faço aqui uma ponderação: nenhum alienado o é totalmente. Sempre existe nele uma parte neurótica, recalcada (segundo Freud em "A clivagem do eu"). Nesta medida, a análise cuidadosa dessa parte neurótica pode ter um efeito de encadeamento sobre toda a pessoa, inclusive em sua parte psicótica (ver meu esquema no artigo "Três acepções da palavra 'inconsciente' no âmbito da teoria da sedução generalizada", capítulo X deste volume).

Conclusão
Minha intenção, sobretudo, foi mostrar que psicanálise e psicoterapia não são campos separados e que, em toda psicanálise, há necessariamente análise e psicoterapia.

Parafraseando o dito "Eu tratei de suas feridas, Deus o curou"[174], eu diria: "Eu desbridei suas feridas, ele as cicatrizou à sua maneira".

---

[174] N.T.: "Je le pansai, Dieu le guérit", frase pronunciada pelo cirurgião e anatomista francês Ambroise Paré (1510-1590).

XVIII

Incesto e sexualidade infantil

* Apresentação realizada na sessão solene das duas Sociedades Psicanalíticas de Viena, em 6 de maio de 2006 por ocasião do 150º aniversário de Freud.

Introdução

É uma grande honra, para mim, ter sido convidado para este *Festvortrag* em Viena por ocasião do 150º aniversário de Freud, e uma grande emoção também.

Freud, mestre de todos nós!

Escrevi recentemente um artigo intitulado "Freud, do modo como convivo com ele" (capítulo XVI deste volume). Definirei minha abordagem em duas formulações.

Interesso-me principalmente pelo que Freud formulou explicitamente: pela obra escrita, que me empenho em traduzir para o francês com o maior rigor possível, junto com toda a equipe das *Œuvres complètes*.

Adoto uma atitude de fiel infidelidade. Fidelidade na leitura e tradução, restituindo a Freud aquilo que ele quis dizer, inclusive suas contradições e suas reviravoltas; infidelidade na interpretação de seus "desvios" para tentar encontrar "Novos fundamentos para a psicanálise".

Freud permanece dominado pela exigência de sua descoberta: o inconsciente; vamos segui-lo nesta exigência!

Agradeço aos organizadores desta festividade, a Wiener Psychoanalytische Vereinigung e o Wiener Arbeitskreis für Psychoanalyse, à senhora Daphne Stock em especial, que me dispensou sua atenção durante essa preparação.

Incesto e sexualidade infantil: é perigoso tentar relacionar duas noções, duas constatações psicanalíticas, ambas igualmente consagradas, mas que não se cruzam, pelo menos à primeira vista.

A *sexualidade infantil*, embora muitas vezes descurada, deixada em segundo plano, inclusive pelos próprios psicanalistas, continua sendo, para nós, uma aquisição fundamental que ninguém ousa contestar. No entanto, do simples ponto de vista cronológico, ela encontra-se muito distante do problema clássico do incesto. É um dado e uma teorização que diz respeito, em primeiro lugar, aos primeiros meses ou anos de vida. Notadamente, ela surge antes de qualquer designação das categorias de parentesco, as quais são essenciais para falar do incesto: pai, mãe, irmã, tio, etc. A sexualidade infantil, em suas fontes ao menos, é considerada pré-genital, ligada a todas as zonas erógenas mais diversas. Na primeira edição dos *Três ensaios*, ela corresponde ao período do autoerotismo, teorizado por Freud, a partir das observações do pediatra Lindner, da seguinte forma: as primeiras relações com o adulto, cujo modelo é a sucção do seio da mãe, são de alguma forma redirecionadas pela criança a ela mesma, sob a forma, por exemplo, da sucção do polegar. A isto designei em certa ocasião como "tempo auto", verdadeiro crisol em que se engendra a sexualidade infantil, um esquema que está longe de equivaler unicamente à "pulsão oral".

Inversamente, o *incesto* (por iniciativa da criança) e seu tabu — este indissociável daquele — é situado por Freud em anos mais tardios, por volta de dois ou três anos de idade, e, na verdade, considerado contemporâneo do complexo de Édipo. Como este, o incesto pressupõe a designação, a nomenclatura das pessoas "objetos" na relação de parentesco. Também, como o Édipo, mesmo ocorrendo no período infantil, ele situa-se, pelo seu conteúdo fantasístico, no mundo dos adultos, nesse mesmo teatro em que se dá o drama de Édipo Rei: casar-se com a mãe é um ato muito mais significativo para definir o incesto do que ter com ela relações de intimidade na infância. Ademais, casar-se com uma mulher é um ato que não faz necessariamente referência à sexualidade, como mostrariam muitos exemplos etnológicos.

Do ponto de vista jurídico, a França não dispõe de penalização, tampouco de definição do incesto. A única definição coerente é fornecida pelo dicionário *Robert*: "Relações sexuais entre um homem e uma mulher, sejam os pais ou laços que acarretem a proibição do casamento". Percebemos que a definição refere explicitamente o incesto a considerações *matrimoniais*. Constatamos também que a proibição não diz respeito senão a pessoas adultas e, atualmente, na civilização ocidental, não dispõe de sanção penal imaginável.

Resta que o diálogo com a antropologia é indispensável, e isso, para Freud em primeiro lugar. A teoria central de Freud, por sua vez, é antropológica, situada na pré-história e, é claro, focada na sexualidade adulta. Retomarei apenas sucintamente o mito dito "fundador" de *Totem e tabu*, aliás, mais relacionado com o parricídio do que com o incesto[175]. Para resumir, um "pai da horda", todo-poderoso, dispondo do direito de vida e morte sobre todos e do direito sexual sobre todas as mulheres, é, certo dia, assassinado pelos filhos coligados, que decretam então — para não caírem novamente no mesmo mundo sem lei — o interdito do assassinato do pai e de relações sexuais com as mães e irmãs. Freud designou, certa vez, essa construção como nosso "mito científico", uma união de palavras com as quais ele redobra a dificuldade, dando-nos a escolha entre uma versão "dura", "científica", e uma versão *soft*, "mitológica", desse esquema das origens. Parece-me necessário lembrar, contudo, que Freud se aterá constantemente, até o fim (*Moisés e o monoteísmo*), à versão "dura", factual, histórica, e à transmissão filogenética dessa situação originária. Ele enfrenta, assim, dificuldades — das quais não se esquiva — em relação à afirmação da filogênese, à qual nunca renunciará. Em sua obra, as referências filogenéticas são múltiplas e quase ininterruptas, desde a carta de 21 de setembro de 1897, em que reafirma o fator "hereditário", até *Moisés e o monoteísmo*, em que admite sem dificuldade que a cena do assassinato do pai pode ter-se reproduzido milhares de vezes, até, finalmente, registrar-se na memória da espécie.

Um dos textos interessante nesse percurso é "Neuroses de transferência: uma síntese", manuscrito destinado inicialmente a Ferenczi, em que a questão factual e teórica é abordada em seu fundamento: como, por exemplo, os irmãos castrados pelo pai podem ter transmitido os cenários considerados, uma vez que não possuíam descendência? Cito apenas a última frase de "Neuroses de transferência: uma síntese": "De modo geral, não

[175] A melhor síntese de Freud sobre a questão do incesto encontra-se em *Moisés e o monoteísmo*. *GW*, XVI, p. 228-230.

estamos no fim, mas no início de uma compreensão desse fator filogenético" (*OCFP*, XIII, p. 302, *GW*, NB, p. 651).

Apesar de a análise encontrar dificuldade, no que diz respeito à história e à pré-história, com os problemas ligados à filogênese, ela não deixa necessariamente de estabelecer um diálogo com a antropologia. Todavia, mesmo que *Totem e tabu* seja um texto que reivindica um debate em pé de igualdade com outros grandes textos antropológicos, a discussão não vai adiante, por falta de um verdadeiro terreno comum:

O *interdito do incesto dos antropólogos* é uma lei que se impõe a um ou mais grupos de parentesco; ele incide principalmente sobre a troca, a exogamia e seu resultado social: a procriação. Focaliza-se nas irmãs (ou irmãs "classificatórias"), que não poderiam ser desposadas dentro do grupo. Ao contrário, o *interdito do incesto psicanalítico* se mantém estreitamente coextensivo ao triângulo edípico, as referências a um parentesco mais distante, como, por exemplo, as irmãs, sendo tratadas como extensões (deslocamentos) do Édipo de base. O incesto considerado maior é sempre o incesto mãe-filho. Porém, tanto por parte da maioria dos antropólogos-etnólogos como por parte dos analistas, diferentes pontos são muito subestimados: o incesto pai-filha, o incesto homossexual e, sobretudo, a multiplicidade das proibições e restrições sexuais de todo tipo, numa determinada sociedade, que são bem diferentes do incesto, mesmo que este seja ainda um elemento maior dentro de uma nomenclatura eventualmente abundante.

Para um panorama geral, voltemos ao incesto e seu interdito, tal qual concebido, numa espécie de vulgata não escrita, pela comunidade psicanalítica.

• O "mito científico" de *Totem e tabu* é mantido, mas a ênfase recai mais sobre o aspecto *mito* do que sobre a referência à ciência (pré-histórica).

• A filogênese quase não é invocada, mas é menos ainda discutida e refutada. Mantém-se à espera, como uma espécie de vestígio, de capricho freudiano, uma peça-tabu da teoria.

• Afirma-se, quase sem provas, que o tabu do incesto garante a manutenção da diferença dos sexos e das gerações, ao passo que caberia antes dizer que ele depende delas.

• Para certos analistas, o incesto e seu tabu seriam uma "fantasia originária", objeto do recalque dito primário. Com os termos originário e primário, a remissão à noite das origens é inevitável, como em qualquer narrativa mítica.

Voltemos mais uma vez ao status do mito em *Totem e tabu*. Em primeiro lugar, ele está estreitamente intricado com o complexo de Édipo, e afirma-se que tanto um quanto o outro se inserem na filogênese. Neste sentido, o mito seria central na constituição do Inconsciente, como seu núcleo. Há, portanto, quanto ao mito em geral, uma dupla opção: ou ele é universal por direito, "originário" (e precisamos ter alguma ideia de sua gênese pré-histórica, que, segundo Freud, está ligada a um primeiro ato real: "Im Anfang war die Tat"), ou então — está é minha posição — trata-se de uma estrutura muito variável conforme as múltiplas contingências das relações de parentesco, trazendo, como diz tão bem Lévi-Strauss, uma solução que permite "aplacar a inquietação intelectual e, se preciso for, a angústia existencial"[176].

O fato de que a "estrutura" (Édipo, incesto, castração) seja geralmente propagada não significa que deva estar, do ponto de vista metapsicológico, nas profundezas do inconsciente. Ela pertence ao domínio do pré-consciente, em sua tarefa de ajudar a narrar a história — consciente, pré-consciente e inconsciente — do sujeito, portanto, do analisando.

Percebo, no entanto, que, até agora, apenas contornei o meu tema principal: como se encontra e se articula o interdito do incesto com a sexualidade dita perversa polimorfa da criança. Dizer que se articulam significa dizer que podem coexistir. Porém, isso é pouco possível se situarmos o problema do incesto na idade em que ele é concebível em determinada sociedade, ou seja, na idade em que a criança tem à sua disposição as categorias correspondentes: pai, mãe, irmã, irmão, tia, etc.

Na verdade, a aporia é total enquanto nos limitarmos ao ponto de vista de um único protagonista. Se, como fazem os antropólogos, designarmos por "ego" o personagem pelo ponto de vista do qual nos colocamos para conceber o processo em

---

[176] Para maiores aprofundamentos, ver: "La psychanalyse, mythes et théories", in *Entre séduction et inspiration: l'homme*, PUF, Quadrige, 1999.

seu conjunto, não resta dúvida de que, na concepção psicanalítica clássica, a criança é *ego*, tanto no triângulo edípico como na constelação incesto/tabu do incesto.

Mas, com Melanie Klein, já há uma evolução: as pulsões ou mesmo o Édipo dos pais adentram, na idade mais precoce (fase paranoide), as fantasias da criança.

Com Lacan, assistimos a uma completa inversão da situação. No início, a criança é o objeto do desejo da mãe e não manifesta nenhuma veleidade de se comportar como *ego*. Daí o famoso esquema lacaniano do "triângulo pré-edípico": mãe-filho-falo. Para Lacan, o incesto é explicitamente concebido como sendo cometido pela mãe. Sabe-se que, nesta perspectiva, o pai viria trazer o "corte" (entre mãe e filho), o interdito do incesto e a Lei. Seria muito demorado fazer uma crítica consistente a essa posição. Digamos simplesmente que ela traz, em termos novos, outra formulação do que Margaret Mahler designou como fase simbiótica. Ora, a todas as concepções da simbiose primitiva ou do narcisismo primário absoluto, as múltiplas observações modernas opõem a ideia de uma comunicação precoce e recíproca, no plano do que hoje se nomeia o apego entre o adulto que cuida (*die Pflegeperson*) e o *infans*.

Minha própria posição é, então, muito diferente daquela de Lacan. Não dou ênfase à centralidade do desejo da mãe, que englobaria tudo inicialmente e a que viriam pôr fim a "metáfora" ou a função paterna. Por mais prevalentes que sejam as posições familiares clássicas — pai, mãe, filho — parece-me cabível distanciar-se delas para pôr em primeiro plano o que denomino "situação antropológica fundamental". Seguindo, neste sentido, as indicações absolutamente inovadoras de Ferenczi em relação ao que acontece "entre a criança e o adulto", penso que o ponto central a ser considerado no que tange aos primeiros anos de vida e à sexualidade não é fundamentalmente a relação dos dois progenitores (enquanto tais: ligados pelo sangue) com a criança, mas o fato de que os que criam a criança são *adultos* ("em geral, a mãe" ["die Pflegeperson... in der Regel doch die Mutter", GW, V, p. 124], diz Freud nos *Três ensaios*), o que significa que a relação de *parentesco* não é determinante na primeira situação em que o *infans* se encontra. O que conta, antes de tudo, é a diferença absoluta de idade e do desenvolvimento, com o seu corolário: uma criança que nasce, sem pulsões sexuais inatas (nada prova a existência delas) e um adulto habitado não somente por sua sexualidade adulta, genital, mas também pela sexualidade infantil vinda de sua própria infância.

> Quase todos os homens, na cultura, conservaram em algum ponto a configuração infantil da vida sexual, e, por isso, compreendemos que os desejos sexuais infantis recalcados fornecem as mais numerosas e poderosas forças pulsionais para a formação do sonho (*GW*, II, III, p. 696).

No entanto, ao lado do sonho, o principal espaço capaz de reativar (*regen*) a sexualidade infantil adormecida no adulto é justamente a situação dos cuidados dispensados à criança: em tal situação coexistem a reciprocidade e a dissimetria. A reciprocidade corresponde às trocas adulto-*infans* no plano da autoconservação ou do apego. A dissimetria diz respeito ao fato de que só o adulto abriga em si mesmo um inconsciente infantil sexual recalcado e que esse inconsciente tentará se infiltrar na comunicação autoconservadora, ao ponto de torná-la quase ininteligível. Eis o que denomino "mensagens enigmáticas" endereçadas à criança.

Todavia, não devemos ignorar que nem todo indivíduo dispôs dos meios para traduzir todas as mensagens adultas impregnadas de sexual e, então, recalcar uma parte delas. Em certos casos, a sexualidade infantil é traduzida e recalcada. Em outros, ela permanece como traços não traduzidos, pronta para as passagens ao ato perversas.

Vamos deixar de lado essas considerações teóricas para constatarmos o que observamos ao nosso redor. A multiplicação dos abusos sexuais de crianças cometidos por adultos. Não tecerei aqui considerações históricas, mas será que esses abusos se tornaram mais numerosos, ou simplesmente são mais revelados do que antes pelos relatos midiáticos ou pelas condenações judiciárias?

O espantoso, em todo caso, é o apagamento do incesto como tal em relação ao crime sexual cometido por adultos. Aliás, na França, o incesto não é um crime em si (um pai e uma filha adulta podem perfeitamente relacionar-se), mas apenas uma circunstância agravante entre os delitos cometidos contra um menor "por uma pessoa que exerça autoridade". Apenas um exemplo entre tantas manchetes horríveis com que a imprensa nos arrasa: "uma criança de quatro anos violentada em família". O fato de se tratar do pai, de um parente mais distante ou de vizinho não aumenta em nada o horror do crime.

Por outro lado, sem entrar nos detalhes dos atos cometidos — que vão desde carícias libidinosas, passando pela sodomia e pela felação, até a tortura e o assassinato —, é difícil desconsiderar a pista psicanalítica de uma atuação perversa de fantasias que têm sua origem na sexualidade infantil do adulto. Acrescentarei somente um ponto: perguntei-me recentemente se a locução "crime sexual" não poderia ser expressa pelos termos "crime *enquanto* sexual". A partir do entendimento de que, dos estupros aos crimes mais diversos — passionais, crapulosos, mafiosos ou terroristas —, a raiz sexual infantil no autor adulto do crime poderia ser pertinentemente evocada e explorada pelo psicanalista.

Ainda em nossa sociedade do modo como ela evolui, vemos o interdito do incesto diluir-se na evolução tendencial da família: divórcio generalizado, famílias recompostas, adoções múltiplas, uniões homossexuais com ou sem filhos, filhos adotados ou gerados por artifício biomédico. No horizonte — não da ficção científica, mas da evolução da genética — somos forçados a vislumbrar o surgimento da partenogênese ou da clonagem humana. Perspectivas todas estas que o analista deve evitar aprovar ou condenar se imaginar que, certo dia, talvez venha consultar com ele um indivíduo sem pai e mãe *biológicos*, mas que foi atendido desde seus primeiros dias de vida por adultos benevolentes.

Assim, veremos talvez o vocábulo incesto extinguir-se aos poucos, tornando-se indefinível, mas isso não impedirá que o crime sexual prospere.

Para introduzir uma conclusão, esboço aqui duas reflexões sobre temas centrais: um tema antropológico e um tema teórico-clínico.

O *tema antropológico intitula-se "renúncia pulsional" (Triebverzicht)*. Baseia-se novamente em Freud, numa linha de textos que atravessa toda a sua obra como um fio condutor.

O pontapé inicial, penso eu, é dado com um pequeno texto do Rascunho N. Cito-o aqui para comentá-lo em seguida:

31 de maio de 1897: "sagrado" é o que repousa no fato de que os humanos sacrificaram, em prol de uma comunidade maior, parte de sua liberdade sexual e perversa. A repulsa do incesto (sem escrúpulo) repousa no fato de que, em decorrência da comunidade sexual (mesmo na infância), os membros da família mantêm-se permanentemente solidários e tornam-se incapazes de se ligar a estranhos. Ele é, portanto, antissocial. A cultura consiste nessa renúncia progressiva. Do lado oposto, o "super-homem".

Destacarei apenas as palavras que prenunciam os desenvolvimentos posteriores: "*sacrificar*" uma parte da liberdade sexual; "liberdade *sexual e perversa*"; "a comunidade sexual: *mesmo na infância*"; "*renúncia*".

Nesse trecho, já é apresentada a renúncia pulsional como necessária ao progresso cultural. A interpretação do tabu do incesto parece ir ao encontro da teoria de Lévi-Strauss: seria correlativa à ascensão a uma comunidade maior[177].

O tema da renúncia pulsional será reapresentado quase nos mesmos termos do Rascunho N[178] no texto de 1908, intitulado "Moral sexual civilizada e doença nervosa moderna". Este texto soa, nos dias atuais, como um grito de alerta ou mesmo de desespero contido ante a moral dita "vitoriana". Com esta, a renúncia, longe de limitar-se à sexualidade "perversa", engloba todas as relações sexuais, com exceção daquelas que, no casamento, visam à procriação. No entanto, apesar dessa denúncia manifesta, Freud evita ditar preceitos, preconizar a "liberdade sexual", tampouco quer abandonar a ideia de uma necessária "renúncia pulsional" (*Triebverzicht*).

Essa necessidade da renúncia pulsional passa então a percorrer toda a sua obra. Citemos, por exemplo, "a posse do fogo" (*Zur Gewinnung des Feuers*), em que o herói cultural (Prometeu), longe de ser um rebelde que parte ao assalto da "liberdade

---

[177] Nos *Três ensaios*, encontramos um trecho que prefigura exatamente as teses de Lévi-Strauss acerca desse ponto: "Die Beachtung dieser Schranke ist vor allem eine Kulturforderung der Gesellschaft, welche sich gegen die Aufzehrung von Interessen durch die Familie wehren muss, die sie für die Herstellung höherer sozialer Einheiten braucht, und darum mit allen Mitteln dahin wirkt, bei jedem einzelnen, speziell beim Jüngling, den in der Kindheit allein massgebenden Zusammenhang mit semer Familie zu lockern", *GW*, V, p. 127.

[178] Freud teria guardado uma cópia desse trecho de correspondência com Fliess?

sexual", é quem impõe a renúncia a seus súditos. E também, é claro, *O mal-estar na cultura (das Unbehagen in der Kultur)*, por cujos meandros abro mão de seguir, e, por fim, *Moisés e o monoteísmo*. Depreende-se de todos os textos freudianos, do início ao fim, a existência em algum lugar de uma impossibilidade de conciliação (*Unyerträglichkeit*) entre a sexualidade e um desenvolvimento humano rumo ao estado civilizado. Mas falta chegar ao entendimento de quais sejam os elementos inconciliáveis "de cada lado".

Do lado do sexual, Freud é relativamente claro: o inconciliável por natureza é a pulsão sexual infantil perversa polimorfa. Mas essa pulsão seria inconciliável com o quê? Encontramos duas respostas, uma externa e a outra interna, que podem ser ambas consideradas.

Por um lado, *inconciliável com a cultura*, a sociedade em geral. Uma formulação que apresenta a inconveniência de atribuir à "sociedade" uma espécie de força em si mesma, de energia, e também um desígnio: o de reproduzir-se a si mesma.

Por outro lado, *inconciliável... consigo mesma*. A pulsão sexual infantil, com seu funcionamento *desligado*, anárquico, com sua busca de excitação e não de satisfação, é autodestrutiva por assim dizer. Seguindo somente as regras do processo primário, ela pode apenas, por si mesma, depois de exaurir-se, tender ao "nível zero", ou seja, ao aniquilamento psíquico e eventualmente físico do indivíduo. Reconhecemos nisso nossa interpretação da "pulsão de morte" como "pulsão sexual de morte".

Inversamente, contudo, "renúncia" não quer dizer aniquilamento. Para a sexualidade pré-genital, abrem-se as vias do recalque (sempre parcial) e da tradução, da colocação em história e em ação, o que nada mais é que a sublimação, se aceitarmos deixar de lado o aspecto de "sublime" para ver nela o movimento de simbolização-tradução que se propõe à maioria dos seres humanos. O primeiro objetivo das sublimações é simplesmente a sexualidade genital, na medida em que se mostra capaz de integrar os componentes perversos infantis.

Não posso concluir essa parte antropológica sem fazer referência à pessoa de Maurice Godelier, maior etnólogo e antropólogo francês. Sua obra principal, *Les métamorphoses de la parente*, tem de positivo o fato de que, talvez pela primeira vez, ou uma das raras vezes, um antropólogo não tenha desprezado a sexualidade no sentido freudiano — a sexualidade em busca do prazer — em proveito único de conceitos dessexualizados como os de reprodução, aliança e troca.

Maurice Godelier tem o mérito de perceber de imediato os "maus usos do sexo" como sendo bem mais vastos do que o incesto apenas[179].

Poderíamos resumir as coisas nos seguintes termos: nos mais diversos povos, o incesto (com seu tabu) é um conceito "central"[180], bem definível (devido à positividade das designações de parentesco), capaz de englobar ou servir de "cobertura" (*Deck*), no sentido freudiano do termo, para estigmatizar práticas bem mais amplas. Godelier pensa que a existência desses interditos é indispensável a um uso regulado da sexualidade reprodutiva no seio da sociedade. Porém, impregnado por uma espécie de reverência à "sociedade" e seu "poder" (concebidos como verdadeiras enteléquias), ele não percebe que esses interditos vêm acima de tudo se opor, no psiquismo do indivíduo, ao funcionamento anárquico da pulsão sexual de morte.

Meu último desenvolvimento, clínico e metapsicológico, é mais importante para nós, psicanalistas.

Precisamos sustentar vários pontos:

• *"A neurose é o negativo da perversão"*, uma formulação freudiana que visa claramente à sexualidade infantil e implica uma diferença radical de status do conteúdo sexual no neurótico-normal e no perverso psicopata.

• *A situação antropológica fundamental* é o dado humano por excelência, para além do complexo de Édipo.

• A relação adulto-*infans* e, depois, adulto-criança é, ao mesmo tempo, o espaço de *nascimento da sexualidade* pulsional polimorfa, o mesmo espaço em que podem ocorrer *os crimes sexuais* e também, talvez (se aceita nossa generalização), o espaço dos crimes em geral.

---

[179] Podemos certamente criticar Godelier pelo fato de ter-se apropriado um tanto apressadamente da noção freudiana de sexualidade perversa polimorfa e, de modo geral, de desconsiderar a contribuição freudiana fora do mito do pai primitivo.

[180] Godelier, *op. cit*, p. 419: "O incesto ocupa um lugar central entre os diversos usos do sexo que cada sociedade rejeita como sendo ruins".

Daí a dizer, como poderia sugerir o título de um livro recente, *Tous des pédophiles?* [Todos pedófilos?], falta evidentemente um passo, que recuso a dar em absoluto. Essa confusão levaria logo a uma questão eminentemente prática, para não dizer ética: deve-se combater e condenar qualquer intrusão da sexualidade do adulto no ser "inocente" da criança, ou mesmo negar a sexualidade infantil e a descoberta freudiana? Conhecemos todos os absurdos, os paralogismos e as caças às bruxas que têm sua origem na confusão de uma questão que, aliás, é difícil: a delimitação entre as mensagens nas quais se infiltram, como sintoma, lapsos ou atos falhos da sexualidade infantil inconsciente do adulto (isso é inexorável), e os atos sexuais a que a criança é submetida à força, em que a parte da mensagem é cada vez mais tênue, enquanto cresce, ao contrário, a violência desligada, sinal da perversão psicopata e, por fim, pressão da pulsão de morte.

Neste contexto, diante das desorientações e divagações dos tribunais, das opiniões públicas e de peritos de todas as áreas, parece urgente, para o psicanalista que se situa voluntariamente fora do plano das passagens ao ato — fora, também, de qualquer palavra prescritiva — encontrar alguns referenciais teóricos para enquadrar suas visões clínicas, ou mesmo suas intervenções terapêuticas.

O modelo proposto é, portanto, voluntariamente teórico, dinâmico e tópico ao mesmo tempo. É o da "terceira tópica", esboçada primeiramente por Freud em seu artigo sobre a clivagem do eu no processo de defesa (1938), formulada posteriormente por Christophe Dejours (1986 e 2001, *Le corps d'abord*, Paris, Payot) e por mim completada ou modificada em "Três acepções da palavra 'inconsciente' no âmbito da teoria da sedução generalizada"[181]. Resumo-a abaixo, limitando-me a comentá-la brevemente.

A mensagem, comprometida e sexualizada, vinda do outro, adulto, segue dois destinos quando chega à criança. Permanece "encravada" (lado B) ou em estado "amencial", isto é, não tratada, não simbolizada, não traduzida pela criança pequena. Ou então é traduzida (processo este que ocorre após um tempo de espera), incluída na história do sujeito — e, neste caso, dela subsiste um resto inconsciente recalcado. É claro que o tipo de

---

[181] Este artigo encontra-se no capítulo X deste volume.

comunicação que permanece encravado para sempre não é o mesmo que pode ser traduzido: no primeiro caso, ele é violento e inassimilável (apenas uma mensagem) e, no segundo, do tipo do retorno do recalcado.

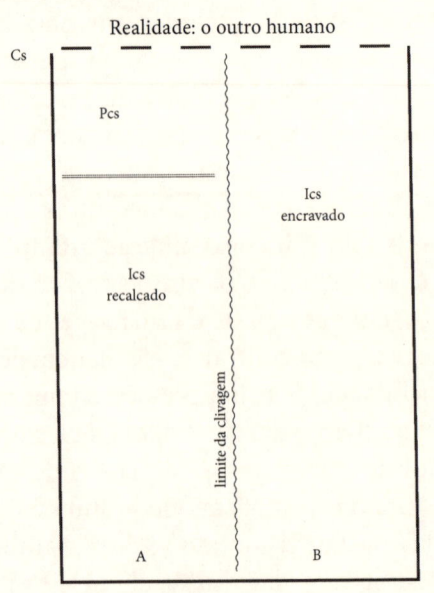

Esquema 1

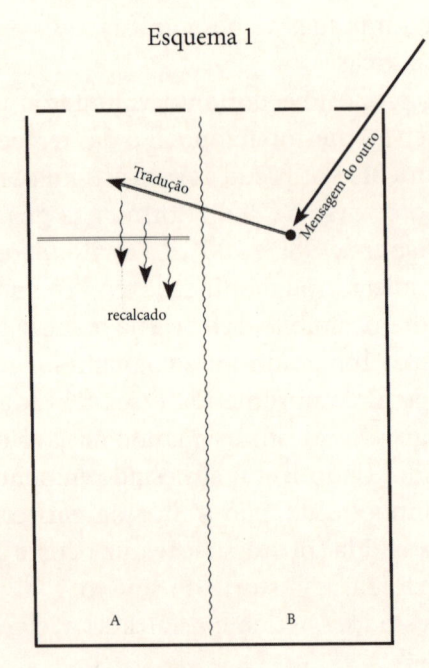

Esquema 2

Ao se tornar adulto, o sujeito reitera essa alternativa em relação ao seu próprio *infans*. Num caso, há uma mensagem pré-consciente — consciente endereçada à criança, comprometida por um retorno do *recalcado* sexual (*Ics recalcado*), mas sem ser totalmente intraduzível: é o que eu denomino "mensagem enigmática". No outro caso, trata-se do agir perverso, psicopatológico ou mesmo psicótico, ele mesmo proveniente de um antigo agir encravado, do qual foi excluída qualquer elaboração psíquica: é o que vemos atualmente revelar-se no cenário midiático e judiciário.

É claro que essa tópica é apenas esquemática e, felizmente, para as possibilidades psicoterápicas, os dois processos podem estar intricados ou contaminados um pelo outro: a meu ver, não há agir perverso em que não se possa captar uma ponta, um pequeno fio de mensagem. Por outro lado, o novo "tratamento" do inconsciente recalcado (pelo tratamento psicanalítico notadamente) pode favorecer um movimento de inflexão sobre o inconsciente encravado.

Por fim, o encravamento e a exclusão da elaboração psíquica podem evoluir de "geração" em "geração"[182]. De fato, mesmo que se constatem transmissões do agir-padecer perverso, com uma reiteração sem elaboração, tal processo, dito às vezes "transgeracional", nunca se dá de forma mecânica e linear. Os destinos são sempre individuais e singulares, embora marcados por um selo comum, e toda e qualquer modificação de curso na linhagem é possível, mesmo que seja apenas pela intervenção de circunstâncias reais e fortuitas. Uma nova tradução do Ics encravado sempre é possível.

Tudo o que apresentei propõe-se a reflexões posteriores, mas eu não gostaria de terminar sem frisar o ponto central, freudiano: a renúncia pulsional (*Triebverzicht*), antes de ser um ucasse[183] do supereu, é o destino cultural de todo ser humano: traduzir e historizar para si mesmo as mensagens do outro, inclusive em seus aspectos sexuais mais enigmáticos.

---

[182] Não me refiro aqui apenas à "geração" genética, pais-filhos, mas também à transmissão-reiteração, quaisquer que sejam os laços de parentesco.

[183] N.T.: uma resolução despótica.

XIX

Castração e Édipo como códigos e esquemas narrativos

Paris, julho de 2006.

O que Freud designa por "complexos" são conjuntos organizados de representações de fantasias, afetos e moções pulsionais. Freud também emprega os termos "configuração", "situação", etc. Essas situações seriam reais, vividas realmente pela criança em sua relação com o entorno humano.

Porém, de início, deve-se notar que, para Freud, tais situações são determinadas (até mesmo em alguns detalhes), prefiguradas, pela herança filogenética. Assim, a fantasia de castração classifica-se entre as "fantasias originárias", inscritas na filogênese. Quanto ao complexo de Édipo, que pode ser considerado como a situação mais ampla que engloba as fantasias originárias, sua origem filogenética é explicitamente afirmada em "A dissolução do complexo de Édipo"[184]:

> Mesmo vivido individualmente pela maior parte dos filhos dos homens, o percurso do complexo de Édipo não deixa de ser um fenômeno determinado e preestabelecido pela hereditariedade, em conformidade com um programa, e deve passar, quando inicia a fase de desenvolvimento predeterminada seguinte.

Não adiantaria negar como o Freud clássico se insere, neste caso, na linha de uma psicologia do desenvolvimento.

No que se refere à *filogênese* e ao modo de aquisição dos complexos em questão, convém assinalar que Freud nunca negou o fato de que suas concepções entravam em contradição com as teorias dominantes da aquisição. Esta, segundo Freud, não se dá nem do modo darwiniano, nem do modo lamarckiano. Estes dois modos supostamente apresentam (de maneira diferente) uma vantagem de sobrevivência para a espécie: mu-

---

[184] "La disparition du complexe d'Œdipe", OCFP, XVII, p. 27.

tações e seleção do mais forte, segundo Darwin; adaptação ao meio, para Lamarck. Para Freud, trata-se de outra coisa: uma forma de inscrição na memória da espécie, de certa maneira, tal como concebida no indivíduo. Uma experiência vivida, que exerce sobre a mente coletiva uma impressão muito forte ou que se repete milhares de vezes (ou então, as duas coisas juntas), inscreve-se na memória coletiva como uma sequência viva de acontecimentos, a qual impregnará posteriormente as memórias individuais e reviverá nas existências individuais. É o caso, por exemplo, do famoso "assassinato do pai", um dos pilares do Édipo, que não está ausente, como desejo, em nenhum dos "filhos dos homens".

É notável que essa teoria de uma memória coletiva[185], baseada na força e na repetição da impressão original, continue subsistindo no arsenal dos pressupostos de muitos psicanalistas, sem nunca ser submetida a um questionamento.

Também é notável que Freud tenha aceitado a coexistência de sua admiração por Darwin com uma teoria do engrama, tão alheia àquela da seleção natural.

Vejamos, em primeiro lugar, as noções de castração e complexo de Édipo separadamente. Tal separação é conceitualmente possível. Na verdade, a própria "castração" compreende dois aspectos distintos: de um lado, a percepção — e a reação à diferença anatômica dos sexos; e, de outro, a atribuição dessa diferença a um corte, ele mesmo correlativo a um conflito.

Insisti demoradamente na "diferença anatômica dos sexos", para bem demarcar suas características[186]. É, em primeiro lugar, uma diferença anatômica, e não fisiológica ou biológica (assim esmorece a noção do fundamento "biológico" da "recusa da feminilidade", por exemplo). Ela diz respeito à morfologia dos órgãos, e não ao funcionamento deles. Em contrapartida, essa diferença não é científica, mas puramente popular e essencialmente visual. Destaquei a ideia de que, nos humanoides, com a passagem à posição ereta, somente os órgãos externos mascu-

---

[185] "Considero que a concordância entre o indivíduo e o grupo é quase perfeita no seguinte ponto: nos grupos também a impressão do passado mantém-se nos traços mnésicos inconscientes" (*GW*, XVI, p. 201).

[186] Cf. o artigo IX, "O gênero, o sexo e o Sexual", neste volume.

linos eram perceptíveis. Mas essa consideração antropológica de caráter evolucionista não é o essencial. O importante, o que chama a atenção nas *representações* do homem e da mulher, é a presença ou a ausência de órgãos genitais visíveis. O estatuário grego é o exemplo mais evoluído disso.

Freud referiu-se várias vezes a essa percepção da diferença pela criança. Ele introduziu, muitas vezes, nuanças quanto às conclusões mais ou menos universais atribuídas pela criança a essa "percepção". O que seria, aliás, a percepção de uma "falta"? Esbarraríamos aqui nas aporias desenvolvidas por alguém como Bergson, a respeito da ideia do nada. Concebe-se que Freud tenha tido dificuldade de separar a ideia de diferença dos sexos daquela do corte de um dos órgãos sexuais.

Coube, no entanto, a dois autores[187] que realizaram longas observações analíticas com crianças pequenas fornecer novas considerações que permitem melhor estabelecer essa distinção entre a "castração" como diferença e a castração como consequência de uma ablação de um dos dois órgãos sexuais. Talvez suas concepções não sejam conceitualmente sempre exatas, apesar da minúcia das observações. A conclusão, pelo menos, é evidente: poder-se-ia conceber, anteriormente ao período edípico, em que entra em jogo uma estreita conexão entre Édipo e castração, uma fase dita "genital precoce", não relacionada à pessoa dos pais, em que "a diferença sexual e as novas sensações genitais entram em jogo por si mesmas". A essa fase pertence legitimamente, com variantes nos dois sexos, a conscientização ou a consideração da diferença menino-menina, tal qual o próprio Freud a define: presença ou ausência de falo. A essa fase estaria ligada uma "reação de castração precoce", mas em que a castração é percebida como um perigo, sem ser atribuída a uma pessoa castradora (edípica). Talvez neste ponto da "reação de castração precoce" os autores sejam menos explícitos, mas suas observações não deixam dúvida quanto à ameaça frequentemente ligada à percepção da diferença. Os autores talvez expliquem essa ameaça pela relação com a fidelidade deles às teses mahlerianas no que diz respeito ao processo de "separação-individuação" e seus perigos. Assim, "a emergência da fase

[187] Roiphe et Galenson, *La naissance de l'identité sexuelle*, 1981, Paris, PUF, 1987.

genital, com a reação de castração pré-edípica, reativa os medos anteriores de perda do objeto" (p. 159).

Muito interessante também é a descrição divergente no menino e na menina, em suas maneiras de tratar a castração: recusa ou simbolização.

Porém, se levarmos em consideração o modo como os autores descrevem a experiência da diferença, encontramos duas vias divergentes, como também em Freud: ou a ausência é atribuída de imediato a um possível corte, a uma "castração" (o que significa, de um ponto de vista lógico, que algo é separado de um conjunto maior: o pênis, do corpo); ou presença e ausência coexistem como dois termos (1 e 0) opostos, o que Freud enuncia numa formulação extraordinariamente abrupta a respeito da menina: "Ela o viu, sabe que não tem e quer tê-lo".

É esta oposição entre 0 e 1 que guiará nossas considerações a seguir. Antes, não posso dispensar uma discussão mais aprofundada do complexo de Édipo e da posição que lhe é reservada tanto em psicanálise como no mito.

Partirei de uma consideração banal: aquele a quem a ação é referida, no "Édipo" ("ego" na acepção antropológica), é a própria pessoa de Édipo: na versão mítica, Édipo-Rei, e, na versão psicanalítica, a criança perante o casal de pais. Édipo é *o iniciador* do assassinato, e do incesto. Do ponto de vista sexual, notadamente, isso pressupõe um desejo sexual incestuoso inato na criança, o que, aliás, está de acordo com a hipótese filogenética.

Desenvolvi, em várias oportunidades, a ideia de uma situação antropológica fundamental, confrontando, *no início* da vida, um *infans*, desprovido de pulsões sexuais, com um *adulto*, que abriga em si mesmo não somente sua experiência sexual madura, mas também os restos mais ou menos bem integrados (recalcados-sublimados) de sua sexualidade infantil. Acrescente-se, além disso, que tal situação já é *comunicação*, adulto e criança comunicando-se no plano dos cuidados e do apego, enquanto que, da parte do adulto e somente dele, sinais sexuais podem ser emitidos, esporadicamente.

Admitindo-se, para simplificar, que o adulto em questão é geralmente o pai ou a mãe, percebe-se que, de certa forma, há equívoco na atribuição da iniciativa do complexo. O iniciador de mensagens portadoras de sexualidade é mesmo o pai ou a mãe (ou o adulto). O incestuoso é potencialmente o adulto. Não me refiro aqui, obviamente, aos *abusos sexuais praticados*, que levantam problemas metapsicológicos complexos, mas ao adulto normal ou neurótico comum.

Como a iniciativa do Édipo — e do incesto — pode ter-se invertido assim, passando do adulto à criança? Evidentemente, pela identificação da criança com o agressor: de vítima do incesto, ela se torna o seu autor.

A mitologia grega nos dá pelo menos duas ocorrências dessa inversão: o próprio mito de Édipo tem como prelúdio um episódio de pedofilia, cometida pelo pai de Édipo, mas com uma terceira criança. Um segundo episódio, o Édipo "clássico", aparece então como a inversão manifesta do primeiro episódio, de passividade em atividade.

Citemos também o mito de Fedra. A rainha comete, em intenção, o incesto com seu enteado/filho. Prestes a ser desmascarada, ela acusa o enteado (Hipólito) de tê-la cortejado. O assassinato de Hipólito pelo próprio pai ciumento completa a inversão total da situação.

Assim, decifra-se facilmente a inversão que faz da pedofilia inicial um desejo incestuoso por conta da criança.

Neste contexto, é preciso também assinalar a dupla posição do complexo de castração. Por um lado, posição independente em que ele intervém como código de presença/ausência; por outro lado, posição de enredamento com o complexo de Édipo, em que ele entra na *narrativa* deste, como castigo maior ao crime. Esta dupla posição, como código independente e fragmento de um "esquema narrativo", será reencontrada no tratamento da situação antropológica fundamental.

A situação antropológica fundamental caracteriza-se por mensagens enigmáticas enviadas pelo adulto, que deverão ser "tratadas", "traduzidas" pela criança (após um tempo de latência).

Identificamos, até agora, pelo menos dois tipos de mensagens: aquelas ligadas à excitação sexual no âmbito dos cuidados dispensados à criança; e as outras ligadas à atribuição de um gênero à criança, em que apontamos "a identificação pelo *socius*".

Estes dois tipos de mensagens são processados pela criança com o auxílio do ambiente (humano, essencialmente). Por isso, damos a maior importância à percepção da *diferença* dos sexos na forma de traduzir e elaborar a *diversidade* dos gêneros, que, por sua vez, é proposta desde o início pelo ambiente social próximo. Traduzida como presença/ausência do pênis, a diferença dos gêneros se afirmará, posteriormente, até mesmo no "complexo de Édipo".

Longe de nós, contudo, concordar com Freud que o complexo de Édipo seja uma "situação", muito menos uma situação por iniciativa da criança. O complexo de Édipo foi e continua sendo um mito, desde sua versão sofocliana até as versões freudianas e pós-freudianas.

Ele ajuda a criança a dar uma forma narrativa — à custa de sua própria culpa — às mensagens sexuais, muitas vezes bem mais cruas, que lhe são veiculadas pelos pais, o adulto. Ele propõe uma versão bem mais suavizada, sexualmente falando, mesmo que não deixe de ter um valor corroborante.

Vencer o pai e casar-se com a mãe, objetivos estes que, fora de qualquer sexualidade, comportam um valor afirmativo evidente, razão pela qual Marie Delcourt deu ao seu livro sobre Édipo o título: *La légende du conquérant* (A lenda do conquistador).

Esses romances, esses roteiros variáveis entre os indivíduos, seriam, pois, da ordem de esquemas narrativos culturalmente transmitidos, e não, como gostaria a teoria clássica, da ordem de fantasias filogenéticas, pretensamente "originárias".

Para concluir, podemos nos questionar sobre a validade do dualismo código-esquema narrativo. O primeiro termo remete provavelmente a um número restrito de elementos (dois na castração!), capazes de transcrever uma dada mensagem. Isso, certamente, em detrimento da riqueza e da fidelidade da tradução. "Esquema narrativo" remete a uma teoria da narratividade, submetendo esta a roteiros mais ou menos ricos, populares, flexíveis. Nada impede, contudo, de falar de uma história "traduzida em Édipo", pois os elementos são relativamente fixos, suas relações suficientemente previsíveis, para que, de um "romance" ao outro, a passagem seja possível. Os *remakes* de um filme são, às vezes, superiores e mais ricos e, outras vezes, inferiores à primeira versão. Nada impede cada ser humano de tentar. Tradução? "Nova versão". A hipótese "tradutiva", para nós, permanece, até nova ordem, a mais fiável, e não é desprovida de fundamento linguístico (Jakobson).

A ideia de um "auxílio à tradução", vindo a serviço de uma "pulsão a traduzir" e de origem sociocultural, é também corroborada pelo estudo psicanalítico dos *contos*. Seus esquemas narrativos são relativamente fixos, em número limitado; os temas edípicos, castrativos, assim como aqueles ligados à sexualidade infantil, são facilmente reconhecíveis. A necessidade da criança de ouvir novamente, sempre nos mesmos termos, os mesmos contos sustenta a necessidade de reafirmar a fiabilidade da tradução.

Descubra a sua próxima
leitura na nossa loja online

dublinense .COM.BR

Composto em MINION PRO e impresso na PRINTSTORE,
em AVENA 80g/m², na PRIMAVERA de 2024.